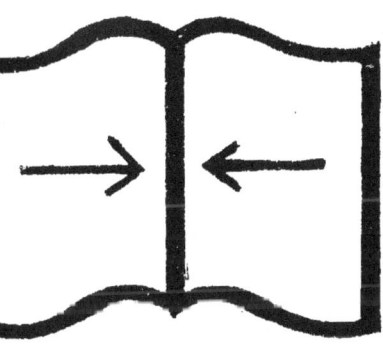

RELIURE SERREE
Absence de marges
intérieures

LABLE POUR TOUT OU PARTIE DU
CUMENT REPRODUIT

Couvertures supérieure et inférieure
manquantes

VICES FRANÇAIS

Ouvrages de HECTOR MALOT

COLLECTION GRAND IN-18 JÉSUS

LES VICTIMES D'AMOUR : LES AMANTS, LES ÉPOUX, LES ENFANTS	2 vol.
LES AMOURS DE JACQUES	1 —
ROMAIN KALBRIS	1 —
UN BEAU-FRÈRE	1 —
MADAME OBERNIN	1 —
UNE BONNE AFFAIRE	1 —
UN CURÉ DE PROVINCE	1 —
UN MIRACLE	1 —
SOUVENIRS D'UN BLESSÉ. — SUZANNE	1 —
— — MISS CLIFTON	1 —
UN MARIAGE SOUS LE SECOND EMPIRE	1 —
LA BELLE MADAME DONIS	1 —
CLOTILDE MARTORY	1 —
LE MARIAGE DE JULIETTE	1 —
UNE BELLE-MÈRE	1 —
LE MARI DE CHARLOTTE	1 —
L'HÉRITAGE D'ARTHUR	1 —
L'AUBERGE DU MONDE : LE COLONEL CHAMBERLAIN, LA	
— — MARQUISE DE LUCILLIÈRE	1 —
— — IDA ET CARMELITA, THÉRÈSE	1 —
LES BATAILLES DU MARIAGE : UN BON JEUNE HOMME	1 —
— — COMTE DU PAPE	1 —
— — MARIÉ PAR LES PRÊTRES	1 —
CARA	1 —
SANS FAMILLE	2 —
LE DOCTEUR CLAUDE	1 —
LA BOHÈME TAPAGEUSE	2 —
UNE FEMME D'ARGENT	1 —
POMPON	1 —
SÉDUCTION	1 —
LES MILLIONS HONTEUX	1 —
LA PETITE SŒUR	2 —
PAULETTE	1 —
LES BESOIGNEUX	2 —
MARICHETTE	2 —
MICHELINE	1 —
LE SANG BLEU	1 —
LE LIEUTENANT BONNET	1 —
BACCARA	1 —
ZYTE	1 —
VICES FRANÇAIS	1 —

F. Aureau. — Imprimerie de Lagny.

VICES FRANÇAIS

PAR

HECTOR MALOT

SEPTIÈME MILLE

PARIS
G. CHARPENTIER ET CIE, ÉDITEURS
11, RUE DE GRENELLE, 11
1887

Tous droits réservés

PRÉFACE

Quand, loin de Paris, en province, à l'étranger, on lit les statistiques que publie le laboratoire municipal, et qu'on voit la liste des substances falsifiées qu'il a analysées, on est disposé à se dire :

— Ces Parisiens, tous empoisonnés !

Quand, dans les mêmes pays, on lit les romans décorés de l'étiquette « Mœurs parisiennes », on est sûr que Paris est de toutes les villes du monde la plus corrompue :

— Ces Parisiens, tous débauchés !

Comment en serait-il autrement?

De même que le laboratoire municipal ne recherche que les falsifications, la plupart des romanciers qui travaillent dans « les mœurs parisiennes » n'étudient que les mauvaises ; les bonnes, il semble que cela manque d'intérêt ou qu'il soit inutile d'en parler sur la couverture ; c'est pour les mauvaises seules qu'on a des complaisances et une patience d'analyse que rien ne rebute.

Quand, à Paris, nous lisons ces romans, c'est surtout le talent de leurs auteurs que nous cherchons, et c'est à lui que nous sommes sensibles : « Bien étudié. Bien rendu. » C'est pour nous le point essentiel. Cette intensité du rendu, que ne fait-elle pas accepter?

Mais en province et à l'étranger, c'est par le fond même beaucoup plus que par la forme qu'on est touché ; le mot qui vient aux lèvres, la pensée qui reste dans l'esprit, ce n'est plus : « Bien rendu », c'est : « Bien observé » ; et comme le talent force même les croyances, on se prend à plaindre ou mépriser ceux qui semblent avoir posé pour ces tableaux.

Ces mauvaises mœurs parisiennes, la corruption, l'adultère et la débauche dont on nous charge si complaisamment nous appartiennent-elles donc en propre, et en avons-nous le monopole ?

A lire certains romans étrangers on pourrait le croire.

Rares sont les romans allemands qui ne célèbrent pas la patrie allemande, la vertu allemande, la femme allemande! Ne doit-on pas travailler « par ordre » à faire de Berlin une ville modèle de façon à l'imposer comme capitale unique à l'Allemagne entière au détriment des anciennes capitales. Que viendrait faire une note discordante dans ce concert ?

Où sont les romans anglais qui soufflent mot des « mœurs londonniennes ? »

C'est que, chez l'artiste, la sincérité ne va pas sans la liberté, et qu'en Angleterre, ce pays si libre, à ce qu'il croit, la liberté n'existe pas pour les romanciers soumis à une censure féroce — celle de master Cant et de mistress Grundy.

Qui oserait se révolter contre l'opinion publique ?

Un Byron peut-être, et encore pour que ce nouveau Byron se levât, faudrait-il que l'ancien n'eût point existé, l'exemple de celui-là n'étant fait pour tenter personne.

Quand l'opinion publique a rendu son verdict chez nos voisins, tout est dit : génie, honneur, situation, fortune, rien ne lui résiste : — Un officier de mérite, qui a rendu des services considérables à son pays et qui est l'ami du prince, plaisante en chemin de fer avec une jeune fille ; mistress Grundy prend en main la cause de cette innocente *assaultée*, et l'officier est cassé de son grade, chassé de sa patrie sans que rien puisse le sauver, ni la reconnaissance des services rendus, ni l'amitié du prince ; — un ministre brillant, un homme d'État puissant, l'honneur et l'espoir de son parti, est accusé d'avoir séduit une jeune femme et de l'avoir initiée à des débauches inconnues en Angleterre, mistress Grundy part en guerre contre lui, l'abat et le noie dans la boue. Elle a fait de la devise de la Jarretière celle des mœurs anglaises : « Honni soit qui mal y pense. » Il n'y a ni mauvaises mœurs ni débauche en Angleterre ; ceux qu'on en peut accuser ne sont plus Anglais : à la mer l'officier, à la mer le ministre, et que le silence se fasse. Il est des choses dont on ne doit pas parler. Et du monde où il est scrupuleusement observé, ce précepte est descendu dans les lettres, où il l'est plus encore.

Qu'un romancier anglais essaie dans son pays ce que Balzac a fait dans le sien, qu'il écrive « la Comédie humaine anglaise », qui le lira ?

A coup sûr ce ne sera pas « le monde des classes », et comme, en Angleterre, « les classes » sont tout, comme elles donnent l'impulsion et la mode, comme ce qui n'est pas adopté par elles n'existe pas, il ne se trouve pas d'écrivain qui se résigne d'avance à n'être pas lu et à porter le poids de son abomination, repoussé de partout, méprisé de tous, paria ; moins que tout autre l'Anglais est fait pour ce rôle.

Il a été un temps où Fielding, Sterne, Swift ont pu obéir à cette règle de la sincérité qui est la probité de l'écrivain, mais ce temps est loin : de nos jours, le plus grand romancier que l'Angleterre ait produit, celui qui, après Shakspeare, a créé le plus d'hommes et ouvert de nouvelles sources au rire et aux larmes, — Dickens, qui n'aimait pas les classes (et elles le lui ont bien rendu), s'est vu arrêté un moment dans sa marche glorieuse pour avoir admis à peu près franchement un adultère dans un de ses romans : il n'y a pas d'adultère en Angleterre, ou, s'il y en a, il n'est pas séant de s'en apercevoir et encore moins d'en parler.

Alors comme il est assez naturel de s'imaginer que ce dont on ne parle pas n'existe point, il résulte de ce silence que Paris dont on parle tant est une sentine, tandis que

Londres dont on ne dit rien est un vase de pureté ; c'est en effet la prétention des Anglais, qui répondent gravement que ce sont les Français et les Belges qui font l'infamie de Soho ; hommes, femmes, tous *foreigners*; ou prenez-vous un Anglais dans cette débauche grouillante ? Si de la rue vous montez dans les salons, c'est la même chose ; le vice est partout étranger, allemand, italien, belge, français, surtout français. Et la preuve, c'est que la littérature, qui est « l'expression de la société », ne peint nullement les mêmes tableaux ici que là ; dans un pays les modèles abondent, dans l'autre ils manquent. Quelle plus forte démonstration peut-on demander ?

A de jeunes confrères français qui cherchaient leur voie, j'ai plus d'une fois conseillé d'aller s'établir à Londres ou à Berlin, de vivre là de la vie du pays, et après quelques années de séjour, de nous envoyer sur les mœurs anglaises ou les mœurs allemandes des romans étudiés avec la sincérité d'observation et l'intensité de rendu que leurs confrères, restés à Paris, mettent dans leurs études de « mœurs parisiennes. »

Je ne sache point que cela ait encore été fait : il y a de très curieuses études sur les mœurs anglaises écrites par des Français, je ne connais pas de romans « de mœurs. »

Alors l'idée m'est venue d'essayer moi-même ce que j'avais conseillé aux autres ; et « messieurs les Anglais ne voulant pas tirer les premiers », j'ai écrit.. ce roman : *Vices Français*, puisqu'il est entendu qu'il n'y a pas de « vices anglais. »

H. M.

VICES FRANÇAIS

CHAPITRE PREMIER

MARI ET FEMME

I

South Kensington n'est pas le faubourg le plus à la mode, ni le plus élégant de Londres, il s'en faut, mais il est neuf; mais en y mettant de la complaisance on peut dire qu'il touche au West-End, et c'en est assez pour que ses habitants aient, entre bien d'autres, cette double prétention à la mode et à l'élégance. Certainement on n'y trouve pas la monumentale architecture de Grosvenor place ou d'Eaton square avec leurs colonnes pestumiennes et leurs frontons d'ordre ionique ou dorique; aux portes, on n'aperçoit pas de magnifiques laquais décoratifs à perruques poudrées, mais c'est respectable pour les gens du quartier, si pour les autres ce n'est que ridicule.

De longues rues où les petites maisons s'alignent

les unes après les autres à perte de vue, sont coupées de temps en temps par des squares et des places d'une monotonie lamentable dans leur uniformité. Pas de boutiques. Peu ou pas de vie. De distance en distance les gares du chemin de fer souterrain vomissent des coulées de voyageurs, qui arrivés au grand jour cherchent un moment à se reconnaître dans le dédale des rues, toutes les mêmes, qui se présentent à eux, puis se dispersent et fondent dans le grand vide qui plane sur tout le quartier. Il semble que ce soit tous les jours dimanche, le terrible dimanche anglais.

Si les rues ont l'aspect d'un désert, les maisons paraissent abandonnées ou endormies. Derrière ces portiques à colonnes et ces fenêtres à stores roses ou rouges voilés de dentelles blanches, on sent le calme plat d'un monde où personne ne travaille et où la vie repose sur des conventions solidement établies, qui permettent aux initiés de faire tout tranquillement ce que bon leur semble, pourvu qu'ils gardent au dehors les apparences déterminées par des lois sociales, passées à l'état de dogme.

Rien qui ressemble là à ces anciens quartiers de Londres où des échoppes s'étayent sur de riches hôtels et où de massives constructions en pierre de taille dont les attiques se couronnent majestueusement de balustres, sont si brusquement interrompues par de pauvres maisonnettes aux toits d'ardoise et aux murs de briques noircis par la fumée, que, vus à travers le voile du brouillard ou de la pluie, les profils de ces rues font songer à une rangée de roches dentelées que viendraient battre les vagues de la foule grouillant à leur base. Kensington répudie ces accointances irrégulières, ces mésalliances entre grands et petits : parquées le long de ces interminables rues droites, continuées par d'autres rues aussi droites et aussi longues, ses maisons sont toutes pareilles, toutes de même hauteur, toutes de même largeur, avec les mêmes fenêtres à guillotine entr'ouvertes de la même manière, les mêmes colonnes, les mêmes portes à visage de bois, les mêmes marches de seuil frottées d'un gris de pierre tombale ; un, deux, dix, cent, portiques grecs se succèdent tous semblables des deux cotés de la rue, — double rangée de petits mausolés en un cimetière modèle dans lequel règne un tel recueillement qu'en passant on est disposé à baisser la voix comme s'il y avait un mort dans chacune de ces maisons. La manie de la symétrie a tout réglé, tout ordonné. La diversité, la fantaisie, la coquetterie, la finesse, la personnalité sont inconnues. La ligne droite triomphe partout, et sous sa loi sévère les façades de stuc simulant la pierre qui est rare et chère à Londres, conservent partout aux maisons minuscules de ces longues rues et de ces petites places, l'apparence et les allures des quartiers vraiment à la mode et vraiment élégants.

II

De toutes ces petites places *Savile place* est l'une de celles que recherchent les gens qui veulent produire de l'effet à peu de frais. A la vérité elle tient d'un bout à un quartier populeux et commerçant qu'habitent de petits boutiquiers, des ouvriers et des pauvres, mais de l'autre ses portiques s'ouvrent sur un square écrasant de lourdeur, et c'est assez pour lui donner de la respectabilité : *Savile place* S. W, il semble que par cela seul qu'on peut faire imprimer en gothique cette adresse sur son papier à lettre et sur des cartes de visite on soit quelqu'un.

Que si l'on veut savoir quels sont ceux qui, dans le choix de leur habitation, se sont laissés influencer par l'aspect à la fois correct et glacial de cette place, on n'a qu'à feuilleter les pages du *Boyle's Court-Guide*, du *Webster's Royal Red Book*, du *Royal Blue Book*, du *Kelly's suburban Directory* qui sont le *Tout-Paris* de Londres, mais bien plus complets, plus étendus, comme il convient à une ville où la vanité mondaine est article de foi, et l'on y trouve des noms de boursiers, d'avocats, d'artistes, de gens de lettres en train de gagner une certaine fortune à laquelle ils espèrent travailler en se faisant reconnaître pour des gens très *respectables*, — le tout traversé par un mince filet de noblesse de troisième ordre qui sert de trait d'union entre ces parvenus et ce grand monde où leur orgueil se flatte d'entrer un jour en en forçant les portes, mais dont cependant ils sont à tout jamais exclus, car ces portes sont fabriquées d'un bois ou d'un métal anglais plus solide que partout ailleurs.

A la vérité, de temps en temps un écrivain qu'un succès vient de mettre en vue, un peintre qui a exposé un tableau dont on parle, un avocat utile reçoit une carte d'invitation pour la soirée d'une grande dame, et parfois même le nom de sa femme y est ajouté. Mais pour celle-ci la joie orgueilleuse que lui cause cette distinction est de courte durée, et le jour n'est pas loin où un regard dédaigneux lui apprend, si elle est intelligente, que les salons du grand monde ne se sont ouverts devant elle que pour lui faire sonder la profondeur de l'abîme qui la sépare de celles qui y règnent de droit.

Le lendemain d'une de ces soirées, qui l'avait fait admettre dans l'un des plus nobles hôtels de Piccadilly, une jeune femme assise devant le feu dans un petit salon d'une des maisons de Savile place, feuilletait le *Morning Post*. Il s'agissait de chercher son nom parmi ceux des invités à cette soirée, et c'était là une occupation qui ne laissait pas place à la distraction. Il lui sauta aux yeux, et elle le lut, en le prononçant à mi-voix :

— Madame Macdonnel.

Depuis qu'elle était mariée, jamais il ne lui avait paru aussi bien fait, aussi agréable :

— Madame Macdonnel.

Il était en belle place après celui d'une lady, et elle avait la chance qu'à l'imprimerie on ne l'eût pas écorché et qu'on n'eût pas écrit « Macdonnal » qui est une forme beaucoup plus commune. Il n'y aurait pas de confusion possible. En ce moment même tout-Londres savait qu'elle avait assisté à cette soirée :

— Madame Macdonnel !

Elle se mit alors à repasser lentement les noms des grands personnages et des femmes en vue par leur beauté ou leur haut rang, dont elle — inconnue de tous et de toutes, — avait regardé le défilé :

C'était bien l'élite de l'Angleterre, et pendant deux heures elle avait fait partie de cette élite : pour ceux qui ne l'auraient pas vue, le *Morning-Post* la nommait.

Et posant le journal sur ses genoux, elle retourna par la pensée dans ces vastes salles tapissées de fleurs, ruisselantes de lumières, chaudes de parfums, éblouissantes de pierreries, et dans le magnifique escalier au haut duquel le vieux duc ayant sa belle-fille près de lui recevait ses invités. C'était là le monde, le grand monde, et elle avait été de ce grand monde.

Mais à ce moment un souvenir lui revint qui lui fit froncer le front, et donna à son regard une expression de colère haineuse.

Elle venait de s'incliner devant le duc, et déjà elle avait fait quelques pas dans le premier salon lorsqu'elle avait senti les regards d'un vieux lord se poser sur ses épaules grasses qui débordaient de

son corsage décolleté avec une audace plus franche
que savante et croyant à une admiration pour elle
bien naturelle, elle s'était arrêtée sans trop savoir
ce qu'elle faisait. Alors un murmure de voix était
venu jusqu'à elle assez distinct pour qu'elle le
saisît à peu près : — « Qui cela, mon cher? — La jeune
femme un peu boulotte qui vient de passer? » —
Et le duc avait répondu avec un' accent où perçait
une certaine impatience : — « Que diable, comment
voulez-vous que je sache ! »

Qui cela !

Elle s'était senti autant de haine et de mépris
contre le duc, que contre son mari. Il était donc
bien nul, bien incapable ce mari de n'avoir encore
pu obtenir qu'un poste subalterne dans le gouvernement, chef de cabinet du Secrétaire pour l'Ecosse?
la belle affaire en vérité pour une femme comme
elle ; pour l'ambition de ce mari peut-être était-ce
réellement assez s'il se rendait justice, mais pour
la sienne à elle quelle humiliation! Qui cela! Ainsi,
sa première grande joie avait été empoisonnée par
la nullité de ce misérable mari. Que fût-il advenu
de l'admiration du vieux lord, si le duc, au lieu de
sa réponse. « Comment voulez-vous que je sache? »
avait pu en faire une inspirée par un nom plus
connu, plus estimé que celui de Macdonnel. Car
c'était une vraie admiration qu'elle était certaine
d'avoir lue dans le regard du vieux lord, c'était
comme une lueur de désir, qui eussent certes été
plus loin si cette insolente réponse n'était venue les
éteindre. S'occupe-t-on d'une femme qui n'est rien.

Et il n'était que trop vrai qu'elle n'était rien : se fût-elle obstinée à ne pas vouloir le reconnaître de bonne foi, que tout autour d'elle le lui eût crié.

Quelqu'un, elle ne serait pas dans ce salon où chaque chose avait cet air incohérent et banal, décousu et désordonné qui n'appartient qu'aux maisons louées au mois. Etait-il assez misérable ce salon. Jamais il ne lui avait paru aussi pauvre, aussi ridicule, aussi honteux qu'en cette claire matinée.

Décidément la soirée de la veille, dont elle s'était fait si grande fête à l'avance, lui avait été mauvaise non seulement par le coup porté à son amour-propre, mais encore par les convoitises qu'elle lui mettait au cœur et qui allait l'empoisonner.

Les yeux encore pleins des splendeurs qui les avaient éblouis, elle sentait avec une âpre envie toute la séduction de ces habitations, où chacun de ceux qui s'y sont succédé depuis des années et des années, a déposé un peu de sa personnalité, et leur a donné ce grand air de noblesse glorieuse qui résulte de la fusion de plusieurs existences enchaînées les unes aux autres par un même lien de parenté.

Quel contraste entre cette demeure grandiose et cette petite maison de South Kensington, — la sienne — où tout puait la mesquinerie et la pauvreté. Des générations de locataires s'étaient aussi succédé entre ses quatre murs, mais au lieu d'y ajouter et d'y laisser quelque chose, ils lui avaient enlevé un peu de sa physionomie primitive, comme ils avaient usé son tapis, jusqu'à la corde, si bien que ce qu'il y avait pu avoir en elle d'expressif, — si tant est qu'elle eût eu jamais rien qui sortît du vulgaire, — avait disparu dans le frottement journalier d'habitudes et de besoins s'effaçant les uns les autres.

Quelle misère que cet ameublement! ces dossiers en crochet s'étalant, sur des fauteuils disparates; ce canapé en damas rouge à coussins de tapisserie jaune et verte; ces rideaux de mousseline épinglés par places pour cacher au plus vite les ravages du dernier blanchissage; ces lithographies accrochées de travers sur les murs et qui tenaient à peine dans leur bordure dédorée aux coins éraillés ; cette glace où elle se voyait, le visage piqueté par les salissures des mouches de l'été précédent.

Est-ce que vraiment elle ne méritait pas mieux que cette médiocrité besogneuse; ce cadre était-il celui qui convenait à une femme comme elle?

Malgré les salissures de la glace qui venaient de l'indigner si fort, elle se regarda longuement, s'avançant, reculant, se mettant de face, de profil, cambrant sa taille, faisant bomber sa poitrine avec un sourire de satisfaction.

— Vingt ans, murmura-t-elle.

Puis jetant autour d'elle un coup d'œil où il y avait autant d'humiliation que de colère, elle ajouta:

— Et voilà !

Alors un cri de colère s'échappa de ses lèvres :

— Ah! non, non.

III

Elle s'était mise à marcher par le salon à grands pas, tournant sur elle-même, allant, revenant, les poings fermés, emportée, entraînée par l'indignation; quand sa colère commença à s'apaiser, elle s'arrêta devant la glace, et de nouveau elle se regarda, demandant à ce miroir une explication que son esprit ne lui fournissait pas.

— Pourquoi?

Mais que pouvait-il lui répondre qu'elle ne savait déjà, pour le lui avoir maintes fois demandé, c'est-à-dire qu'avec un teint frais comme le sien, des cheveux d'un châtain soyeux, longs et abondants, une peau fine et douce, des yeux vifs et perçants, des lèvres sanguines faites pour le baiser, une poitrine provocante, une santé toute pleine de force et de vie on était née pour plaire et dominer. Et de plus n'était-elle pas intelligente? n'avait-elle pas la vivacité, l'audace de l'esprit? son imagination était-elle jamais restée à court? depuis longtemps ne s'était-elle pas débarrassée de cette timidité de conscience et de parole qui empêtre tant de femmes et les rend gauches ou ridicules.

Il est vrai que dans ses fâcheries de jeune fille avec ses sœurs et ses camarades de pension, on avait reproché à ce frais visage dont elle était fière de n'avoir rien de pur dans le contour, à sa taille de manquer d'élégance, à ses yeux trop petits d'être percés par une vrille dans des joues trop charnues, aux attaches du menton avec le cou d'être trop épaisses, mais c'étaient là des critiques que l'envie seule avait pu inspirer, ses succès depuis qu'elle était femme le lui avaient bien prouvé.

Pendant qu'elle s'étudiait ainsi complaisamment, un pas lent et lourd, un piétinement se faisait entendre dans la chambre située immédiatement au-dessus du salon, allant, venant, ne s'arrêtant pas.

Tout à coup une voix venant de cette chambre appela :

— Josey.

Mais elle ne bougea pas, si ce n'est pour hausser les épaules avec un mouvement d'impatience.

Après un certain temps d'attente la voix appela de nouveau :

— Josey, Josey.

Cette fois elle alla à la cheminée et violemment elle sonna.

— Josey, Josey, criait toujours la voix.

Une femme de chambre se décida enfin à paraître.

— Vous n'entendez donc pas que monsieur appelle.

— C'est Madame que Monsieur appelle.

— Montez près de lui. Demandez-lui ce qu'il veut. S'il vous répond qu'il a besoin de moi, dites que je suis fatiguée, que j'ai mal à la tête.

La femme de chambre allait sortir. Madame Macdonnel la rappela :

— Esther.

— Madame.

— Avertissez Monsieur qu'il est en retard.

Pendant que la femme de chambre fermait la porte, madame Macdonnel se retourna pour regarder la pendule, mais la pendule détraquée comme toutes les pièces de ce mobilier, ne marchait pas. Dans le brusque mouvement qu'elle avait fait madame Macdonnel avait accroché avec ses jupes un guéridon chargé de photographies; mal équilibré sur son pied chancelant et détraqué aussi bien entendu, il se renversa et les photographies s'éparpillèrent sur le tapis, en soulevant un nuage de poussière qui, mieux que de longues explications, disait avec quelle incurie le ménage se faisait dans cette maison.

Vivement madame Macdonnel s'agenouilla et se mit à ramasser les cartes et les cadres épars çà et là. Mais au lieu de les prendre pêle-mêle comme ils se présentaient sous sa main, elle fit un choix, retournant les cadres dont la face était sur le tapis. L'un des premiers qu'elle releva, bordé de peluche bleue, avait son verre cassé.

— J'en étais sûre, murmura-t-elle, ce pauvre Jack.

Et avec une réelle contrariété elle regarda la photographie placée dans ce cadre : c'était celle d'un homme, d'un beau garçon, aux traits fortement accentués, à la moustache large et lourde, ayant l'apparence d'un officier.

— S'il savait que le verre de son portrait s'est cassé, se dit-elle, il verrait peut-être là un pronostic de malheur. Et si vraiment c'en était un?

Mais elle ne s'arrêta point à cette idée qui avait fait

passer un éclair d'inquiétude dans ses yeux. Prenant un autre cadre, dont le verre n'était point cassé, elle en retira la photographie qui s'y trouvait et la remplaça par celle « du pauvre Jack. »

Comme elle achevait cette substitution et regardait, avec un sourire alangui le portrait qu'elle venait de mettre sous verre, s'attardant dans cette contemplation, avec de petits frissons chauds qui parcouraient tout son corps et empourpraient son visage de hautes couleurs, des craquements dans l'escalier l'avertirent que son mari descendait; alors vivement, elle glissa la photographie qui l'intéressait, sous d'autres cartes, et continua à ramasser celles qui étaient éparses autour d'elle

IV

M. Macdonnel entra dans le salon. C'était un homme de cinquante ans à peu près, de taille moyenne, les membres lourds, le cou court, qui avec un teint blême, des cheveux plats et un front bas, eût pu paraître assez insignifiant si le regard froid de ses yeux gris, la forme carrée de son menton, les plis durs de sa bouche n'eussent marqué en lui un certain fonds de caractère et d'intelligence qui, pour être lente peut-être, n'en était certainement pas moins solide.

— Qu'est-ce donc que tout cela? demanda-t-il en regardant les portraits éparpillés.

— La table qui s'est renversée; rien ne tient debout ici.

— Je vais vous aider.

Il se pencha pour ramasser les portraits, mais elle ne le laissa pas faire.

— Partez, dit-elle, cela vaudra mieux, vous êtes déjà en retard, et vous savez pourtant que c'est le plus sûr moyen de déplaire à votre ministre si sottement méticuleux.

Mais au lieu de suivre ce conseil donné si peu gracieusement, il prit une chaise et s'assit devant la cheminée, gravement, en homme embarrassé ou contrarié, tandis qu'accroupie au milieu du salon elle le regardait stupéfaite.

— Je vois que vous avez ouvert le journal, dit-il en remarquant le *Morning Post* jeté sur une chaise.

— Sans doute.

— Alors vous avez vu que le ministère a failli être mis en minorité cette nuit.

— Je n'ai pas vu cela.

Ce fut lui qui à son tour la regarda avec stupéfaction : pourquoi donc avait-elle ouvert le journal si ce n'est pour y lire les débats du Parlement?

— Alors je vous l'apprends. Et ce vote sur une question en somme de peu d'importance révèle une situation grave : cette situation à la Chambre devient de jour en jour plus critique, et il faudra qu'à un moment donné le gouvernement engage une bataille décisive, dans laquelle il y a bien des chances pour qu'il soit battu. Sans doute ce moment peut être retardé; il le sera même probablement. Mais enfin il arrivera. Et si le gouvernement tombe, ma place s'effondre avec lui. Nous voilà donc obligés... ce jour-là de quitter Londres.

— Quitter Londres !

— Il le faudrait bien.

— Vous ne feriez pas cela, Adam. Je ne le veux pas. C'est impossible.

— Ce qui serait impossible ce serait de rester ici. Chef du cabinet du ministre je dois passer la saison à Londres auprès de mon chef, et mes appointements nous permettent cette dépense ; mais que le gouvernement tombe, mon chef tombe avec lui, moi par conséquent je tombe avec mon chef et mes appointements tombent avec moi. Alors comment nous arranger pour vivre à Londres ?

— Ah ! cette question d'argent ! cette misère, quelle honte !

— Vous n'êtes pas juste, Josey, en parlant de misère. Nous ne sommes pas dans la misère. Nous n'y serions pas le jour où je ne recevrais plus mes appointements.

— Alors pourquoi parlez-vous de quitter Londres ?

— Parce que le jour où cela arriverait nous serions dans la gêne si nous restions ici : gêne et misère ne sont pas synonymes.

Il dit cela gravement, dogmatiquement, sur le ton d'un professeur qui parle à un élève.

— Nullement synonymes, vous devriez le savoir, insista-t-il.

— Pour vous peut-être, mais pour moi ils le sont, puisqu'ils sont également honteux.

— Josey vous n'êtes pas raisonnable, je vais vous le démontrer.

Elle eut un geste d'impatience, et ne se souvenant pas que la pendule ne marchait pas elle regarda le cadran.

— Vous êtes en retard?

— Puisque nous avons abordé ce sujet il est à propos que nous allions jusqu'au bout.

— Au bout de quoi?

— De la démonstration que je veux vous faire.

— Je suis souffrante; j'ai mal à la tête, je ne comprendrai rien.

— Vous comprendrez fort bien.

Evidemment elle cherchait à le faire partir, mais elle savait par expérience qu'on ne lui imposait pas silence lorsqu'il voulait parler, ou plutôt lorsqu'il croyait devoir parler. Le mieux était donc de le laisser aller; plus vite il commencerait, plus vite elle serait libérée.

— De mon chef, dit Adam Macdonnel, j'ai douze mille cinq cents francs de revenus; du vôtre vous en avez dix mille représentant les intérêts des deux cent cinquante mille francs de votre dot; de plus mes appointements me rapportent sept mille cinq cents francs; c'est donc trente mille francs que nous avons annuellement.

— Ce que j'appelle la misère.

— Que mes appointements soient supprimés et nous retombons à vingt-deux mille cinq cents francs de revenus; avec cela comment vivre à Londres où nous dépensons rien que pour le loyer, les frais de nourriture et de voitures, cinq cents francs par semaine.

— La voilà cette misère que vous niez.

— A Londres, j'en conviens, mais non à Glasgow.

— Et comment voulez-vous que je vive à Glasgow ?

— Comme tous ceux qui l'habitent.

— D'une vie étroite, n'est-ce pas ? mesquine, bornée, figée, misérable et crevante.

— Josey !

— Oui, crevante ; y a t-il d'autre mot pour rendre l'existence de ces mollusques attachés à leur rocher. Des empaillés, des momies ; et avec cela des femmes envieuses, grincheuses, médisantes, méchantes qui vous épient du matin au soir, sans qu'on puisse faire un pas librement, et dire une parole tout haut.

— Ne vous moquez pas de mes amies, Josey, elles valent mieux que le dessin que vous en faites, comme cette vie tranquille de province vaut mieux que celle de Londres, factice, fiévreuse, débraillée, au milieu de laquelle les honnêtes gens ont peine à se reconnaître. Je conviens que notre fortune est des plus modestes ; mais, de votre côté, convenez aussi qu'elle est suffisante pour satisfaire des goûts simples ; ce serait ces goûts simples que je voudrais vous voir adopter, car essayer de faire figure avec les gens du monde comme vous en avez l'ambition, c'est nous rendre ridicules l'un et l'autre aux yeux de tous, c'est nous rendre malheureux nous-mêmes.

— Elevé comme vous l'avez été, je comprends que Glasgow vous paraisse une ville habitable, et même agréable. Mais sur ce point comme sur bien d'autres il n'en est point de moi comme de vous... malheureusement. Et ce n'est pas pour subir une pareille existence que je me suis mariée ; ce n'est pas pour m'enfermer, pour me murer dans ce trou.

Avec le calme dont il ne s'était pas départi un seul instant, il leva la main comme pour demander la permission de répondre dans une discussion qui n'eut rien eu de personnel :

— Je ne veux pas relever ce qu'il y a de blessant pour moi dans ce que vous venez de dire, car il est plus qu'inutile d'envenimer le débat. Je me contenterai seulement de vous répondre que depuis notre mariage je me suis plu à vous faire l'existence aussi large que possible, et que tout ce que je peux vous donner je vous le donne. Contrairement à la mienne, votre jeunesse a été entourée de bien-être et même de luxe, ce qui vous a poussée à prendre des habitudes de plaisir bien naturelles à votre âge ; mais il faut que vous compreniez que la vie n'est pas faite...

Brusquement elle lui coupa la parole, et d'une façon si nette qu'il resta un moment la bouche ouverte :

— Vous voulez prêcher maintenant. Mais, mon cher, tout ce que vous voulez me dire est connu, archi-connu et si bien que, si cela peut vous intéresser, je vais le dire avec vous comme si nous chantions un duo... mais pas un duo d'amour. Moi aussi je sais parler de devoir. Vous me dites que c'est mon devoir d'accepter d'aller vivre à Glasgow. Eh bien ! moi je vous réponds que votre devoir à vous c'est de vous pousser ici, de vous créer une situation ici, de me rendre la vie possible ici. Le gouvernement va tomber, dites-vous et vous tombez avec lui. Pourquoi? Pourquoi ne vous arrangez vous pas pour rester debout quand il s'abattra? Au lieu de la place instable que vous occupez, il faut en chercher une inamovible; il faut demander, se remuer, agir, intriguer, voilà votre devoir. Cela ne doit pas être impossible, pas même difficile, pas même bien malin; ne voit-on pas tous les jours des gens, qui cependant ne sont pas des prodiges, y réussir?

— Ce sont des intrigants ; et je n'en suis pas un.
— Il faut le devenir.
— Jamais.
— Ce n'est pas la bassesse que je vous conseille, c'est l'adresse : il me semble que l'adresse n'est pas un vice.
— Ce que vous demandez est impossible.
— Vous dites cela comme si vous étiez heureux de cette impossibilité.
— Et pourquoi en serais-je heureux?
— Pour m'obliger à quitter Londres.
— Quand cela serait.
— Vous l'avouez donc! s'écria-elle avec un éclat de colère débordante.
— Je n'avoue rien sur ce point. Mais franchement je confesse que la vie que vous menez ici me tourmente. Croyez-vous que je ne remarque pas les changements qui se sont faits et qui se font en vous? Croyez-vous que ce besoin toujours croissant de mouvement et de bruit qui vous emporte, que cette passion du plaisir et du luxe qui vous affole sans

que je puisse les satisfaire, ne m'inquiétent pas, et ne me fassent pas réfléchir? Mes rêves de bonheur tranquille que j'espérais réaliser dans une existence saine et honorable s'envolent devant les désirs que vous inspire votre imagination désordonnée. Je ne m'en fâche pas. Je m'en désole. Car ce n'est pas pour moi seulement que j'ai peur, c'est pour vous aussi. Je vous vois glisser sur une pente où, un jour, prochain peut-être, vous ne pourrez pas vous retenir. Toujours dehors, toujours à courir..

— Eh! que voulez-vous que je fasse ici? Comment voulez-vous que je reste dans un appartement comme celui-ci? La honte ne vous serre donc pas à la gorge quand vous regardez autour de vous?

— La honte de quoi?

— La honte de ce qui vous entoure.

Elle souleva un dossier au crochet jeté sur un fauteuil.

— C'est sans dégoût que vous posez votre tête sur ce dossier.

— Il est propre, il me semble.

De la main, elle montra les lithographies accrochées aux murs :

— C'est sans pitié que vous pouvez lever les yeux sur ces horreurs. Faites-moi un intérieur respectable et j'y resterai. Quand je sors de chez madame Arthur Mostyn, et que je rentre ici, je frissonne. Quand je vais chez madame Cohen et que je trouve un valet de pied au bas de l'escalier, c'est notre misérable Esther aux savates éculées que je vois par le souvenir et votre petit groom. Et cependant l'une est ma sœur et l'autre ma cousine. Comment voulez-vous que je n'étouffe pas d'indignation quand je pense que c'est là tout notre domestique, et que la moindre maison qui se respecte en a dix, quinze, vingt.

— Ah ! voilà justement ce que je crains à Londres, l'influence, l'exemple de votre famille.

— Vous attaquez ma famille maintenant.

— Je la redoute. Je redoute l'excentricité, les idées bizarres de madame Arthur Mostyn. Et je redoute plus encore les allures suspectes de madame Cohen.

— Qu'appelez-vous suspectes ? demanda-t-elle en le regardant en dessous.

— Je n'ai pas à m'expliquer là-dessus, car je ne pourrais le faire qu'en vous blessant puisque vous avez été élevée avec madame Cohen, et je ne le veux pas. C'est même involontairement qu'une allusion à votre famille m'est échappée. Mais puisqu'il en a été question je dois ajouter, pour n'y plus revenir, que ce qui s'est passé doit nous imposer une circonspection et une réserve plus grande qu'à personne. Le scandale qui est arrivé n'est pas si loin des mémoires que vous puissiez, vos sœurs et vous, vous trouver à l'abri des mauvaises langues.

— Laissez donc ma famille en paix, et si vous voulez me faire une querelle ayez la franchise de vous attaquer à moi en face. Qu'avez-vous à me reprocher ?

De nouveau, elle l'examina d'un coup d'œil à la dérobée.

— Je vous l'ai dit.

— Vous n'avez rien dit : Une accusation qui n'est pas précise n'existe pas. Si vous en avez une, formulez-la. Dites. Parlez.

Comme il se taisait, ne voulant pas, ou ne pouvant pas répondre à cette provocation, elle continua en haussant les épaules d'un air de pitié méprisante :

— Vous voyez bien que la jalousie vous affole.

— Elle ne m'affole point ; elle me désespère.

— Il est donc bien vrai que vous êtes jaloux?

Un regard découragé fut toute sa réponse; mais ce n'était point assez pour elle.

— On n'est pas jaloux en l'air, dit-elle ; on l'est de quelqu'un. De qui êtes-vous jaloux ?

— De personne et de tout le monde.

Elle eut un soupir de soulagement, et se mettant à sourire :

— Tant que ça, dit-elle.

— Ah ! Josey, vous êtes cruelle pour un homme qui vous aime. Vous me raillez... et pourtant.

— N'ai-je pas raison ?

— Non, vous n'avez pas raison, car si je n'ai pas de nom à vous donner, je n'en ai pas moins des motifs de jalousie. Pourquoi lorsque je reste ici le matin plus longtemps qu'à l'ordinaire, me laissez-vous voir que je vous suis à charge, et que vous ne cherchez qu'à vous débarrasser de moi. Cela n'est-il pas significatif? Pourquoi, tout à l'heure quand je suis entré, n'avez-vous pas dissimulé votre impatience. Et pourquoi maintenant se trahit-elle encore dans toute votre attitude. Ne devriez-vous pas être heureuse de me voir rester près de vous, comme de mon côté je suis heureux lorsque nous sommes ensemble ?

— Convenez que vous avez une singulière manière de me prouver votre bonheur quand nous sommes ensemble, en me poursuivant toujours de vos reproches, comme en ce moment.

— Pourquoi tout, dans votre conduite, dans vos paroles, même dans vos regards, justifie-t-il ces reproches et les accentue-t-il au lieu de les effacer ou de les atténuer ? Trouvez-vous qu'il soit agréable pour un mari, ou même simplement tranquillisant d'entendre sa femme parler à chaque instant de divorce, et de la voir interroger tous ceux qui sont en état de la renseigner d'une façon précise à ce sujet : avant-hier n'avez-vous pas encore questionné notre ami Ribers sur le point de savoir ce qu'il advient de la dot de la femme en cas de divorce. Trouvez-vous que je doive être tranquille à mon bureau quand je sais qu'aussitôt que j'ai quitté cette maison, vous partez sur mes talons? Vous dites que c'est pour visiter les pauvres, pour aller chez votre sœur, mais...

— Alors vous m'accusez de mentir. Pourquoi m'interrogez-vous de si près si vous ne devez pas me croire. Est-il femme plus malheureuse que moi. Vous m'outragez, vous me martyrisez...

Depuis le commencement de cet entretien, elle subissait avec une impatience, qui peu à peu était devenue de l'exaspération ces questions de son mari. Evidemment cette scène ne finirait jamais. Elle avait employé tous les moyens pour l'abréger. Vainement. Il allait toujours, se complaisant dans ses paroles, cherchant ses griefs, les énumérant en bon ordre, s'appliquant à la modération, plaidant, avocassant, prêchant, convaincu de faire œuvre utile et s'attendant à provoquer par son éloquence un mouvement de repentir, un élan d'émotion chez sa femme. Si elle continuait à lui répondre, bien certainement il ne partirait pas.

Elle éclata :

— Laissez-moi, s'écria-t-elle en se tordant les mains et en fondant en larmes, votre conduite avec moi est indigne, vous me ferez mourir ; mon Dieu que je suis malheureuse !

Elle suffoquait.

Interdit il la regardait se demandant ce qu'il avait dit, ce qu'il avait fait pour provoquer cette crise nerveuse qui éclatait juste au moment où elle devait, lui semblait-il, se jeter dans ses bras.

— Mais je ne voulais pas vous faire de la peine, dit-il. Non certes, je ne le voulais pas.

— Vous avez voulu m'humilier, s'écria-t-elle dans un paroxysme de colère, m'insulter ; vous avez voulu montrer votre pouvoir. Eh bien voyez ce que vous avez fait de moi. Jouissez de votre triomphe. Me trouvez-vous assez malheureuse ?

— Je vous répète, Josey, que vous vous méprenez sur mes intentions. Je ne suis point le mari que vous supposez injustement. Je n'ai pour vous que de la tendresse, une vive, une profonde tendresse. En vous adressant ces quelques observations je n'ai voulu que vous obliger à rentrer en vous-même et vous faire voir que la vie vers laquelle vous inclinez est pleine de périls pour vous aussi bien que pour moi, pour notre repos comme pour notre bonheur, Ainsi...

— Alors vous trouvez que ce n'est pas assez, s'écria-t-elle, et vous allez recommencer. Eh bien ! je ne vous écouterai pas.

Elle courut à la porte et l'ouvrant vivement elle sortit dans le vestibule. Il voulut la suivre. Elle lui jeta la porte au nez; et il l'entendit monter l'escalier quatre à quatre et s'enfermer dans sa chambre.

Que faire?

Il resta un moment perplexe : qu'il montât à son tour et voulût entrer dans la chambre, il était bien certain qu'elle ne lui ouvrirait pas : il faudrait parlementer; se donner en spectacle aux domestiques.

Et puis que pourrait-il ajouter à ce qu'il avait dit : Le premier mouvement de colère calmé, elle allait assurément réfléchir. Les sages paroles qu'il avait prononcées produiraient alors tout leur effet. Il la connaissait bien; si elle se laissait trop facilement emporter, le fonds était bon. Elle comprendrait. Elle ferait un retour sur elle-même, et quand le soir il rentrerait, il la trouverait telle qu'il voulait qu'elle fût.

Le mieux était donc d'attendre, de ne rien brusquer, de laisser le temps agir sur la conscience.

D'ailleurs il était déjà en retard.

Il tira sa montre :

— Trente-sept minutes !

C'était énorme, invraisemblable pour ses habitudes de régularité.

Vivement il sortit, et à grands pas, par les rues silencieuses, il gagna la station du chemin de fer métropolitain.

V

A peine Josey avait-elle entendu la porte de la rue se refermer qu'elle poussa un soupir de délivrance.

— Enfin.

Et se jetant sur le bouton de la sonnerie, elle le poussa violemment. A cet appel furieux, Esther répondit aussitôt.

— Dites à Jim d'aller me chercher un cab, commanda madame Macdonnel, qu'il se dépêche ; je suis très pressée.

Aussitôt elle ouvrit une armoire, cherchant les objets nécessaires à sa toilette, bousculant tout, ne trouvant rien dans le désordre, la confusion et le pêle-mêle des tiroirs ; enfin elle mit la main sur une paire de gants, prit un chapeau tel quel, un ulster et fut prête au moment même où le roulement d'une voiture dans la rue, et son arrêt devant la porte, annonçait l'arrivée de son cab.

Rapidement elle descendit : Esther lui ouvrit la porte, et Jim sur le trottoir tint sa robe pour qu'elle ne frôlât point la roue boueuse du cab.

— Quelle adresse? demanda-t-il d'un ton plus curieux que respectueux.

Rien n'était plus naturel que cette question, cependant il ne fut pas difficile de comprendre à la courte hésitation de madame Macdonnel qu'elle en était embarrassée, peut-être même contrariée.

— Le bureau de bienfaisance d'Albert Street, Westminster, dit-elle.

Le petit groom allait transmettre cette indication, quand elle l'arrêta :

— Rentrez vite, dit-elle, et faites votre travail, Esther est très mécontente de vous.

Il parut obéir, mais au lieu de rentrer à la cuisine, par le sous-sol, il se déroba derrière le cab, l'air rusé, les oreilles aux aguets, écoutant, car pour que sa maîtresse ne l'eût pas laissé donner au cocher l'adresse d'Albert street, c'est que cette adresse n'était pas la vraie : alors quelle était la vraie? cela était pour sa curiosité, intéressant.

Après quelques courts instants d'attente, la voix douce et étouffée de madame Macdonnel sortit par la petite lucarne qu'on ouvre au toit des cabs quand on a quelque chose à dire au cocher, placé, comme on le sait, à l'arrière de sa voiture et au-dessus de ce toit.

— Clare-street, disait cette voix, arrêtez-vous là où elle fait le coin avec John street ; vite.

Le cocher claqua de la langue, et le cab partit, tandis que le petit garçon resté sur le pavé le regardait s'éloigner, en se tenant les côtes, le nez au vent, la bouche ouverte.

— Qu'est-ce donc que vous avez, Jim? demanda Esther qui n'avait pas quitté le vestibule.

Au lieu de répondre, il se mit à siffler.

— Eh bien ? insista-t-elle.

Alors il se décida à traverser le trottoir et à venir près d'elle.

— Il y a que, madame donne tout haut devant nous l'adresse d'un bureau de bienfaisance, et que tout bas elle la change. Elle est futée, hein !

— Est-il vicieux ce môme-là.

— Vous êtes une belle femme, vous Esther, et moi je ne suis qu'un petit bout d'homme, mais un homme tout de même.

Il dit cela avec un redressement fier, car il n'y a pas de gamins en Angleterre, l'enfant devient homme sans transition, et Jim par son éducation n'était plus un enfant.

— Un tout petit bout d'homme, dit Esther en lui mettant la main sur la tête.

— Eh bien, c'est commode d'être un petit bout d'homme.

— Pourquoi faire, je vous prie?

— Pour s'instruire donc ; on n'a pas besoin de se baisser pour regarder par le trou des serrures, et par le trou des serrures on apprend bien des choses.

CHAPITRE II

MAISON TRANQUILLE

I

Le cab longeait les grands parcs qui séparent Londres de ses faubourgs de l'ouest, et dans Hyde-Park, dans the Green Park, les bourgeons des grands arbres et des arbustes égayaient de leurs teintes tendres la brume vaporeuse d'une journée de printemps, tandis que çà et là dans l'herbe veloutée de vert des vastes pelouses, les moutons avaient l'allure légère de bêtes qui sentent le renouveau.

Mais, accotée dans son coin, madame Macdonnel ne regardait pas autour d'elle; impatiente elle ne pensait qu'au chemin parcouru et restait insensible au charme de cette journée printanière plus douce, plus jolie à Londres que partout ailleurs, par cela seul que sa fraîche gaîté contrastait avec la tristesse d'un ciel gris et des maisons sombres, toutes noires encore de la suie de l'hiver qui avait coulé en longues larmes sur leurs façades.

Quand, en quittant les parcs, le cab entra dans le quartier des ministères, madame Macdonnel baissa la tête de façon à ne pas être reconnue facilement : sans doute son mari devait être dans son cabinet, travaillant, mais il pouvait aussi être sorti pour aller dans un autre ministère que le sien, et il ne fallait pas, si elle le croisait, qu'il la vît. Pour cela, une voiture fermée eût été beaucoup plus sûre qu'un cab, mais les voitures fermées sont rares à Londres, et Jim eût pu en chercher une longtemps sans la trouver.

Après avoir dépassé Charing Cross elle arriva sans fâcheuse rencontre dans Clare-street, et le cocher, comme elle le lui avait commandé, s'arrêta au coin de John street, en face d'une petite boutique de journaux.

Avant de descendre, madame Macdonnel jeta un rapide coup d'œil dans les deux rues ; elles étaient à peu près désertes et on n'y voyait que quelques soldats, qui, sanglés dans leur veste rouge, la raie bien tirée sous leur bonnet de police à franges d'or, flânaient la badine à la main, d'un air ennuyé et vide. Ceux-là n'étaient pas à craindre ; elle descendit de voiture, et passant devant la boutique aux journaux, elle gagna l'autre côté de Clare-street ; là elle s'arrêta une seconde devant une petite ruelle, puis, rassurée par une inspection rapide, elle se jeta dans cette ruelle.

La marchande de journaux causait en ce moment

avec un sergent qui s'était arrêté pour regarder les journaux illustrés et les chromolithographies accrochés à la devanture de la boutique.

— Voilà encore une cliente pour le numéro 7, dit-elle.

— Et probablement aussi pour le capitaine Hooker, qui vient d'entrer tout à l'heure, répondit le sergent en souriant ; il est très demandé le capitaine ; il n'y en a que pour lui.

— C'est un bel homme.

— Mais oui, mais oui, répondit le sergent en se balançant.

Il était lui-même grand, superbe, blond, haut en couleurs, et savait par ses succès personnels quelles peuvent être les victoires et conquêtes d'un bel homme.

— C'est une lady, n'est-ce pas ? demanda la marchande de journaux.

— Oh ! bien sûr ; le capitaine ne s'abaisserait pas à accepter une femme qui ne serait pas des classes ; c'est un officier qui se respecte ; croyez-le.

La marchande de journaux en parut convaincue.

— Est-ce qu'on parle toujours de faire fermer le numéro 7 ? demanda le sergent.

— On en parle ; mais on ne le ferme pas ; vous voyez.

Il cligna de l'œil gauche :

— Des protections, hein ?

— Vous pensez bien ; il y a des personnages que ça dérangerait.

— Ça serait fait depuis longtemps si on y recevait

des soldats ; mais une maison tranquille où des dames et des messieurs des classes se rencontrent, c'est une autre affaire. On ne fait pas marcher les officiers du même pas que les soldats... naturellement.

II

C'était bien une maison tranquille comme le disait le sergent, le type même de la maison tranquille, devant laquelle l'étranger passe aveugle et indifférent, mais qu'un Anglais sait toujours reconnaître.

Rien de particulier, rien qui tire l'œil, frappe le regard, rien qui la distingue des autres maisons, presque toutes pareilles, rangées le long de la rue : la marche qui sépare l'entrée du trottoir est soigneusement blanchie, les rideaux de mousseline qui voilent les fenêtres hermétiquement, sont d'un genre discret qui paraît appartenir à une maison meublée des plus ordinaires, destinée à d'honnêtes locataires bourgeois ; pour se signaler et accrocher son enseigne nécessaire au commerce qui s'y exerce, elle n'a que sa trop parfaite correction et son excessive prétention à la respectabilité.

La porte d'entrée, au lieu d'ouvrir comme les autres dans Clare-street, se trouve dans la petite ruelle sans issue qui borde un des côtés de la maison, de sorte que les habitués qui arrivent ou qui partent peuvent, avant de s'aventurer, s'assurer par un coup d'œil jeté du coin de cette ruelle, s'ils sont filés, — ce qu'avait fait madame Macdonnel, en femme qui connaissait les détours de ce sérail.

La porte ouverte, sans rien demander, avec l'assurance de souvenirs aussi frais que nombreux, elle avait, par un étroit couloir, gagné l'escalier qui conduit au premier étage, composé de deux pièces, une chambre à coucher au fond, et sur le devant un salon éclairé par deux fenêtres : bien que les épais rideaux qui grillaient ces fenêtres fussent plus que suffisants pour rassurer les plus pusillanimes, une circonstance venait encore donner un supplément de sécurité à cette maison tranquille, le haut mur nu d'une fabrique lui faisant vis-à-vis.

Dans l'ameublement de ces deux pièces, même discrétion, ou plutôt même banalité que pour l'aspect extérieur : sur les murs les mêmes lithographies de sujets religieux qui se trouvaient dans la maison meublée de *Savile place*, les mêmes dossiers au crochet courant sur les mêmes fauteuils, et le même canapé; sur la cheminée les mêmes flambeaux à pendeloques en verre de Bohême, coulé à Londres.

En ouvrant la porte du salon madame Macdonnel vit le capitaine Hooker assis devant la cheminée et fourgonnant à grands coups le charbon qui commençait à emplir l'âtre de ses belles flammes bleues.

Au bruit il tourna la tête ; d'un bond elle arriva à la cheminée et se jeta sur lui :

— Ce n'est pas malheureux, dit-il, quand elle lui laissa la liberté de parler.

— Ce n'est pas ma faute, j'ai été retenue.
— Retenue ?
— Je ne fais pas ce que je veux.
— Je m'en aperçois.
— Oh ! mon amour, mon roi, pouvez-vous être fâché quand je vous serre dans mes bras.
— J'allais partir.
— Ne dites pas cela, Jack

De nouveau elle se jeta à son cou, le pressant dans un paroxysme passionné ; et avec des baisers qui ne finissaient pas, elle lui ferma les lèvres :

— Partir, murmura-t-elle dans des phrases entrecoupées, quand vous saviez que j'allais venir ; car vous saviez bien, Jack, que morte ou vive, je viendrais.

Se dégageant, elle recula de deux pas et le regarda dans une muette admiration si éloquente que ce silence valait les paroles les plus tendres.

C'était en effet un beau, un très beau garçon d'apparence vigoureuse, bien musclé comme un habitué des exercices du sport, bien découplé, libre et résolu dans son allure ; les traits du visage fortement accentués indiquaient un caractère violent ; une raie correctement dessinée et partant du front pour finir dans le cou divisait en deux parties égales ses cheveux bruns qui encadraient bien un front large mais bas ; des sourcils épais froncés par un pli habituel donnaient un éclat sombre à ses yeux où se lisait la passion, comme dans la bouche que recouvrait une large moustache se lisait la sensualité. C'était même là, la note caractéristique de cette physionomie : celle d'un bel homme, chez qui la beauté et la force étaient vraiment remarquables, mais à qui il ne fallait pas demander des séductions et des délicatesses qui n'étaient pas dans sa nature.

Il vint à elle et l'embrassant :

— Allons, dit-il, je ne vous en voudrai pas pour cette fois. D'ailleurs je ne serais pas sincère si je cherchais à vous persuader que le temps de l'attente m'a paru long.

— A quoi donc l'avez-vous employé? demanda-t-elle, toute surprise et même jusqu'à un certain point vexée par cet aveu d'une franchise un peu grosse.

La voyant ainsi, il se mit à rire :

— Allons bon maintenant, voilà ma petite Josey qui se fâche. Rassurez-vous, ma belle, mon temps a été occupé de la façon la plus innocente, simplement à être presque le témoin d'une aventure dont je ris encore.

— Quelle aventure ?

— Vous savez que la très respectable propriétaire de cette maison expose dans son salon du rez-de-chaussée une collection de portraits de très honnêtes dames et de chastes jeunes filles, parmi lesquelles les amateurs peuvent faire leur choix, à l'inspection de la figure. Point de nom au bas de la photographie, un simple numéro. On indique ce numéro à la gardienne du musée. Celle-ci prévient la dame ou la demoiselle. Et, au jour choisi, on se rencontre sans embarras puisqu'il y a déjà eu une sorte de présentation. Convenances et discrétion, c'est la devise de la maison. Ceci dit, j'arrive à l'aventure. Il y avait quelques minutes à peine que j'étais ici occupé à arranger le feu qui ne voulait pas marcher, lorsque j'entends des éclats de voix au rez-de-chaussée, ou plus justement les éclats d'une voix d'homme, car la voix de femme qui lui répondait était étouffée. L'orage éclate. Je vous assure que ce n'était plus du tout une maison tranquille. Que se passe-t-il? Cela ne me regardait pas. Je n'entends que confusément la même voix, celle de l'homme. Enfin il y a apaisement et la porte se ferme. Alors j'ai l'explication de l'aventure. L'homme qui était venu pour visiter la collection de photographies et demander une introduction était un jeune étudiant. On lui avait étalé les portraits sur la table, et il les examinait les uns après les autres, lorsque tout à coup, il pousse un cri suivi instantanément de deux mots : — Ma sœur !

— Sa sœur.

— Vous voyez, chère amie, que comme je vous l'ai dit c'était un jeune homme. De plus en plus jeune homme, il saute au cou de la vieille pour l'étrangler. C'est le commencement de la scène dont les éclats étaient venus jusqu'à moi. On se dispute; on s'injurie ; le jeune homme menace; la vieille cherche à se disculper, à expliquer la chose ; assurément il y a erreur, et comme le jeune homme a dit que sa sœur était un petit miracle de modestie, de réserve, de vertu, elle insiste là-dessus pour lui faire comprendre que sa sœur ne peut pas être la jeune fille du portrait; il y a une ressemblance extraordinaire, voilà tout, et elle donne un nom inventé qui ne peut pas être celui de la sœur. Un autre que ce très jeune homme aurait feint d'accepter ces explications : évidemment il y avait erreur; sa sœur! allons donc. Mais lui s'obstine. C'est sa sœur et il la vengera. Il parle de police, de procès. Il fera fermer la maison. C'est drôle, hein?

— Oui, très drôle.

Mais elle dit cela mollement et sans rire, ce qui frappa le capitaine.

— Je vois ce que c'est, reprit-il, ça vous inquiète la pensée qu'on peut fermer cette maison. Rassurez-vous, ma belle, si cela arrive, nous en trouverons une autre ; il n'en manque pas. Faisons risette.

Cela ne la dérida pas: son front gardait le nuage qui le voilait.

— Qu'est-ce qu'il y a donc? demanda-t-il. Je raconte des histoires assez drôles, il me semble, pour qu'on en rie.

— C'est que je n'ai pas le cœur à m'égayer des autres quand je tremble pour nous-mêmes.

— Vous tremblez. Et pourquoi diable tremblez-vous, ma chère ?

— Parce qu'on dit que le gouvernement est menacé.

— Et vous y tenez tant que ça au gouvernement ? Elle est bien bonne.

— Ne riez pas, Jack. C'est là un danger terrible pour moi, pour nous, pour notre amour. Si le gouvernement tombe, mon mari perd sa place, et nous sommes obligés de quitter Londres. C'est ce qu'il m'a appris ce matin.

— Et qu'avez-vous répondu ?

— Si vous ne le devinez pas, c'est que vous ne m'aimez pas comme je vous aime. Est-ce que je peux m'éloigner de vous, me séparer de vous, ne plus vous serrer dans mes bras ! Ne suis-je pas votre créature, votre chose. Ne suis-je pas à vous tout entière, corps et âme, cœur et esprit, aujourd'hui, demain, toujours.

— Mais si votre mari est obligé de quitter Londres ?

— Eh bien, je ne le suivrai pas. A aucun prix je ne m'éloignerai. Ou je le forcerai à rester, ou il partira seul.

— Comment ?

— Nous chercherons. Je trouverai.

Elle avait enlevé son chapeau et son ulster en entrant. Maintenant, devant la cheminée, elle ôtait les unes après les autres les pièces de son habillement : après son corsage, elle avait laissé tomber ses jupes, et elle restait au milieu de leur ballonnement, debout, la tête légèrement inclinée, heureuse de se montrer dans sa demi-nudité fraîche et grasse éclairée par la flamme du charbon qui jetait des lueurs roses sur les rondeurs de ses chairs potelées.

Alors elle se prit à sourire :

— Quelle idée vous passe donc par l'esprit ? demanda-t-il.

— Un souvenir. Hier justement je prêchais à mon bureau de bienfaisance une jeune fille qui menace de tourner mal ; si vous saviez comme j'ai été éloquente, et toutes les belles choses que je lui ai débitées. C'était touchant.

— Ne me les répétez pas, car ce qui me touche en ce moment ce n'est pas de vous écouter c'est de vous regarder.

— Vrai ! je vous plais.

Il ne répondit pas ; mais venant à elle il la prit dans ses bras ; elle se jeta sur lui, se pendit à son cou et il l'emporta.

III

Dans cette maison les pendules marchaient ; car les habituées avaient besoin de savoir l'heure : quand celle du salon sonna midi et demi Josey revint devant la cheminée pour reprendre ses vêtements.

Comme elle commençait à se rhabiller près du feu mourant, le capitaine qui la suivait d'un air distrait, pressa le bouton de la sonnette.

— Y pensez-vous, dit-elle, je suis à peine couverte.

— C'est une nouvelle bonne.

— Ancienne ou nouvelle qu'importe, vous auriez pu attendre.

La porte s'ouvrit et une servante à l'air discret, bien qu'elle regardât du coin de l'œil le deshabillé de madame Macdonnel, entra dans la chambre.

— C'est pour vous payer, dit le capitaine.

— Je vais aller demander à madame.

— C'est inutile, répliqua le capitaine, le prix est fait.

Il lui tendit une pièce d'or et elle se retira.

— Oh ! mon pauvre Jack, je vous ruine ; et je vous assure que ce souverain empoisonne mon bonheur quand je sors d'ici ; c'est comme un remords.

— Nous n'allons pas recommencer, n'est-ce pas ?

— Non, nous ne recommencerons pas, et puisque vous n'avez pas voulu me laisser payer moi-même cette heure de tranquillité, je ne reviendrai pas là-dessus. Mais si vous ne voulez pas que je paie, je ne veux pas que vous payez non plus.

— Croyez-vous qu'on nous recevra pour nos beaux yeux ?

— Non je ne crois pas cela. Mais je vous présenterai à mon mari, je suis en faute de ne l'avoir pas encore fait.

— Ça c'est plus drôle.

— Et alors vous pourrez venir chez nous à votre aise.

— Mais puisqu'il parle de quitter Londres, ce mari.

— Je vous ai dit qu'il ne le quitterait pas.

— Oui, mais vous ne m'avez pas dit comment vous l'en empêcheriez, et c'est là ce que je serais curieux d'apprendre.

— Qu'importe le moyen, pourvu que je reste.

— Mais, au contraire, il importe beaucoup ce moyen.

En effet ce n'était pas sans inquiétude qu'il l'avait entendue affirmer avec une audacieuse résolution qu'elle forcerait son mari à rester à Londres ou qu'elle le laisserait partir seul. Est-ce que vraiment elle voulait une séparation. Voilà qui ne serait pas drôle. Car pour lui la vie se divisait en deux phases bien tranchées : ce qui était drôle, et ce qui ne l'était pas ; l'été et l'hiver, le soleil et la pluie. Une maîtresse jeune, jolie, pas bégueule du tout, passionnée cela pouvait se classer dans la catégorie du drôle, de l'été et du soleil. Mais une femme sur les bras, une femme collante, ça rentrait plutôt dans la catégorie du pas drôle, de l'hiver et de la pluie. Il aimait la plaisanterie comme un autre, et même plus que beaucoup d'autres, mais il avait peur d'un scandale qui mettrait des entraves à sa carrière militaire. Il commençait à la connaître, la jolie Josey, et la façon dont elle s'était imposée à lui, drôle au moment même, n'était nullement rassurante pour l'avenir. Avec elle aucune mesure ; jamais satisfaite, elle provoquait toujours de nouveaux rendez-vous, et ne quittait pas ses trousses. Ah ! mais pas drôle du tout, pas drôle.

— Vous savez que ma famille a des alliances puissantes, dit-elle en répondant à son interrogation sur le moyen qu'elle emploierait pour rester à Londres, Robert Mostyn qui est le beau-frère de ma sœur aînée est notre allié par conséquent, et je compte me servir de lui. Ministre, l'un des hommes les plus considérables du gouvernement, pour ne pas dire le plus considérable, il peut ce qu'il veut.

— Possible, mais lui fait-on vouloir ce qu'il ne veut pas ?

— Cela, c'est mon affaire. Il est bien certain que si je laissais ma sœur agir elle n'obtiendrait rien : Rose est une grue qui ne sait pas et qui pour cela sans doute, ne veut pas demander ; moi je ne suis pas une grue.

— Non assurément, et quand vous avez mis quelque chose dans cette jolie caboche, la vérité est que vous ne lâchez pas prise avant d'avoir réussi. On dit que Robert Mostyn n'aime pas beaucoup votre famille et qu'il a de bonnes raisons pour ça... enfin des histoires.

— C'est à maman que vous voulez faire allusion : quand ils auraient été bien ensemble autrefois et seraient mal présentement, qu'est-ce que ça fait ; cela empêche-t-il qu'il me rende service ? la fille n'est pas la mère.

— Au moins sont-elles de la même famille.

— C'est justement de la famille que je compte jouer auprès de lui, et j'espère vous prouver que quand je veux je n'en joue pas trop mal. Mostyn est aujourd'hui tout-puissant, si on le jalouse, on le craint, et pour cette raison on lui cède. Au cas où, comme on le prévoit, le gouvernement doive bientôt tomber, il faut qu'avant il me case mon mari dans un poste inamovible, à l'abri des votes du parlement, et qui nous permette de nous établir, ici, à demeure. Pour cela il n'y a qu'à le faire vouloir, et je m'en charge.

— Comme vous parlez de lui ! dit le capitaine, avec qui elle s'était souvent vantée de cette haute alliance et qui n'aimait pas qu'on lui imposât des supériorités.

Elle était trop fine pour ne pas sentir ce qu'il y avait de jalousie dans cette observation, mais elle n'était pas femme à s'en fâcher, bien au contraire. S'il tirait vanité de ses succès et de ses conquêtes qu'il racontait avec une inépuisable complaisance, de son côté elle n'en tirait pas moins de ses charmes dont elle était la première à affirmer la puissance avec plus d'imagination encore peut-être que de franchise. Mais elle ne voulut pas, dans les circonstances où ils se trouvaient, provoquer trop franchement cette jalousie.

— N'allez-vous pas être jaloux, dit-elle, quand je ne pense qu'à vous.

— Il est beau, Mostyn.

— Pas si beau que mon capitaine, et mon capitaine sait bien que c'est lui seul que j'aime.

CHAPITRE III

ENTRE COUSINES

I

Quand madame Macdonnel avait un projet en tête, elle n'en différait jamais l'exécution : ce ne serait pas le lendemain, dans quelques jours, au hasard d'une rencontre heureuse qu'elle tenterait de mettre Robert Mostyn dans ses intérêts ; ce serait ce jour même sans un retard d'un instant. Pour cela, en quittant le capitaine, elle se rendit chez sa sœur aînée, madame Arthur Mostyn : la course n'étant pas longue, pouvait se faire à pied facilement et rapidement.

C'était en plein Londres, dans un quartier qualifié de respectable, Green square, qu'habitait madame Mostyn, et le luxe ou tout au moins l'aisance de son installation avait quelque chose encore de beaucoup plus respectable que le quartier.

Bien qu'elle ne fût pas mieux dotée que ses sœurs, elle avait eu la chance (aidée d'adresse) de se faire épouser par le frère du ministre, et Robert Mostyn qui professait en matière de droits héréditaires, — comme en beaucoup d'autres points d'ailleurs, — des principes inconnus en Angleterre, avait partagé avec son cadet, l'héritage qui lui revenait de leurs parents. Tandis que l'aîné avait le mépris des affaires commerciales et le dédain des spéculations que la politique eût facilement mis entre ses mains, s'il les avait ouvertes, le cadet, au contraire, était remarquablement doué pour les deux. En possession d'un capital important il l'avait fait fructifier dans de bonnes entreprises, notamment dans l'exploitation d'un journal à l'usage des classes ouvrières, et si bien que, quoiqu'il fût mort jeune, il avait laissé à sa veuve une assez belle fortune. Au lieu de la dissiper, la veuve l'avait augmentée et, prenant la suite des affaires de son mari, elle s'était faite la directrice de son journal en même temps que son chef de bureau et son caissier. Rien ne se faisait que par elle. Aussi ne la trouvait-on jamais chez elle, excepté le matin : elle était à son office où, de main de maître, elle menait ses rédacteurs et ses commis.

Cependant quand Josey arriva elle n'était pas encore sortie : en train de s'habiller, elle s'entretenait avec leur cousine, Louise Cohen, celle-là dont M. Macdonnel redoutait si fort l'influence.

En l'apercevant, Josey éprouva un mouvement de surprise désagréable : pour ce qu'elle voulait et avait à dire elle eût été mieux à son aise en tête à tête avec sa sœur : que diable Louise venait-elle faire chez Rose qu'elle traitait de bégueule, et dont, à tout propos, du haut de son élégance gracieuse, elle ridiculisait l'esprit commercial et les préjugés bourgeois. Et d'ailleurs ne vînt-elle rien faire du tout, qu'il était gênant de la trouver là !

Liées dans leur enfance, élevées ensemble, camarades, elles s'étaient brouillées depuis ; une hostilité déguisée sinon la haine, avait succédé à leur affection. C'était le capitaine Hooker qui avait causé cette brouille. Le rencontrant chez Louise avec laquelle il était au mieux, Josey s'était prise d'amour pour lui, et avec l'emportement qui faisait le fond de sa nature, elle s'était jetée à sa tête si crânement que le capitaine n'avait pas résisté : Louise était peut-être plus distinguée, mais Josey était plus drôle.

Très entourée, très lancée, madame Cohen n'était pas femme à se mettre en peine pour un adorateur de plus ou de moins, cependant ce procédé l'avait outrée, et il s'en serait suivi entre elles une rupture déclarée, si elle n'avait pas été retenue par la prudence. Connaissant mieux que personne la diablerie de Josey que ne retenait aucun souci des conséquences, ni pour elle, ni pour les autres, elle n'allait pas s'exposer à des indiscrétions dangereuses : Josey avait un mari pauvre auquel elle ne tenait pas ; elle au contraire en avait un riche auquel elle tenait beaucoup.

Elles continuaient donc à se voir, mais sur le pied de guerre. Josey craignant toujours quelque vengeance de Louise ; Louise n'attendant qu'une occasion pour faire payer, sans rien risquer, la trahison dont elle avait été victime.

II

En voyant entrer Josey, madame Cohen s'était levée par un mouvement instinctif.

— Comment, vous voulez partir? dit Josey qui ne se laissait pas démonter pour si peu, et désirait se montrer d'autant plus insouciante qu'elle était au contraire plus préoccupée.

— J'ai dit à Rose ce que j'avais à lui dire.

— S'en aller quand j'arrive, c'est aimable.

— Je ne m'en vais pas parce que vous arrivez, ma chère, je m'en vais parce que je suis pressée, horriblement pressée. Je vais vous dire quelque chose qui va vous étonner, je dois présider ce soir un punch au Club des affranchis.

— Ça ne m'étonne pas du tout, répondit Josey en riant, et je suis sûre que ça n'étonne pas non plus Rose.

Cette réplique en apparence inoffensive était une petite méchanceté, car une des prétentions de Louise était de vouloir toujours étonner les gens, et rien ne la fâchait plus, quand elle avait commencé par vous dire. « Je vais vous étonner », ou je vais vous horripiler cruellement », que de voir qu'on n'était ni étonné ni horripilé.

Cependant si elle fut vexée de la réponse de sa cousine, elle n'en continua pas moins :

— Je n'ai pas encore préparé le premier mot de mon discours, et il faut que je leur dise quelque chose à ces braves gens.

— A quoi bon, répliqua Rose d'un air pincé et dédaigneux, ce sont là des bêtises qui ne profitent à personne.

— Bravo, bravo, cria Josey en applaudissant des deux mains, c'est la sagesse qui parle par la bouche de Rose.

C'était là une nouvelle méchanceté qui devait, semblait-il, exaspérer Louise et lui faire quitter la place. Si elle était fâchée qu'on ne fût pas étonné de ce qu'elle disait, elle l'était bien plus encore qu'on ne prît pas son apostolat au sérieux, car elle était apôtre ou, tout au moins, elle jouait ce rôle. Affolée de notoriété, elle cherchait toutes les occasions de se mettre en avant, et voulait tous les succès : ceux de la jolie femme qu'elle obtenait facilement, et ceux de la femme supérieure qu'elle poursuivait n'importe où, s'appropriant à sa façon et pour ses besoins les dernières nouveautés de la pensée, comme elle s'appropriait les dernières nouveautés de la mode. Elle se posait en grande émancipée. Ne croyant à rien et ayant perdu toute notion du bien et du mal, elle avait adopté la doctrine de la négation; et comme elle parlait facilement, abondamment, sans se laisser démonter par rien, elle cherchait partout des occasions de se mettre en évidence, et se promenait d'estrades en estrades, de meetings en meetings, présidente quand elle n'était pas orateur, triomphant d'avoir pu débiter du ton le plus tranquille du monde, les énormités les plus abracadabrantes, auxquelles elle donnait un relief bizarre par sa jeunesse, sa beauté, son élégance et son luxe.

— Des bêtises, s'écria-t-elle en se fâchant, mais sans abandonner la place, il n'y a que des têtes creuses qui puissent qualifier de bêtises des choses aussi graves. Tout l'avenir de a femme est là : il faut faire nos preuves et montrer qu'en toutes choses les femmes sont sur un pied d'égalité complète avec les hommes. Ce n'est pas que cela m'amuse ; vous le comprenez, n'est ce pas ? Cela m'ennuie même beaucoup. Mais on a tant insisté pour m'avoir, et on attache un si haut prix à ma présidence que je n'ai pas pu refuser.

Elle s'était calmée, et ce fut d'une voix caline qu'elle débita négligemment ces dernières phrases, tout en assouplissant d'un geste coquet les plis de sa robe striée de rouge et de jaune et garnie de belles dentelles noires.

— Oh! ma chère, dit Rose, quand voudrez-vous bien ne plus jouer les Louise Michel en carrosse.

— Le Club des affranchis serait trop malheureux, continua Josey. Allez donc improviser votre discours. Nous ne vous retenons plus.

Mais justement parce qu'on paraissait vouloir la renvoyer, Louise ne s'en alla pas.

— Puisque Rose va partir, dit-elle, nous nous en irons toutes les trois ensemble.

Il était impossible de reculer davantage, il fallait

donc que Josey s'exécutât : elle en prit son parti.

— Ce que j'ai à vous demander, ma chère Rose, dit-elle à sa sœur, c'est quand vous aurez Robert Mostyn.

— Robert! Mais, Josey, je n'en sais rien. Je ne le vois que rarement, quelquefois, deux minutes le matin, en courant quand il va au ministère. Il est très pris. L'avoir est une affaire.

— Affaire ou non, il faut que vous l'ayez, et que je me rencontre avec lui.

— Et que voulez-vous donc de lui ?

— Qu'il fasse quelque chose pour Adam. Il paraît que le gouvernement est menacé ; s'il tombe, il nous emporte avec lui. Pour moi c'est l'exil. Et vous comprenez que je n'en veuille à aucun prix. Il faut arracher quelque chose des mains de Robert, qui doit protéger mon mari, votre beau-frère, et le maintenir à Londres.

Rose ne répondit pas tout de suite ; elle réfléchissait. Elle était toute disposée à rendre service à sa sœur, mais il lui répugnait de s'adresser à Robert Mostyn qu'elle n'aimait pas. Certes les relations qui avaient persisté entre eux après la mort d'Arthur Mostyn étaient d'une courtoisie parfaite, au moins de la part de Robert, mais c'était tout. Et malgré l'extrême bonté du ministre pour elle, malgré ses façons polies de l'obliger toutes les fois que l'occasion s'en présentait, il était évident qu'il n'avait ni sympathie ni estime pour elle et pour sa famille, et cela la blessait : elle trouvait tout naturel de n'avoir pas d'affection pour Robert Mostyn, mais elle eût voulu qu'il en eût pour elle. C'était une critique muette que cette réserve, et elle ne supportait pas la critique ! Et puis, d'autre part, il était dans son caractère de vouloir qu'on lui offrît ce qu'elle désirait, sans avoir à le demander, et il ne lui serait pas possible d'agir de cette façon dans le cas d'Adam Macdonnel : ce serait elle qui ferait les premiers pas, et, cela l'humiliait.

Elle se décida à la fin à répondre :

— Vous comprenez, ma chère, que je ne peux rien vous dire avant d'avoir vu Robert.

— Évidemment; aussi ce que je vous demande c'est de le voir.

— Quand il viendra.

— Écrivez-lui.

— Cela non.

— N'écrit-on pas aux gens pour les inviter à dîner.

— Encore faut-il savoir avant s'ils sont disposés à accepter; je ne m'exposerai pas à ce que Robert me refuse.

— Et si le gouvernement tombe pendant ce temps-là.

— Il ne tombera pas si vite que cela.

Ce fut tout ce que Josey put en obtenir.

Elles descendirent toutes les trois et tandis que Rose montait en voiture pour se rendre à l'office de son journal, Louise et Josey s'en allèrent à pied.

III

— Vous savez, ma chère, que Rose n'est pas du tout disposée à vous faire vous rencontrer avec Robert Mostyn.

— Je n'ai pas besoin que vous me le disiez, je l'ai bien vu. Rose est dans cette circonstance ce qu'elle a été toute sa vie, une égoïste.

— Il est évident que cela ne fait que croitre et embellir, mais quelle lubie aussi de la choisir pour demander un service à Robert Mostyn; vous savez qu'elle le déteste et ne lui pardonnera jamais d'avoir partagé, quand rien ne l'y obligeait, sa fortune patrimoniale avec son cadet; elle est humiliée de lui devoir de la reconnaissance.

— Pour les intérêts qu'elle lui paie.

— Cela ne fait rien.

— Je ne me serais certes pas adressée à elle si j'avais pu faire autrement; mais dans la situation où je me trouve je m'adresserais au diable; croyez-vous que je vais me laisser exiler pour toujours à Glasgow; il est déjà bien assez dur de s'embêter là six mois de l'année.

— Oh! Josey, vous ne me ferez jamais croire que vous vous embêtez dans une ville de garnison.

Elle dit cela d'un ton doucereux et poli qui rendait ses paroles plus mordantes encore.

Elles avaient quitté les rues et elles traversaient un grand parc dont les pelouses verdoyantes, étaient couvertes d'enfants, de nourrices, de bonnes et de gouvernantes aux toilettes multicolores, les robes blanches, les plumes et les rubans de couleurs crues tranchaient violemment sur le fond de sa verdure pâle.

Sous cette épigramme, Joséphine s'indigna :

— Vous parlez pour vous, ma chère, vous qui trouvez que pourvu qu'on soit officier on est le même homme, et qu'entre celui-ci et celui-là il n'y a pas de choix. Pour moi, si au lieu de me donner pour mari une brute comme Adam, on m'avait laissé prendre un homme selon mes goûts, je lui aurais été fidèle, croyez-le.

— Fidèle à Jack Hooker, n'est-ce pas. J'aurais voulu voir ça. Vous avez donc reconnu qu'il a toutes les qualités.

— Quand on a trouvé un homme bon pour en faire son amant on ne cherche pas à en dégoûter les autres.

— Ma chère Josey, répliqua Louise de son même accent calme et grave, c'est de très mauvais ton ce que vous dites là. Voilà ce que c'est que de fréquenter les militaires trop exclusivement, on prend leur langage grossier. Je ne dis pas qu'on ne gagne pas une certaine expérience auprès d'eux, mais encore faut-il se garder d'adopter leurs allures. Les épigrammes c'est gentil, les insolences personnelles c'est canaille. C'est une leçon que je vous donne si vous voulez bien le permettre, en y joignant le conseil de ne pas filer longtemps le parfait amour avec ce Lothario de caserne.

— Il est d'une bonne famille.

— Il le dit. Et même il paraît qu'il le fait durement sentir à son beau-frère le boutiquier.

— Que m'importe son beau-frère.

— Et sa fiancée.

Une larme gonfla les yeux de Joséphine, car la facilité aux larmes n'était point chez elle le résultat de la volonté ni un effet de comédie : elle pleurait de dépit, pleurait d'impatience, pleurait d'humiliation, pleurait de désir trop vif et même quelquefois elle pleurait de remords. Mais elle eut la force de se maîtriser et de retenir cette larme entre ses longs cils.

— Sa fiancée m'importe encore moins, car il me semble qu'il ne se marie pas.

— Ah! il ne se marie pas! Alors vous êtes plus forte que je ne croyais, Josey. Recevez tous mes compliments. C'est joli de briser des amours, et il y a là, je le reconnais, de quoi flatter la vanité d'une jeune femme, d'une toute jeune femme, mais briser un mariage d'intérêt c'est superbe... à moins que le fiancé n'ait aidé lui-même à cette rupture par de trop grandes exigences.

Joséphine fléchit sous le coup, mais tout de suite elle se redressa :

— Et si on lui avait inspiré ces exigences, dit-elle fièrement.

— Alors c'est pour Jack que vous tenez si fort à rester à Londres? continua Louise.

— Mon Dieu oui; cela vous étonne, n'est-ce pas,

vous à qui il a dédaigné de révéler ce qu'il y avait en lui.

— Ça ne m'étonne pas du tout ; c'est la comparaison qui vous le fait trouver si désirable ; moi, c'est la comparaison qui m'a appris qu'il ne valait vraiment pas la peine qu'on s'occupât de lui ; et voilà pourquoi je vous remercie, mais là, très franchement, cordialement de m'en avoir débarrassée. N'en parlons donc plus et revenons à Rose : mon avis est que vous ne devez pas compter sur elle et que vous feriez beaucoup mieux d'aller trouver vous-même Robert Mostyn, tout simplement.

— Pourquoi pas ?

— Evidemment pourquoi pas ; moi, à votre place, j'irais tout droit un matin, à Boyne-street, et je lui expliquerais mon affaire ; en somme Adam est jusqu'à un certain point son allié, en tous cas, c'est un homme de son parti et il peut bien faire quelque chose pour lui ; cela ne vous engage pas beaucoup de le lui demander.

Joséphine regarda sa cousine pour voir si celle-ci parlait sérieusement, mais Louise n'était pas femme à se livrer ou à se trahir. Précisément parce qu'il lui plaisait de voir Josey se jeter dans cette aventure, où elle n'aurait que des désagréments, elle n'allait pas être assez sotte pour le laisser paraître. C'était un conseil amical qu'elle lui donnait, sans autre intention au delà. Tout bas elle goûterait les déceptions qui attendaient Joséphine. Et si, contre toute prévision, Robert Mostyn avait la simplicité de se laisser prendre aux appas de Josey, ce qui était bien invrai-

semblable avec un homme qui se voyait chaque jour
flatté et choyé par les femmes les plus en vue, eh
bien cela ne la fâcherait point, puisqu'elle pourrait
reprendre le capitaine, dont elle n'était pas aussi
détachée qu'elle voulait bien le dire.

— Savez-vous, continua-t-elle, que je suis surprise
que vous n'ayez pas été chez Robert Mostyn. Telle
que je vous connais vous avez dû rêver plus d'une
fois, n'est-ce pas, que vous mettiez la main dessus :
maîtresse d'un homme dans sa position, voilà qui
est fait vraiment pour flatter une femme ambitieuse,
sans compter que ça peut être rémunérateur : s'il ne
fait pas d'affaires, on pourrait en faire autour de
lui; un homme d'Etat ne peut rien cacher à la femme
qu'il aime ; et un secret d'Etat, cela vaut cher...
quelquefois.

Elle examinait Joséphine tout en parlant, et voyait
le trouble qu'elle provoquait :

— Le malheur est, dit-elle en continuant d'un air
bon enfant, qu'une aventure avec lui ne serait jamais
que de courte durée.

— Parce que?
— Parce qu'il est bien gardé.
— Par madame Talbot?
— Justement; avec l'influence que Jane Talbot
exerce sur lui on ne peut guère croire qu'il s'empêtre
jamais dans une liaison sérieuse ; il n'attend que le
moment où elle sera veuve pour l'épouser, cela est
certain.

Madame Cohon connaissait assez sa cousine pour
savoir que le meilleur moyen de la pousser à vouloir

une chose, était précisément de lui montrer les impossibilités qui s'opposaient à ce qu'on l'obtînt : au lieu de la décourager, la perspective de la lutte l'éperonnait : en avant, elle était toujours prête.

Ce fut ce qui se produisit.

— Est-il si certain que cela qu'il l'épouse ? demanda-t-elle.

— On le dit ; on le croit.

— Qu'a-t-elle donc pour se faire épouser cette Jane Talbot. Il paraît qu'on raffole d'elle. Mais est-elle aussi jolie, aussi agréable qu'on le raconte. Ça se forme si singulièrement les réputations de beauté. C'est comme celles de l'esprit, du bien dire, du bien écrire qu'elle s'est faite on ne sait comment; le savez vous, vous, comment elle s'est faite ?

— Ah ! non.

— Qu'est-ce qui les a jamais lus ses livres ! Est-ce vous ? Est-ce moi ? Alors ? Il paraît qu'elle a des prétentions à l'élégance ! Une femme qui passe une moitié de l'année à la campagne pour se soigner ou écrivailler et l'autre à Cambridge. Comme cela forme à l'élégance le séjour dans une ville d'Université, et à l'esprit, et à la gaieté; mais il en vient des universités M. Adam Macdonnel.

— Quoi qu'il en soit, l'influence qu'elle exerce sur Robert Mostyn est considérable, et il paraît même que dans les questions de haute politique il faut compter avec elle. Vous comprenez, n'est-ce pas, que ce que j'en dis n'est pas pour la défendre car je la déteste franchement. Une hypocrite qui n'a jamais voulu s'allier à nous malgré toutes les avances qu'on lui a faites, répondant toujours que théoriquement elle était avec nous, mais que pratiquement elle ne trouvait par les femmes assez cultivées, assez avancées pour l'affranchissement. De même quand on lui a demandé une déclaration d'athéisme elle a refusé aussi, disant qu'elle trouve dans la métaphysique, l'expression scientifique de ses idées religieuses. C'est à n'y rien comprendre et il est plus que certain qu'elle ne se comprend pas elle-même.

— C'est peut-être sa force.

— Problablement. Mais malgré tout, elle a prise sur Robert Mostyn, et le mieux que je puisse souhaiter pour vous, ma petite Josey, c'est que son mari vive longtemps encore. Malheureusement quand à la vieillesse se joint une maladie mortelle à marche rapide comme disent les médecins, on n'en a pas pour longtemps. Et, le jour où cette mort se produira, il faudrait que Robert Mostyn aimât terriblement, follement une maîtresse pour ne pas épouser madame Talbot. Songez donc qu'ils se connaissent depuis des années, et qu'ils se sont aimés tout jeunes.

— Mais un mariage avec madame Talbot n'est pas digne de la situation que Robert Mostyn occupe aujourd'hui.

— Il est certain qu'un autre à sa place prendrait une femme dans le grand monde où il trouverait de puissantes alliances; mais il ne faut pas oublier que Mostyn est un homme capable de faire une folie et d'écouter son cœur.

— Oui, mais il faut que le mari meure pour qu'il la fasse cette folie.

— Ce qui veut dire, n'est-ce, pas qu'en attendant il pourrait accepter une maîtresse... agréable. C'est possible.

Elles arrivaient à la porte de madame Cohen ; elles se séparèrent.

Et tout en revenant chez elle Joséphine ne pensa qu'à cet entretien.

Pourquoi n'irait-elle pas chez Robert Mostyn tout franchement ?

Il était trop galant homme pour ne pas la bien accueillir.

Il fallait voir.

Elle irait le lendemain matin.

CHAPITRE IV

ROBERT MOSTYN.

I

Pendant plus de deux siècles les grands personnages de la cour de Londres ont eu leurs résidences d'été à Saint-More. Et cet ancien faubourg, bien que complètement englobé aujourd'hui dans la ville dont il fait partie, a conservé cependant sa personnalité. Ses habitants ne sont pas de Londres, ils sont de Saint-More ; ce dont ils ne tirent pas médiocrement vanité. Même les pauvres, quand ils ont à donner leur adresse, vous disent superbement : « Je suis de Saint-More, je demeure là où étaient autrefois les écuries du duc... » ; — Ou bien : « Dans les jardins de lady... ». Et ce ne sont pas propos en l'air, la preuve est facile à faire, car les noms des rues rappellent ces anciennes origines, et partout on retrouve des constructions du XVI° siècle : des pans de murailles, des puits, des pavillons. Et ce qu'il y a de plus particulier encore, c'est que cette partie de Londres est en beaucoup d'endroits restée village pour les habitudes : les enfants sont élevés à se connaître, et comme si l'on était en pro... les fournisseurs savent tout ce qui se fait, tout ce qui se dit dans les maisons qu'enveloppent leurs magasins.

Boyne-street est une des principales rues de Saint More, et c'est au numéro 42 de cette rue que se trouve la maison de Robert Mostyn qui, du haut en bas et dans toutes ses parties, porte la marque distinctive des quatre générations qui s'y sont succédé depuis qu'elle est construite.

D'abord c'était une toute petite maison ne comprenant que deux pièces à chaque étage, l'une donnant sur la rue, l'autre sur un jardinet; puis, selon les besoins de ses propriétaires, elle s'est agrandie, on l'a surélevée d'un attique, et plus tard dans le jardin on a construit une annexe collée contre elle qui l'a augmentée d'une petite pièce du haut en bas; mais ces agrandissements limités par l'espace et subordonnés aux distributions premières ont été des plus modestes et n'ont pas changé son caractère de petite, de toute petite maison : elle se compose maintenant de trois pièces à chaque étage au lieu de deux, voilà tout, et c'est un même escalier étroit qui les dessert, escalier de service et d'apparat tout à la fois : le rez-de-chaussée est distribué en une salle à manger, en une autre salle et un cabinet pour l'escrime ; le premier en deux salons et en une sorte de parloir qu'on appelle le cabinet bleu; le second en chambre pour les parents et en deux cabinets de travail, l'un pour le ministre, l'autre pour ses secrétaires; le troisième enfin en deux chambres à coucher, l'une inhabitée depuis la mort de madame Mostyn mère, l'autre occupée par Robert Mostyn lui-même.

Comme c'est une tradition chez nous autres Français, de parler de la solidité et de l'ampleur du confortable anglais, en les opposant à l'exiguïté et à la fragilité du nôtre, ces détails pris dans la vie intime d'un homme qui a gouverné l'Angleterre, montrent l'idée qu'il convient de se faire de ce confortable. Pour la compléter, en la précisant, quelques mots de l'ameublement de la chambre de Mostyn suffiront : sur le parquet un moelleux tapis en laine douce aux nuances éteintes; sur les murs une suite de bons tableaux de vieux maîtres italiens; et pour tout meuble, une table à écrire en marqueterie, un lit en fer, le tout petit lit des hommes de travail, une toilette et un lavabo des plus simples.

A vrai dire, cette chambre ne faisait qu'une avec celle habitée autrefois par madame Mostyn et où Mostyn était né, car la porte qui les mettait en communication, restait le plus souvent ouverte, et le maître n'avait ainsi que quelques pas à faire pour se trouver au milieu de ses souvenirs les plus intimes, ceux qui lui étaient trop chers pour qu'il les exposât à la curiosité des indifférents.

Pour les autres, la maison en était pleine, de la cave au grenier; et comme l'espace était mesuré on les avait mis où l'on avait pu. En belle place tout d'abord et, comme il convient, les portraits d'ancêtres : officiers, chambellans de cour, femmes qui avaient défendu leurs châteaux contre les troupes de Cromwel, pendant les guerres de religion, — la tradition de la famille qui était ancienne et comptait des alliances avec les illustrations du xvi° siècle. Puis, au hasard, jusque sous les toits, partout, aux murs de l'étroit escalier, même dans les chambres des domestiques, s'étaient entassés meubles, tableaux, bibelots, porcelaines : un panneau sculpté, un bas relief, un médaillon en marbre, une terre cuite, un service de Sèvres donné par un roi de France; une table de malachite, cadeau d'un empereur de Russie; des médailles d'or données par des rois de Suède. A côté de ces médailles un simple passe-partout bordé d'une baguette dorée, enfermait sous son verre, une suite de photographies, qui, sans aucune valeur artistique, en avaient une d'un autre genre, cependant pour laquelle on les avait placées là : celle de reproduire un ancien château fort qui avait été la demeure du chef de la branche aînée des Mostyn.

II

C'était la cadette que représentait Robert Mostyn. Longtemps elle était restée dans une situation de fortune peu florissante, et avait dû se contenter d'emplois dans l'armée et la bureaucratie. Mais lorsqu'au commencement du siècle, l'extension de Londres avait donné aux terrains des faubourgs une valeur imprévue, cette situation avait changé, et le grand-père de Robert s'était trouvé à la fin de sa vie à la tête d'assez gros revenus, constituant sinon une belle fortune, au moins mieux et plus qu'une modeste aisance.

Ce grand-père était un homme à l'esprit cultivé, de caractère aimable, de manières affables, de mœurs polies, comme on disait à cette époque, qui pendant sa longue carrière avait entretenu un commerce d'amitié avec le monde littéraire de l'Angleterre, le plus délicat, le plus choisi. Tandis que son fils se donnait tout entier à des projets de réforme sociale qu'il poursuivait en vrai Anglais par leurs côtés pratiques, il avait voulu se charger de l'éducation de ses petits-fils : enfants il les avait surveillés avec une sollicitude qui ne s'était jamais distraite ou lassée, et plus tard, il les avait accompagnés dans leurs voyages d'études en Angleterre et sur le continent.

L'élève avait fait honneur au maître, et lorsqu'à vingt-cinq ans, après deux voyages autour du monde où la comparaison avait singulièrement agrandi son esprit, déjà naturellement ouvert aux nouveautés, Robert Mostyn était entré au Parlement comme député du bourg de Saint-More, il y avait tout de suite marqué sa place ; on avait en lui pressenti un homme, sinon celui qu'il deviendrait plus tard, au moins une intelligence et une volonté.

Républicain en théorie, affichant ses sentiments sur les cours, montrant en toute occasion, leur influence mauvaise dans notre société, déclarant nécessaire et fatal le développement de la démocratie dans l'évolution moderne, il avait à son début cherché son point d'appui dans l'extrême-gauche avec laquelle il se croyait en communion d'idées au moins sur les points capitaux. Mais lorsqu'il avait vu qu'on ne comprenait pas, là, sa religion du passé et son respect des traditions toutes les fois qu'elles ne font pas obstacle au progrès, il s'était arrêté et replié. Pour lui, ce radicalisme étroit, était suspect. Pour eux ce républicanisme inconséquent ne l'était pas moins.

Et comme, de l'autre côté, c'est-à-dire chez les conservateurs, on ne pouvait pas ne pas redouter un homme qui faisait profession de pareilles idées sur la royauté et la démocratie ; il s'était trouvé entre ces deux partis, tenus en égale défiance aussi bien par l'un que par l'autre.

— Il ne faut pas se fier à la duplicité sournoise de ce jeune Mostyn, disait-on à l'extrême-gauche.

Et la droite comme un bon écho répondait :

— Assurément, il ne faut pas s'y fier.

Cependant, sa jeune force qui avait d'abord éclaté avec trop d'effervescence pour produire tout son effet, s'était peu à peu calmée, et en se contenant, en se réglant, elle avait donné la preuve de ce qu'elle pouvait. On avait reconnu ses qualités de travailleur que rien n'écrasait, la solidité en même temps que la vivacité de son jugement, l'étendue de ses connaissances, la sûreté d'une mémoire qui n'hésitait jamais, la puissance d'assimilation d'une intelligence ouverte à toutes les questions, à toutes les idées, et bien que n'ayant aucun des dons brillants de l'orateur, il était arrivé à s'imposer à la Chambre par le poids des coups qu'il frappait, par ce qu'il disait beaucoup plus que par la manière dont il le disait : ce n'était pas à une chambre italienne, espagnole ou française qu'il s'adressait, c'était à une Chambre devant laquelle le *débat* est tout, une Chambre anglaise. Comme avec cela il se présentait bien, d'une façon simple et cordiale, droite et franche, sans suffisance et sans morgue, les sympathies étaient venues à lui chaudes et nombreuses.

Une tête, Mostyn.

— Un caractère.

Ceux qui n'étant point prisonniers de leur parti avaient leur liberté d'appréciation et d'action, l'avaient suivi ; il avait gagné la confiance des uns, forcé celle des autres, et peu à peu l'on s'était groupé autour de lui parce qu'on comptait sur sa force qu'on avait reconnue.

A la vérité, on lui eût volontiers demandé plus d'abandon, et ceux qui étaient en relations suivies avec lui, eussent voulu qu'il se livrât plus à fond. Mais l'amitié pousse mal sur le terrain politique ; on a des alliés, on en a même beaucoup quand on est une force, qui vous servent et tâchent de se servir de vous, qui vous aident, jusqu'au jour où ils vous combattront ; on a peu d'amis. Et justement, Mostyn n'était point de ceux qui s'arrangent de ces évolutions. S'il s'était donné, il ne se serait pas repris. Si l'on s'était donné à lui, il eût éprouvé un déchirement quand il se serait vu trahi. D'ailleurs, il était trop nerveux, trop fier pour se montrer tel qu'il était au plus profond de son être ; aussi, personne ne pouvait-il se vanter de le connaître à fond : nul n'avait l'abord plus affable et plus ouvert, mais nul aussi n'avait l'âme plus fermée ; il était aimable, le plus aimable des hommes politiques, mais il n'était qu'aimable.

Entré dans le gouvernement comme sous-secrétaire aux Affaires coloniales, il avait montré dans ce poste de telles qualités d'administrateur, qu'on ne l'y avait pas laissé longtemps ; on l'avait fait ministre de l'Intérieur, en attendant mieux encore : quel autre eût eu au même degré son tact parlementaire et son talent pour manier les groupes incohérents de la Chambre, sa puissance, et cette autorité irrésistible que donne le succès.

— Mostyn sera mon successeur, disait Watson, le vieux chef du parti.

Et cette désignation qu'il faisait à tout propos, dans l'intimité comme en public, cette investiture semblait toute naturelle, la voix publique la confirmait.

Mais il en est des rois de parlement et de parti comme des autres ; ce n'est pas sans jalousie qu'ils regardent leurs successeurs. Aimant passionnément le pouvoir qu'il avait longtemps exercé et qu'il n'avait jamais quitté qu'avec douleur, très autocrate, mais aussi plein de détours et très hâbleur, le vieux Watson n'avait pas vu sans inquiétude ce jeune homme grandir à côté de lui, prendre une influence qui l'offusquait, et arriver à une place où il le gênait aussi savait-il parfaitement bien ce qu'il faisait en désignant ainsi Mostyn pour son héritier.

— Pourquoi Mostyn et non moi ?

C'était le mot que se disait plus d'un ambitieux qui se trouvait des titres plus sérieux pour remplacer Watson que tous ceux qu'on attribuait à ce Mostyn, quand ce ne serait que d'être plus âgé que celui-ci.

Le monde politique n'est pas précisément celui de la droiture et de la franchise. Ce n'était pas tout haut qu'on disait : « Pourquoi Mostyn et non moi ? » comme ce n'était pas ouvertement non plus qu'on montrait de l'envie. Au contraire, on l'entourait, on le flattait, et c'était avec des démonstrations de joie qu'on applaudissait à son prochain avènement. Mais tout bas on le guettait. Un moment viendrait sans aucun doute où l'on pourrait lui mettre des bâtons dans les roues. A cette heure, ce serait folie de l'essayer : il avait le flot et le vent pour lui. Mais le vent ne souffle pas constamment du même point ; la marée ne monte pas toujours. Il n'y avait qu'à attendre. Personne n'est constamment heureux : c'est l'ordre de l'univers que la Fortune tourne. Et puis on pouvait bien aussi compter sur quelque maladresse, quelque imprudence de sa part. On en profiterait.

N'en était-ce point déjà une des plus lourdes qu'un ambitieux puisse commettre d'avoir refusé les mariages qui s'étaient présentés et qui lui auraient apporté de puissantes alliances. La haute société, à Londres, est composée presque exclusivement de conservateurs ; bien petite est la distance qui sépare les nobles whigs du centre gauche des nobles tories du centre droit ; et la haine des whigs pour la vraie gauche est même plus vive que celle des tories. Quand ils avaient vu la marche rapide de Robert Mostyn vers le pouvoir, ils avaient trouvé qu'il était politique de le détacher de son parti, en l'attachant au leur par un mariage. Mais il avait paru ne pas comprendre les ouvertures qui lui étaient faites. Et de ce côté aussi on s'était promis de profiter des circonstances, si jamais, comme cela était probable, elles devenaient contraires à cet orgueilleux : les ambitieux ont bien des chances de se casser le nez, alors surtout qu'ils vont en aveugle, sans guide et sans soutien.

Si ce n'était pas en aveugle, que Robert Mostyn continuait sa marche en avant, au moins était-ce en tenant les yeux droit devant lui, sur son but, sans rien voir des embuscades qu'on lui tendait à droite et à gauche. Que lui importait d'ailleurs ; les forts dédaignent le danger.

Tout entier à son travail du matin au soir, et souvent même du soir au matin, il ne se donnait guère un peu de repos que le dimanche, où il s'en allait au hasard, dans quelque petit village au bord de la Tamise, là où il pouvait prendre un bateau et canoter librement, en amont quand il était disposé à la rêverie sur une eau tranquille, en aval au contraire quand il avait besoin de brûler du muscle en luttant contre la marée ou le jusant.

A Londres, s'il ne recherchait point les distractions mondaines, il les subissait en tous cas d'un front serein, acceptant les compliments, les démarches flatteuses, les chatteries, les petites attentions des femmes, avec un aimable sourire reconnaissant, mais cependant sans se laisser entraîner ; et il était arrivé plus d'une fois que celles qui, pour un de ses sourires ou une galanterie obligée, s'étaient cru sûres de lui, avaient dû reconnaître bien vite qu'elles s'étaient trompées : aimable, rien qu'aimable.

Cette amabilité franche et bonne qui lui avait valu plus d'une inimitié dans les salons, l'avait au contraire très bien servi avec les masses. Dans leur arrondissement, dans leur Saint-More il y avait des milliers d'électeurs qui étaient ses amis ; ils savaient les moindres détails de sa vie, et c'était avec fierté qu'ils passaient devant sa maison : il était bien à eux de cœur, un enfant de Saint-More, aussi incapable de trahir leurs intérêts, qu'ils l'étaient eux de lui être infidèles.

Pour eux Robert Mostyn n'était pas le ministre, il n'était même pas M. Mostyn, il était « Notre Bob » l'enfant de Saint-More comme eux ; il leur appartenait En le voyant grand et fort, puissant et glorieux, des vieux se disaient : « C'est le petit qui est venu chez nous avec sa grand'mère pour nous commander ses premiers souliers, et maintenant il vient encore chez nous pour que nous lui fassions ses bottes d'homme ». Ce ne serait pas lui qui leur ferait des infidélités, ils étaient sûrs de lui, le connaissant bien.

Pour les jeunes aussi il était « Notre Bob » celui

qui les avait aidés à fonder leurs clubs et leurs bibliothèques ; avec eux il avait étudié les plaies des ouvriers et les dures questions du prolétariat, avec lui on avait discuté, cherché. Il était bien à eux celui-là. Ils en avaient la certitude. Il était en quelque sorte leur chose, leur bien ; non seulement leur député, mais leur camarade, leur ami.

Et ils respectaient son temps. Ce n'était pas pour des niaiseries qu'ils sonnaient à sa porte, pas même pour des sollicitations, des demandes de faveur, mais seulement dans des circonstances graves, entre dix et onze heures du matin, quand il appartenait à tout le monde.

C'était la seule heure, en effet, où l'on eût certitude de le trouver chez lui, car tous les jours il partait à onze heures et demie pour le ministère et ne rentrait que vers deux heures du matin après la séance de la Chambre qui, comme on le sait, commence à quatre heures du soir et ne se termine qu'à une heure avancée dans la nuit, excepté le mercredi où elle s'ouvre le matin : ce jour là il dînait chez ses amis ; le samedi soir il s'en allait à la campagne.

Couché tard il s'éveillait tôt, et tout de suite, dans son lit, il ouvrait ses lettres, parcourait les journaux ; puis entre neuf et dix heures il descendait déjeuner rapidement au rez-de-chaussée, tout habillé pour une séance d'escrime, car il était un des meilleurs tireurs de l'Angleterre, — où en réalité on en compte peu, les autres sports ayant la préférence sur celui-là.

Alors arrivaient une dizaine d'amis, des Anglais

des étrangers du monde de la diplomatie, et dans les deux pièces du rez-de-chaussée on faisait des armes sous la direction d'un maître français.

Mais à chaque instant on venait déranger Mostyn ; quelquefois c'étaient des visiteurs qui avaient qualité pour se faire ouvrir les portes ; ou le plus souvent on lui passait de main en main des boîtes renfermant des dépêches officielles qu'il devait lire à la hâte, pendant que les messagers attendaient une réponse dans la petite entrée au pied de l'escalier.

Pendant ces heures de la matinée il y avait là un brouhaha qui contrastait avec le calme de la journée, quand, après le départ du maître, la maison reprenait sa tranquillité silencieuse : les deux domestiques qui s'y tenaient ne savaient à qui entendre, et pendant que l'un courait de la salle d'escrime au second étage où travaillaient les secrétaires, l'autre ne quittait pas le pied de l'escalier en défendant l'entrée : tandis que les amis qui venaient pour faire des armes passaient tout droit, ceux qui ne jouissaient pas de cette faveur attendaient pêle-mêle : les courriers qui apportaient des dépêches, avec des journalistes qui, sans rendez-vous fixé, espéraient attraper un mot ou une indiscrétion au passage.

III

Le jour où madame Macdonnel devait venir présenter sa demande à Robert Mostyn, celui-ci était descendu en retard dans la salle d'escrime. Il avait porté tout le poids de la séance de la Chambre qui ne s'était terminée qu'à une heure avancée dans la nuit et, harassé de fatigue, encore enfiévré par la lutte, il avait peu dormi et mal dormi.

Il n'avait donc pu donner que peu de temps aux armes, et faussant compagnie à ses amis, échappant tant bien que mal à ceux qui le guettaient dans l'entrée en regardant l'un des valets ranger dans une armoire une masse de gants, de fleurets, de plastrons qui tous portaient le nom ou le numéro des habitués, il était monté quatre à quatre au second étage où l'attendaient ses secrétaires. L'un, Sinclair, qui était le premier en titre, travaillait dans le cabinet même de Mostyn ; le second, Edwards, dans un petit cabinet voisin si exigu qu'il avait été impossible d'y placer une cheminée. Comme dans toute la maison, ces deux pièces étaient encombrées de bibelots, de tableaux, de portraits, de souvenirs de famille, de livres, et particulièrement de volumes de Hansard qui contiennent les rapports des débats parlementaires.

Tout de suite Mostyn se jeta au travail sans même prendre le temps de quitter son costume d'escrime qui d'ailleurs semblait fait exprès pour le montrer à son avantage. Aucun vêtement de tailleur, si habilement qu'il eût été coupé, n'eût aussi bien fait valoir le développement vigoureux de son buste et la souplesse de sa haute taille, que cette simple veste de coutil, dont la blancheur mettait en lumière une belle tête aux traits réguliers et à l'expression placide, encadrée dans une longue barbe effilée.

Il achevait d'indiquer à son secrétaire le sens dans lequel on devait répondre aux correspondances qu'ils avaient dépouillées, lorsque l'un des valets de pied entra dans le cabinet.

— Je n'ai pas le temps, dit Mostyn sans même lever la tête.

— C'est ce que j'ai dit ; mais cette dame a insisté pour voir Monsieur ; je n'ai pas pu la renvoyer.

— Quelle dame ?

Madame Macdonnel.

— Madame Macdonnel ? Ah ! Madame Macdonnel !

Il eut un geste d'ennui et de contrariété.

— A-t-elle dit ce qu'elle voulait ?

— Elle veut voir Monsieur un petit moment, pour une affaire importante.

— Où est-elle ?

— Dans le cabinet bleu.

— Dites-lui que je descendrai aussitôt que possible ; que je suis occupé en ce moment.

Et immédiatement il reprit ses explications à Sinclair au point où elles avaient été interrompues ; en même temps son front fut traversé par plusieurs plis qui donnèrent à sa physionomie quelque chose de lourd et de boudeur, contrastant avec la sérénité qui lui était habituelle.

Au plus vite il acheva ses annotations sur les papiers qui chargeaient la table, puis il se leva :

— Je n'ai qu'un instant pour prendre mon bain et m'habiller ; achevez de préparer avec Edwards les réponses les plus pressées, je les signerai en passant.

— Vous avez des personnes qui attendent au rez-de-chaussée.

— Il m'est impossible de recevoir.

— Ne puis-je pas voir pour vous M. Cayley qui est là depuis une demi-heure.

Mostyn était déjà dans l'escalier qu'il commençait à escalader ; il se retourna :

— Si. Expliquez-lui que je ne puis lui donner les informations qu'il demande ; mais poliment n'est-ce pas ; sans montrer votre ennui ; son journal c'est la vraie peste.

Dix minutes après il redescendit en courant, prit la plume que Sinclair lui tendait au passage, signa les réponses qui étaient préparées, et repartit sans s'être pour ainsi dire arrêté.

Arrivé au premier étage il souleva le rideau qui masquait l'entrée des salons, puis se rappelant que c'était dans le cabinet bleu qu'on l'attendait, il se retourna de l'autre côté du palier et souleva la portière de ce cabinet où il entra comme un coup de vent.

Il trouva madame Macdonnel debout, le sourire aux yeux et aux lèvres, toute pimpante dans une élégante toilette du matin, un peu trop élégante même et qui avançait de quelques heures ; mais voulant se montrer à son avantage, elle avait jugé que dans l'impossibilité où la mettait sa garde-robe de trouver la note juste, mieux valait encore pécher par trop que par pas assez ; sa vie n'allait-elle pas se décider sur l'impression qu'elle produirait : il importait qu'elle fût assez forte pour s'imposer.

Elle s'était préparée, mais la brusque entrée de Mostyn la déconcerta un moment : ce n'était point ainsi qu'elle avait dans son imagination compris la marche de cette entrevue et l'avait réglée : c'était elle qui était introduite auprès de Mostyn et non lui qui arrivait ainsi à l'improviste ; il l'invitait à s'asseoir en la plaçant dans la pleine lumière, et gracieusement il l'engageait à expliquer le but de cette aimable visite. Elle avait avant de partir travaillé devant sa glace la façon dont elle s'assiérait : le buste cambré, la poitrine bombée pour la présenter comme un bouquet ; elle avait aussi travaillé les plis de sa jupe, et aussi ceux des brides de son chapeau. En chemin elle avait préparé sa phrase d'entrée en matière ; ce fameux commencement toujours si délicat. Mais voilà que par ses manières d'ouragan il bousculait tout ; rien de ce qu'elle avait arrangé ne pouvait servir. C'était à recommencer, à improviser. Et pas une minute de réflexion. Il était là devant elle, la regardant, attendant. Heureusement il la fit asseoir, et pendant ce court instant de répit, elle put se reconnaître et se remettre.

— Je vous dérange, n'est-ce pas? dit-elle. Je vous demande mille fois pardon. Je sais combien vous êtes occupé. Mais il s'agit d'une chose capitale... pour moi. Enfin je n'ose commencer ; et pourtant il faut que je vous parle à cœur ouvert.

— S'il est une chose que je puisse pour vous, répondit Mostyn avec une certaine froideur, soyez convaincue que je serai heureux de la faire.

Il ne devinait pas du tout quelle pouvait être cette chose capitale, mais ces façons haletantes et incohérentes, ce trouble, cette menace surtout de se confesser à cœur ouvert n'étaient pas sans l'inquiéter un peu. Plus d'une fois il avait entendu sa belle-sœur se lamenter sur les folies turbulentes de madame Macdonnel, et il se demandait si ce n'était pas d'une de ces folies plus grosse que les autres qu'il allait être question. S'était-elle laissé prendre dans quelque histoire scandaleuse ? Venait-elle lui demander d'intervenir entre elle et son mari?

Au regard qui l'enveloppait elle sentit que l'impression qu'elle produisait n'était pas du tout celle qu'elle avait espérée; mais elle ne se découragea pas.

— Vous pouvez tout pour nous, dit-elle, et mon espoir est entre vos mains : il s'agit de la situation de mon mari.

Mostyn fut soulagé : une sollicitation ; c'était moins grave que ce qu'il avait craint.

En voyant les plis qui avaient contracté le front de Mostyn s'effacer, elle se rassura ; sa voix qui avait pris un accent plaintif se raffermit et se fit plus légère.

— On dit, continua-t-elle, que le gouvernement est menacé.

— Croyez-vous qu'il le soit tant que cela? interrompit Mostyn qui, par son intervention décisive, venait de le sauver.

— On le dit. Vous comprenez que je n'en sais rien; mais j'ai peur en ce moment.

— Moi, toujours, dit Mostyn en riant.

— Vous pouvez rire; nous nous ne le pouvons pas. Que deviendrons-nous si le cabinet est culbuté? Vous savez comme nous sommes pauvres; je puis vous l'avouer à vous qui êtes presque de ma famille et qui avez la généreuse sympathie des forts.

Elle avait eu la chance de rattraper son fil, et maintenant elle pouvait marcher en suivant ce qu'elle avait préparé.

— C'est à peine si par des prodiges d'ordre et d'économie nous pouvons joindre les deux bouts, et cependant, je vous promets, que je n'épargne pas ma peine. Si dans la chute du cabinet, Adam perd sa place, que deviendrons-nous? Il faudra quitter Londres et s'enfermer à Glasgow.

Maintenant qu'elle n'avait pas à s'inquiéter de ce qu'elle devait dire, elle pouvait soigner sa diction et son jeu — ce qui était l'essentiel.

Des larmes lui montèrent aux yeux, et sa voix prit des tremblements avec des sons rauques :

— Je ne puis penser à cet exil sans effroi, s'écria-t-elle. C'est si loin Glascow pour ceux qui ne peuvent pas facilement voyager : loin des miens j'y mourrai de chagrin, étouffée dans le vide.

Cette émotion toucha Mostyn : assurément il était cruel pour cette jeune femme d'abandonner sa famille et la vie mondaine à laquelle elle tenait si passionnément; que ferait-elle à Glascow, qui pour elle ne serait jamais un séjour possible avec un mari comme le sien. Macdonnel était un homme droit et honorable, un bon travailleur, mais aussi un pédant universitaire, à l'esprit lourd, borné, que la fréquentation du monde n'avait pu assouplir, ni alléger.

Elle suivait trop anxieusement sur le visage de Mostyn l'effet de ses paroles, pour ne pas s'apercevoir qu'elle l'avait touché ; il la regardait avec bonté et si ses yeux ne disaient pas qu'il pensait comme elle qu'à Glascow on devait fatalement mourir étouffé dans le vide, au moins la plaignait-il.

Vivement elle quitta le divan sur lequel elle était assise et vint à Mostyn qui se tenait accoudé à la cheminée dans l'attitude de l'homme qui est habitué à ce qu'on l'entoure et qu'on l'écoute. Au-dessus de cette cheminée il y avait appliqué au mur une reproduction en marbre du bas-relief de Flaxman, *Mercure et Pandore*, et sur la blancheur mate de ce marbre la tête de Mostyn se détachait avec vigueur : il était vraiment beau ainsi dans sa force tranquille. Son air, affable et bon, encouragea madame Macdonnel et elle s'enhardit à lui poser la main sur le bras :

— Si vous saviez comme je vous serais reconnaissante de nous empêcher d'aller mourir dans cet exil; ce que je viens vous demander c'est de dire deux mots en notre faveur.

— Je puis en dire beaucoup, répondit-il avec douceur. M. Macdonnel est un excellent homme dont tout le monde apprécie la bonne volonté et la capacité pour le travail. Si jamais une occasion se présente, je serai heureux de l'aider. Que désire-t-il en ce moment ?

L'ouverture était trop belle pour qu'elle ne s'y jetât pas : elle avait vaincu : lentement, presqu'avec une caresse, laissant glisser sa main sur le bras de Mostyn, elle la releva, en même temps qu'elle lui plongeait dans les yeux, ses petits yeux ardents : maintenant, semblait-il, le gros mot pouvait être lâché avec chance de se voir bien accueilli :

— Nous avons pensé qu'il pourrait être, si vous le vouliez, nommé sous-secrétaire pour l'Ecosse. Ce serait la vie que vous me rendriez, et je n'oublierais pas que je vous la dois : vous sauriez tout ce que le cœur d'une femme peut contenir de reconnaissance et de dévouement : pour un homme comme vous, le bonheur n'est-il pas de faire des heureux ?

A mesure qu'elle parlait la figure de Mostyn s'était assombrie : la demande était grosse et la manière de la présenter était vive ; il fallait réfléchir et avant de s'engager il fallait voir. La place qu'elle demandait n'était pas vacante ; celui qui l'occupait était un homme de mérite qui avait droit à des égards.

Ce fut ce qu'il répondit froidement avec ces phrases toutes faites à l'usage des ministres très accablés de sollicitation, qui deviennent chez eux une sorte de refrain banal qu'ils répètent sans même penser à ce qu'ils disent.

Quelle chute ! De nouveau les larmes emplirent ses yeux ; mais cette fois elles étaient sincères, et c'était une anxiété vraie qui faisait trembler sa voix :

— J'ai été maladroite, n'est-ce pas ? Que voulez-vous, je ne sais pas. Pardonnez-moi. Si ce poste de secrétaire ne peut pas nous être donné, il y a en d'autres. Dites-moi que vous en trouverez un autre. Ne pouvez-vous pas tout?

Cette insistance commençait à l'agacer ; mais il ne voulait pas la brusquer, et cela pour plusieurs raisons : d'abord parce qu'il était toujours doux et patient avec les femmes; et puis parce qu'elle était la sœur de la femme de son frère.

— Calmez-vous, dit-il plus affectueusement, je vous ai promis de faire tout ce qui dépendrait de moi pour vous contenter, je le ferai.

— Vous m'oublierez.

— Certes non.

— Je voudrais tant vous croire. Il y aurait bien, il me semble, un moyen de vous forcer à vous rappeler votre promesse; mais je n'ose le dire.

— Dites-le.

— Que vous oubliiez une promesse faite à une solliciteuse, c'est bien naturel, vous avez à subir tant de sollicitations; mais une promesse faite à une femme, un engagement pris, une sorte de devoir de politesse cela ne s'oublie pas aussi facilement; l'oubli qui est en quelque sorte professionnel chez le ministre, ne l'est plus chez le galant homme.

— Où voulez-vous en arriver?

— A ce que vous me promettiez de venir me voir un de ces jours, bientôt. Cette promesse vous la tiendrez j'en suis certaine; et comme vous ne pourrez pas vous la rappeler sans en même temps vous rappeler l'autre; comme vous ne voudrez pas venir pour me désespérer, vous vous arrangerez de façon à nous garder... à me garder à Londres.

L'heure passait, le temps le pressait.

— Eh bien, je vous promets d'aller vous voir bientôt, dit-il pour en finir.

Et tout de suite il fit un pas en avant.

Il n'eut pas besoin d'appuyer, elle comprit que si elle voulait lui plaire le mieux était de partir : sans doute il était attendu pour d'importantes affaires.

— Je vous laisse, dit-elle, ne pensez pas à moi avec trop d'ennui pour le temps que je vous ai pris.

Il l'accompagna et descendit l'escalier avec elle.

— Hélez un cab pour madame Macdonnel, dit-il à l'un des valets.

Et il s'arrêta un court instant dans le vestibule pour prendre son chapeau et ses gants; puis avec elle il descendit le perron de la rue, au bas duquel son coupé attendait.

Le cab arrivait; Mostyn donna la main à madame Macdonnel pour y monter et tout de suite il revint à son coupé :

— A Hyde place, dit-il au cocher, vite.

Comme le cab n'était pas encore en mouvement, elle entendit cet ordre et un serrement de cœur la fit pâlir.

Hyde place! Mais c'était là que demeurait M. Francis Talbot le beau-frère de Jane Talbot, et si Mostyn courait chez ce banquier ce n'était assurément pas pour des affaires d'argent ; c'était pour Jane Talbot elle-même; s'il avait mis tant de hâte à la quitter c'était pour aller voir cette pédante.

Que venait-elle faire à Londres? Pourquoi ne restait-elle pas dans sa province!

Était-il donc vrai, comme le disait Louise; qu'elle trouverait cette Jane Talbot au travers de son chemin ?

CHAPITRE V

JANE TALBOT

1

Il était rare que Jane Talbot vînt à Londres ; deux ou trois jours seulement de temps en temps, pendant lesquels elle descendait à Hyde place, chez son beau-frère Francis Talbot, l'un des directeurs de la banque Bourne, Talbot et C°.

Cette maison déjà vieille et dont la réputation était solidement établie, avait été fondée par le père de Jane, le colonel Bourne qui, voyant sa fortune compromise par des procès, avait voulu la rétablir dans les affaires. Il n'était guère admis à cette époque qu'un gentleman, qu'un officier supérieur, apportât l'appui d'un nom honorable ou glorieux à des entreprises commerciales, mais, le colonel ne s'était point laissé arrêter par cette considération mondaine : avant lui il devait faire passer les siens.

Jusque-là, sa famille avait habité le bord de la

mer où les enfants passaient leur temps à yachter, à monter à cheval, à jouer au cricket, tandis que la maman, malade de la poitrine, gardait le plus souvent la chambre : pour distraction, quand la fatigue ou les journées de trop fortes pluies obligeaient à rester à la maison, on employait les heures d'inaction à parler des parents qui, ayant occupé des postes dans l'armée de terre ou dans la marine royale, avaient eu des aventures dont les récits véridiques étaient à souhait pour des imaginations enfantines. Un grand oncle qui avait été général s'était battu dans toutes les guerres de Napoléon. Un autre, aux Indes, avait été le prisonnier de Tippou Saïb. Le grand-père enfin avait été employé par Georges III en missions secrètes qu'on ne racontait qu'avec une discrétion et des mystères qui étaient un attrait de plus.

A Londres la vie avait été moins solitaire : les relations du colonel étaient nombreuses dans tous les mondes ; on avait reçu des visites de vieux amiraux, de vieux généraux, d'artistes, de peintres, d'écrivains, de gens de finances, et aux histoires extraordinaires qui avaient enchanté la première jeunesse des enfants, s'étaient ajoutées des conversations qui leur avaient ouvert l'esprit : si leur imagination continuait à s'envoler avec les récits de voyages, de batailles, d'aventures de terre et de mer qui les promenaient à travers l'Europe, les Indes, l'Amérique, l'univers entier, leur intelligence pratique se développait aux discussions sérieuses qu'ils entendaient.

De son côté le père avait hâté ce développement en les associant, dans une certaine mesure, à ses travaux ; comme il arrive souvent à ceux qui tout à coup abordent une étude à laquelle ils sont restés longtemps étrangers, le colonel s'était pris de passion pour les questions de finance, non seulement les questions pratiques qu'il pouvait appliquer tous les jours dans sa banque, mais encore celles de théorie qu'il exposait et discutait dans des articles, que publiait un journal de Londres ; et ces articles il les faisait copier par ses enfants ou il les leur dictait, tantôt à celui-ci, tantôt à celle-là, car c'était pour tous, même pour les filles, un grand honneur qu'on se disputait, d'être choisi comme secrétaire.

Un hasard ou plus justement un accident avait fait que Jane s'était plus souvent que les autres trouvé ce secrétaire : une maladie l'avait obligée à rester étendue sur une chaise longue et pour l'éloigner des jeux de ses frères et sœurs qui la fatiguaient, on l'avait installée dans la bibliothèque. Là elle passait à lire les longues heures de la journée. D'abord elle avait commencé par les romans de Walter Scott et par quelques volumes de contes français qui convenaient à son âge. Puis ce fonds épuisé ce qui n'avait pas été long, elle avait lu tout ce que plusieurs générations avaient entassé dans cette bibliothèque, sans s'inquiéter de ce qui était ou n'était pas amusant : c'était des livres, cela suffisait à son inaction forcée : science, histoire, mémoires, même la jurisprudence, tout lui était bon. Et comme ses frères s'étaient moqués d'elle un jour parce qu'elle donnait son opinion sur une question de droit, elle s'était mise avec le sérieux d'une petite fille de douze ans à étudier le droit, afin d'en pouvoir parler avec son père, avait-elle dit dédaigneusement à ses frères. Mais le père qui aimait mieux les questions financières ne l'avait pas suivie, et pour donner une pâture à cet esprit affamé, il avait pris l'habitude de travailler avec elle, l'entretenant de ses études en camarade, comme il aurait pu le faire avec un grand fils.

— Cette Jane ! disaient ses sœurs.

Et pour rétablir l'équilibre, elles lui avaient donné à entendre qu'elle ne pourrait jamais prétendre à la beauté qui les distinguait.

— Vous comprenez, ma chère, quand on reste toujours étendue.

Mais Jane n'était pas fille à désespérer ; si elle n'avait pas cette beauté (ce qui d'ailleurs ne lui était pas prouvé), elle pouvait au moins tirer vanité des louanges que lui valaient ses connaissances variées qui étonnaient les amis de la famille, et aussi d'un certain tour d'esprit hardi et mâle qu'elle avait pris dans la fréquentation assidue de son père.

Chez plus d'un enfant de cet âge, ces dispositions auraient abouti à l'infatuation des petits prodiges qui se figent dans leur précocité ; chez Jane, elles n'eurent point ce fâcheux résultat. Elle avait tout d'abord travaillé pour étonner ceux qui voulaient bien s'occuper d'elle ; peu à peu, elle se mit à aimer le travail pour lui-même, pour apprendre, pour se satisfaire, pour se distinguer par un savoir supérieur et réaliser l'idéal qu'elle se faisait de la personne accomplie qu'elle voulait être. En même temps, une double tendance s'était affirmée en elle qui était devenue la marque distinctive de son caractère : si elle cherchait la perfection, c'était pour l'adapter aux réalités de la vie ; aussi était-elle toujours occupée à poursuivre le mieux ; quand l'expérience lui avait donné une leçon elle ne s'obstinait point, elle se raisonnait et cherchait un autre mieux ; elle se refaisait, et refaisait la vie, — la sienne et celle des autres.

L'existence adoptée par les siens avait favorisé ces tendances et ces goûts. On vivait assez retiré, retenu à la maison par la maladie de la mère, et à l'exception des amis qui venaient fidèlement et régulièrement, on recevait peu de monde. Elle avait du temps pour travailler autant qu'elle voulait. Et dans le recueillement où elle restait enfermée, elle avait échappé aux influences mondaines qui ordinairement déterminent les idées et les actions des jeunes filles.

Elle l'avait bien prouvé, à vingt ans, car au moment même où s'affirmait une beauté naissante qui démentait les pronostics dont on avait attristé sa première jeunesse, elle avait fait un coup de tête plus qu'extraordinaire pour ceux qui la connaissaient mal, mais tout à fait logique et naturel, au contraire, pour ceux qui avaient été au fond de son caractère.

Au nombre des amis les plus intimes de la maison, se trouvait un physiologiste célèbre, Georges

Talbot, qui, malgré la gravité de son état et de son âge, savait charmer, quand il voulait bien s'en donner la peine, par l'agrément de sa parole et l'amabilité de son esprit. Il venait de publier des expériences de physiologie qui blessaient le goût du public anglais. Ces expériences étaient-elles utiles, bonnes ou mauvaises, étaient-elles instituées avec la conscience du savant qui n'obéit qu'à la science? Cela n'était pas en question et l'on n'en prenait pas souci. Elles blessaient. Cela suffisait pour qu'on se jetât sur leur auteur, pour qu'on l'insultât, et qu'on lui prodiguât toutes les injures et toutes les hontes que méritent ceux qui sont assez fous pour aller trop vite : ç'avait été une tempête comme l'esprit public en souffle quelquefois en Angleterre.

Cette injustice avait exaspéré l'indignation de Jane et l'avait exaltée ; quand Georges Talbot était venu les voir, elle avait été à lui et tout haut, bravement, elle lui avait dit : « Je vous félicite, monsieur, de votre persécution. »

Le savant, touché au cœur, avait demandé la main de cette belle fille héroïque ; et l'héroïque qui dirigeait la volonté de la belle fille, avait consenti : il avait dépassé cinquante ans, elle n'en avait pas vingt.

Depuis ce mariage, qui avait été un étonnement, elle avait parcouru bien du chemin, et dans tous les sens, la « grande curiosité » la poussait en avant, et rien ne lui était indifférent. Partout, dans tout, il y avait pour elle à apprendre, à chercher, et elle s'intéressait aussi bien au passé qu'au présent, mais cependant avec ce trait particulier de caractère que ce qu'elle demandait au passé c'était surtout l'explication ou l'interprétation du présent. Le monde des savants anglais et étrangers dans lequel elle vivait avec son mari, avait donné à son esprit une pleine liberté, et dans de fréquents voyages, dans de longs séjours sur le continent, elle avait pris une aisance à être partout à sa place, dans tous les mondes et dans tous les pays, qui réalisait ce désir d'universalité dont, toute jeune, elle s'était engouée.

Une de ses ambitions eût été de se faire reconnaître pour un esprit sérieux, mais comme elle était jeune, jolie, spirituelle, comme elle gardait habituellement le ton d'un léger persiflage avec ceux dont elle ne se sentait pas entièrement sûre, on lui contestait cette réputation.

— Une coquette.
— Une poseuse.

Et cette accusation de coquetterie, elle la justifiait par une recherche de toilette incompatible, à ce qu'il paraît, avec le sérieux de l'esprit.

Est-on un esprit sérieux, quand on a la taille souple et élégante, les attaches fines, le teint clair et les cheveux blonds? Sourire comme elle le faisait volontiers, en montrant ses dents, de belles dents brillantes qui éclairaient sa physionomie toute d'esprit, c'est la négation même du sérieux, et l'affirmation de la légèreté, de la frivolité, de l'inconséquence.

Aussi la discutait-on : une prétentieuse, une insolente, et ceux qui la défendaient, le faisaient, comme il arrive souvent, avec des arguments qui l'eussent blessée si elle les avait connus.

—Vous comprenez, avec un mariage comme le sien.

Ce mariage expliquait tout et bien d'autres choses encore.

S'il avait de tristes secrets, comme on le prétendait, personne en tous cas ne pouvait dire lesquels, car sur ce point elle était d'une discrétion qui ne laissait rien entendre ni deviner, et si elle avait souffert, il fallait l'étudier de bien près pour surprendre un éclair de ces souffrances dans la profondeur de son regard, ou en saisir un écho lointain dans quelques notes graves de sa voix.

A la vérité elle n'avait pas que des adversaires; dans le cercle étroit de sa famille et de ses amis intimes, elle était tendrement aimée ; là on savait ce qu'elle était et ce qu'elle valait. Qu'il y eût un peu de raideur dans son abord, quelquefois un peu d'aigreur dans ses paroles, et plus souvent encore du parti pris dans ses appréciations trop franches, cela n'était-il pas tout naturel ; et si elle ne donnait pas toujours aux yeux de tous, la mesure juste de ses grandes qualités n'était-ce pas parce que la vie s'était présentée à elle de façon plutôt à les user qu'à les utiliser. Au fond c'était une personne distinguée ; voyant et jugeant juste; de raison saine; d'esprit libre débarrassé de préjugés : travaillant dur quand elle le voulait, aimant fort peu de monde, mais se donnant tout entière à ceux qu'elle aimait ; tenant à fort peu de choses mais se saignant le cœur pour celles qui la touchaient de près.

II

Depuis que la santé de Georges Talbot était devenue inquiétante, Jane ne quittait guère son mari, et comme il ne pouvait plus l'accompagner, c'était à peine si de loin en loin elle faisait une courte apparition à Londres. A la vérité il était le premier à l'engager à sortir : — « Si ce n'est pas pour votre agrément, que ce soit au moins pour votre santé, ne restez pas toujours enfermée. » — Mais lorsqu'il la voyait disposée à partir, l'égoïsme du malade qui s'était tu, le départ étant éloigné, se réveillait quand ce départ devenait immédiatement menaçant. Huit jours à l'avance il était sûr qu'elle pourrait partir sans inquiétude, il se sentait bien. Mais à mesure que les journées s'écoulaient, cette confiance faiblissait : peut-être n'était-il pas aussi bien qu'il l'avait cru ; décidément il y avait quelque chose qui n'allait pas ; peut-être serait-il plus prudent d'attendre et de voir ; il serait si désagréable de la faire revenir à l'improviste ; le plus sage était donc de retarder de quelques jours, mais il ne s'agissait que de quelques jours ; aussitôt qu'on serait fixé, elle partirait ; lui-même, l'exigerait. Quand enfin elle pouvait monter en wagon ce n'était jamais sans se demander si, en arrivant, elle n'allait pas trouver une dépêche lui disant de revenir. Le jour, la nuit elle attendait cette dépêche ; et quand elle faisait des visites, elle avait toujours soin de laisser une liste des maisons où elle devait aller, avec l'heure où elle serait dans chacune d'elles, afin qu'on vînt la prévenir si besoin était.

Au reste ces visites étaient rares, et pendant ses courts séjours à Londres, c'étaient ses amis qui venaient la voir, bien plutôt qu'elle n'allait voir ses amis : même les plus en vue, les plus occupés tenaient à lui donner une heure de causerie intime qui pour elle était un plaisir, et pour eux n'était pas du temps perdu, car c'est le propre des esprits recueillis qui vivent repliés sur eux-mêmes en regardant de haut les événements qui se déroulent loin d'eux, d'apporter des clartés nouvelles dans le mouvement auquel ils ne se mêlent que pour un court instant.

Alors même qu'elle eût habité un faubourg de Londres ses amis lui eussent été fidèles, mais ils le lui étaient encore plus facilement à Hyde place en plein quartier mondain, où ils n'avaient que quelques pas à faire pour l'aller voir.

Chez son beau-frère elle était chez elle : un salon était mis à sa disposition, et des domestiques étaient attachés à sa personne.

C'était pour onze heures et demie que Mostyn avait annoncé sa visite, et elle l'attendait dans ce salon d'une hauteur de plafond disproportionnée, comme cela se rencontre dans beaucoup de maisons construites il y a une quarantaine d'années, mais bien éclairé par de grandes fenêtres prenant jour sur un square et meublé avec l'élégance un peu exiguë de la fin du dix-huitième siècle qui ressemble si peu à l'encombrement et au fouillis à la mode de nos jours. Des rubans d'un vert tendre noués autour de bouquets de roses et courant sur des rideaux gris; des marguerites qui semaient le tapis de leurs petites fleurs blanches; des fauteuils et des canapés tapissés de ce même vert tendre avec des coussins de soie brochée de roses à feuilles vertes sur fond crème, donnaient à cette pièce un aspect printanier, qu'égayaient encore des bergers et des bergères en porcelaine de Saxe, enguirlandés de rubans et de fleurs, qui s'en allaient joyeusement, à des noces éternelles, en reflétant l'enchaînement de leurs danses sur les glaces à facettes des étagères.

Assise devant une table chargée de journaux, Jane lisait attentivement le compte rendu de la séance de la Chambre, celle-là même dans laquelle Robert Mostyn avait pris la parole. Habillée pour sortir aussitôt qu'elle aurait reçu Mostyn, elle portait un costume du matin gris clair et sur un fauteuil étaient posés un chapeau et un grand manteau en peluche de même couleur doublé de rose, qu'elle avait descendus, afin de n'être pas obligée à remonter quatre étages pour les prendre au moment de partir. Malgré le confortable qu'on trouvait chez Francis Talbot il en était de sa maison comme de presque toutes celles de Londres, que vantent ceux qui ne les ont pas pratiquées, et où les pièces d'un appartement au lieu d'être de plain-pied comme à Paris, sont le plus souvent superposées les unes au-dessus des autres, ce qui impose à chaque instant une gymnastique obligatoire le long des escaliers.

III

La demie de onze heures venait de sonner, un valet de pied entra et annonça :

— M. Robert Mostyn.

Elle se leva et vint à lui la main tendue :

— Enfin vous avez donc échauffé votre parole! dit-elle.

L'accent avec lequel elle prononça ces quelques mots avait quelque chose de triomphant et de fier, il sonnait comme un clairon.

— Si je dois vous répondre franchement, dit Mostyn avec gravité, je conviens que, pour la première fois, j'ai senti vibrer ceux qui m'écoutaient.

— Vous vous êtes livré; vous avez été jusqu'au bout de votre pensée.

— Les termes de cette interpellation et le cynisme avec lequel on nous demandait si le gouvernement allait sacrifier les intérêts des actionnaires en s'engageant à quitter l'Egypte avant la fin de l'année prochaine, nous offrait beau jeu. Si notre action en Egypte doit se borner à éreinter les misérables fellahs au nom des actionnaires, au lieu de les laisser éreinter par le Khédive, mieux valait n'y mettre jamais les pieds : il ne faut pas que l'Égypte soit entraînée hors de la sphère de notre politique en Orient, et c'est pour cela qu'il importe d'empêcher le triomphe du fanatisme musulman.

— Je ne croyais pas que vous eussiez à faire un discours sérieux sur cette question qui est du domaine du Premier et de Mahon.

— C'était à eux de parler en effet, et comme vous l'avez vu, ils l'ont fait. Watson, dans un discours admirable, au moins comme rhétorique, et que j'ai écouté avec le plus vif plaisir, bien que de temps en temps il laissât deviner une connaissance insuffisante des faits; Mahon qui aurait dû reprendre cette partie pour la traiter à fond en a été empêché par son invincible paresse, et il l'a à peine effleurée. Alors les autres voyant cette faute, en ont tout naturellement profité, et ils ont fait parler Prideaux qui a produit une très forte impression.

— Comment ne voit-on pas, que s'il est habile à l'attaque, sa tactique le plus souvent consiste à inventer de toutes pièces les faits dont il a besoin pour appuyer ses démonstrations.

— C'est ce qui m'a obligé à intervenir et à le suivre pour rétablir la vérité.

— Vous êtes toujours obligé d'intervenir.

— Je vous jure qu'il faut que j'aie des raisons bien fortes pour m'y décider quand je ne suis pas personnellement en cause.

— J'en suis certaine; mais il n'en est pas moins vrai que ces continuelles interventions écrasantes pour vous sont dangereuses pour votre santé. Vous êtes trop nerveux pour bien supporter une vie aussi remplie. Si vous dormiez la grasse matinée comme votre ami Thompson, ce repos du matin réparerait les dépenses de la nuit. Mais ces veilles sont épuisantes. On ne peut pas impunément se coucher quatre jours par semaine à deux ou trois heures, et se mettre au travail dès le petit matin. Le sang s'échauffe à ce régime, les nerfs s'irritent, la santé se dévore et il n'en est pas, si solide qu'elle soit, qui puisse résister longtemps.

L'accent de fierté des premières paroles s'était modifié, il avait pris maintenant celui de la sollicitude avec une douceur et une tendresse toute maternelle et ce n'était pas seulement la voix qui exprimait ces sentiments, c'était aussi le regard dont elle l'enveloppait en cherchant sur ce mâle visage les traces récentes des ravages qu'elle redoutait.

— En effet, dit-il, je suis un peu fatigué, mais ce n'est rien, la santé n'est pas atteinte; je ne me suis jamais senti plus fort et plus disposé, pour le travail; ne vous inquiétez donc pas. D'ailleurs dans quelques mois nous allons avoir les vacances.

— Et si elles amènent les élections.

— C'est possible.

— Vous savez comme j'aime le travail moi-même, et comme je vous l'ai toujours conseillé, mais encore ne faut-il pas qu'il soit excessif, c'est le parfait équilibre qui fait la force, il n'existera plus si vous n'accordez pas assez au sommeil, ce seront les nerfs qui prendront le dessus; que devient-on quand ce sont les nerfs qui commandent en nous, au lieu que nous commandions à nos nerfs? pensez à cela, je vous prie.

— J'y penserai, je vous le promets.

Comme il avait fait cette réponse en souriant avec

la superbe confiance de la force dans son plein développement, elle reprit :

— Ce n'est pas en souriant qu'il faut prendre cet engagement et comme s'il ne s'agissait que d'une chose légère, c'est sérieusement, comme je vous le demande, et avec la ferme volonté de le tenir. Il est très bien à vous de venir en aide à vos collègues du gouvernement quand vous les voyez menacés, mais, enfin, vous n'êtes pas tout le gouvernement, et dès lors il n'est pas juste que vous fassiez tout, et que vous soyez partout. Vous vous occupez des questions de politique étrangère en même temps que de tout ce qui regarde votre département, c'est beaucoup trop; sans compter encore tant de commissions.

— Il m'est difficile pour le moment de faire moins. La situation est tout à fait critique. Si nous ne sommes pas usés nous-mêmes, nous avons en tous cas, beaucoup usé le crédit du parti dans le pays. L'heure est venue de tenir nos promesses et d'acquitter notre dette en faisant passer le projet de l'extension du suffrage, complété par une nouvelle distribution des sièges, car l'un sans l'autre c'est de la fausse monnaie. Quoique cela ne soit pas strictement dans mes attributions, je dois m'en occuper, et rien n'est plus compliqué, plus délicat que cette distribution. Si nous réussissons à faire voter les deux projets, nous pouvons compter sur de nouvelles chances de vie. Mais pour cela il faudrait, avant tout que nous fussions d'accord entre nous, et nous ne le sommes pas. Les uns, avec Mahon, insistant pour réunir les deux projets. Les autres trouvent qu'il est plus prudent de les disjoindre. Je suis de ceux-là, et je pense qu'on ne les fera avaler qu'en deux bouchées, encore seront-elles bien grosses. En attendant ce qu'il faut dépenser de force ferait marcher un cuirassé.

— Au moins n'est-ce pas trop d'exigence que de demander que vous ne vous usiez pas. Vous n'êtes pas au bout de votre carrière, vous êtes à l'entrée. Je suis très fière du poids que vous avez acquis pendant ces dernières années dans le gouvernement et dans la confiance que le pays a mise en vous, mais cette confiance précisément vous fait un devoir de vous ménager et de vous réserver pour le glorieux avenir qui vous attend. Le pouvoir sera pour vous un dépôt sacré et vous ne lui demanderez jamais, j'en suis sûre, votre grandeur personnelle. On le sait, et c'est entre tant d'autres, une des raisons qui vous désignent pour la succession, dont tout le monde vous voit déjà héritier.

Ils étaient assis en face l'un de l'autre, séparés par la table chargée de journaux, et en parlant elle regardait Mostyn en face, franchement, sans chercher à voiler la flamme de ses yeux. S'ils s'étaient aimés, s'ils s'aimaient encore, il y avait une telle élévation dans cet amour qu'ils n'avaient ni l'un ni l'autre à se tenir en garde contre un entraînement.

— Si je ne réalise pas l'idéal que vous mettez devant mes yeux, dit Mostyn avec intention, ce ne sera pas faute de le vouloir atteindre.

— J'en suis sûre.

— Mais pour la succession elle n'est pas aussi près de s'ouvrir que vous pensez.

— Watson parle de se retirer.

— Il en parle cela est vrai; mais il en parlera jusqu'à son dernier jour sans que personne autre que lui croie à cette abdication. Et je vous assure que nous ne la verrons pas. Au reste je ne serais pas reconnu pour son héritier, aussi facilement que votre amitié l'imagine.

— Il vous désigne lui-même pour l'être.

— Et, en attendant mieux, cela a pour résultat immédiat de me créer une collection d'adversaires ; ceux qui ne sont pas jaloux de cette fortune imméritée en sont inquiets : que ferai-je d'eux? quelle part auront-ils à cette fortune? il est triste vraiment que dans les situations les plus hautes on trouve de ces petitesses.

— Thompson, n'est-ce pas?

Mostyn se récria :

— Ne vous imaginez pas cela ; vous ne le connaissez pas si vous pouvez le croire capable de pareils sentiments. Dans toute ma carrière politique, John Thompson est le caractère le plus droit que j'aie rencontré, il est toujours l'homme de sa parole et l'on peut compter sur lui. Nous sommes entrés ensemble dans le gouvernement, et depuis nous avons toujours marché côte à côte, la main dans la main.

— Vous lui avez cédé le pas.

— Comme il me le cèderait si les circonstances l'exigeaient, n'en doutez pas. Vous subissez, je vous l'assure, d'injustes préventions. On dit qu'il n'est pas un Monsieur, je vous affirme moi qu'il l'est beaucoup plus que les Messieurs qui le dédaignent, parcequ'il est fils de fabricants enrichis. S'il ignore tout ce qui ne date pas d'hier, il n'en est pas moins plein de talent, de verve, de hardiesse.

— Malgré tout, ce n'en est pas moins pour vous un allié qui vous nuit dans un monde où vous n'avez déjà que trop d'ennemis. Si intelligent qu'il soit et je reconnais volontiers que cette intelligence est vive, ce n'est pas un esprit de premier ordre; je ne sais pas si c'est la faute de son éducation ou de son caractère, mais dans tout ce qu'il dit, on sent que le fin mot des choses lui échappe, et s'il peut être un habile, un très habile politique, vous n'en ferez jamais un homme d'État.

Mostyn secoua la tête.

— Enfin, continua-t-elle sans le laisser prendre la parole, si ce n'était pas à Thompson que vous faisiez allusion, à qui pensez-vous?

— A Vere.

— Vous avez été si intimement liés!

— Quand on me regardait comme un jeune dont les débuts heureux n'étaient pas assez significatifs pour affirmer une supériorité; mais depuis j'ai marché, et à chaque pas que j'ai fait en avant, il en a fait un pour s'éloigner de moi, il m'en veut de l'avoir précédé : je le gêne. Dans ses sentiments rien qui ressemble à ceux de Thompson.

— Vous revenez à lui.

— Je l'avoue, car je voudrais que vous fussiez plus juste à son égard : vous le jugez trop sévèrement

— Je le juge sur ce que je sais de lui.

— Sur ce qu'on vous a dit de lui, non d'après un examen personnel ; avec prévention, non avec impartialité ; voyez-le tel qu'il est, vous me rendrez très heureux et c'est sérieusement que je vous le demande.

— Eh bien, je vous promets qu'il sera fait comme vous le désirez : je dois le voir cette après-midi, je le regarderai avec les verres que vous me mettrez devant les yeux. Dans le mot qu'il m'a écrit pour me prévenir de sa visite, il me parle des élections, mais il ne croit pas, comme vous, à un renouveau de pouvoir, et même il semble se préparer à la chute qui vous attend tous.

Mostyn eut un sourire.

— Pourquoi cette idée de chute vous fait-elle rire ? demanda-t-elle assez intriguée.

— Ce n'est pas cette idée de chute qui me fait rire, c'est que les membres du cabinet soient ainsi les premiers à annoncer cette chute. Quoi d'étonnant alors à ce que tout le monde la regarde comme prête à se réaliser.

— Tout le monde.

— On se prépare, et si bien, que ce matin même j'ai reçu la visite d'une dame qui venait me demander de caser son mari dans un poste inamovible avant que je sois moi-même par terre.

— Singulière demande, et aussi n'est-ce pas singulière dame ?

— Madame Macdonnel.

— Ce n'est pas la sœur de votre belle-sœur, n'est-ce pas ?

— Précisément, c'est elle.

IV

Elle était restée surprise, interdite, mais ce ne fut que pour une courte seconde.

— Puis-je vous demander quel poste madame Macdonnel veut que vous fassiez obtenir à son mari ?

— Elle n'a pas d'exigences précises, tous lui sont bons, pourvu qu'elle reste à Londres.

— Et qu'avez-vous répondu ?

— Que je ferais ce que je pourrais.

— Vous garderiez M: Macdonnel à Londres.

— Pourquoi pas, si cela est possible ?

— Peut-être vaudrait-il mieux le laisser retourner à Glasgow.

— Comme vous dites cela ?

Et de fait elle avait exprimé son avis avec une netteté d'accent et une précision qui étaient significatives.

— Vous êtes surpris ? demanda-t-elle.

— Je l'avoue. Mais comme vous ne faites rien et ne dites rien à la légère, je vous demande à n'en pas rester là : si vous me donnez ce conseil ce n'est pas sans raisons.

— Certes non.

— Eh bien ! quelles sont-elles ?

Elle parut vouloir se défendre.

— Je n'aime pas à parler de la famille Wilson, et même ma pensée se révolte de se porter sur ceux qui la composent.

— Je vous en prie : qui m'éclairera, qui me parlera franchement, librement, si ce n'est vous ? que ne puis-je vous consulter plus souvent, comme ma route éclairée serait plus sûre ; entraîné dans le tourbillon, je n'ai pas le temps de voir, de me renseigner, de réfléchir.

Vous avez raison, je dois parler. Vous souvenez-vous de ce que je vous ai dit lors du mariage de votre frère ?

— Certes oui ; que vous aviez peur que cette famille apportât le malheur dans la nôtre.

— Précisément.

— Ces paroles étaient assez graves pour que je ne les oublie pas.

— Et vous avez pensé, n'est-ce pas, qu'elles s'appuyaient sur des faits certains ?

— Je n'en ai pas douté.

— C'est que j'ai appris à la connaître pendant mes longs séjours dans le Yorkshire.

Elle fit une pause, se recueillant évidemment puis, en évitant de tenir ses yeux levés sur ceux de Mostyn, elle continua :

— Il y a dans l'antiquité des familles tragiques dont tous les membres marqués à leur naissance par la main de la fatalité, sont voués au malheur. La famille Wilson semble avoir été ainsi marquée...

mais pour le malheur de ceux qu'elle approche. Je ne veux rien dire du père qui n'avait qu'un mot à prononcer pour empêcher une pauvre fille d'être condamnée et déshonorée, et qui s'est obstinément tu, laissant l'innocente payer pour le coupable. Il est vraiment extraordinaire que cette histoire n'ait pas empêché le mariage de votre frère.

— Il l'a connue trop tard.

— Et moi je ne vous l'ai pas révélée parce que j'ai cru que vous la connaissiez. Laissons donc le père. Mais la mère?

Elle s'arrêta court, et une rougeur colora son front. L'allusion du capitaine Hooker à des relations qui auraient autrefois existé entre la mère de madame Macdonnel et Mostyn, reposait sur des vantardises que madame Wilson elle-même répétait partout depuis que Mostyn était devenu un personnage. Elle ne criait pas sur les toits qu'il avait été son amant, mais elle disait bien haut à qui voulait l'écouter qu'il avait été « son élève »; c'était elle, qui tout jeune l'avait formé et façonné pour la haute situation qu'il occupait maintenant; dans l'enfant elle avait la première deviné l'homme. C'était sa prétention d'en avoir ainsi deviné plus d'un. Mais d'aucun elle n'était aussi fière que de Mostyn; et quand on ne paraissait pas la croire autant qu'elle voulait être crue en un pareil sujet, elle inventait, pour donner la vraisemblance à ses récits, les histoires les plus compliquées, machinées et enchevêtrées comme l'aurait pu faire un romancier de trop d'imagination. Là-dessus elle était réellement inépuisable, et si ingénieuse, si fertile en inventions que ceux-là même qui savaient le mieux la vérité, se prenaient, en l'écoutant, à douter d'eux plutôt que d'elle. Jane comme tout le monde, connaissait ces propos, et c'était ce qui avait amené cette rougeur sur son front : elle avait honte de parler de cette femme... au moins en s'adressant à Mostyn.

Après un moment d'hésitation elle poursuivit d'une voix ferme :

— Puisque je ne vois personne autre que moi pour vous éclairer, il est évident que je ne dois pas me taire, car il est impossible que toutes les histoires de ces gens n'éclatent pas un jour et il ne faut pas que vous puissiez recevoir une éclaboussure, si légère qu'elle soit.

Mostyn qui avait très bien remarqué le trouble dans lequel l'avait jeté l'évocation de madame Wilson, voulut lui venir en aide :

— Mais n'exagère-t-on pas? dit-il avec une grande douceur. Vous savez sur quoi reposent le plus souvent les propos du monde, et combien est petit le grain de sable avec lequel on fait des montagnes. Comment pourraient m'atteindre ces éclaboussures que vous craignez? Je ne vois pas la famille Wilson. A la vérité, la fille aînée est ma belle-sœur, et c'est avec elle seule que j'entretiens des relations... suivies. Je dois à la mémoire de mon frère de la soutenir, et c'est là ce qui a établi quelques rapports, tout à fait insignifiants entre sa famille et moi. N'est-il pas d'observation courante que les fils de coquins sont quelquefois aussi d'honnêtes hommes, précisément parce qu'ils ont souffert de l'infamie de leurs pères.

— N'exagérez pas vous-même, et n'appliquez pas à madame Wilson ce qui peut être juste pour les autres. C'est aussi une créature froide, méchante, cruelle, sans entrailles de mère. Il y a plusieurs années de cela, ma belle-sœur, madame Francis Talbot était en visite chez elle à leur maison de campagne dans le Yorkshire ; et tout de suite, avec cette ostentation qui est un des traits de son caractère, madame Wilson lui avait fait parcourir toutes les pièces de la maison meublée avec un luxe tapageur. Surprise de ne pas voir les enfants, ma belle-sœur les avait demandés, et de telle sorte qu'on n'avait pas pu refuser de la conduire aux chambres qui leur étaient réservées. Devinez un peu où pouvaient être ces chambres.

— Que voulez-vous que je devine ?

— On les avait aménagées dans d'anciennes écuries, qui avaient dû être abandonnées, en tant qu'écuries, parce qu'elles étaient trop malsaines pour des chevaux : ce qui était dangereux pour des bêtes s'était trouvé bon pour des enfants. Voilà la mère. De l'épouse, je ne veux dire qu'un mot. Prenant un mari au-dessous d'elle par la naissance et par l'éducation, elle aurait dû, semble-t-il, vouloir l'élever au même rang qu'elle : au contraire, elle s'est appliquée à l'abaisser. Il y avait une vilaine histoire dans la vie de ce mari, elle l'a exploitée de façon à l'en écraser si lourdement qu'il ne pût jamais relever la tête, employant avec lui le moyen des policiers qui tiennent les misérables par un secret criminel dont ils sont maîtres. C'est ainsi qu'elle l'a fait marcher et l'a obligé à avaler toutes les couleuvres sans qu'il pût se révolter. Qu'une femme ne voulût pas la recevoir, elle ne reculait devant rien pour lui prendre l'affection de son mari, de son fils, de son gendre. De cette méchanceté j'ai eu des exemples qui font que mes paroles sont un témoignage et non propos en l'air. N'ai-je pas vu mon amie, madame Jerwoise, attendre au chevet de son enfant mourant, son mari que madame Wilson ne lui a rendu que l'enfant mis en terre.

Elle parlait avec une telle véhémence, une indignation si forte qu'il n'aurait pas pu l'interrompre alors qu'il l'aurait voulu.

— Vous ne savez pas, n'est-ce pas, pourquoi Joséphine a été envoyée en pension en France, à Tours, au moment où ayant atteint ses seize ans il n'y avait pas de raison pour qu'elle quittât sa famille?

— Non.

— Je vais vous le dire. Joséphine était-elle née vicieuse ? Je n'en sais rien, et même, je veux admettre qu'elle aurait pu échapper à la fatalité de l'hérédité si elle avait été élevée dans un autre milieu ; là ses instincts auraient pu sommeiller et s'éteindre ; elle n'aurait pas été la première qui, née mauvaise, serait devenue bonne par l'éducation ; tandis que dans sa famille ils furent de bonne heure éveillés par ce qu'elle entendit autour d'elle et par ce qu'elle vit. Si malheureux qu'ils puissent devenir dans la vie, ils ne seront jamais complètement malheureux les enfants qui auront derrière eux les exemples de la mère, les leçons du père et l'honneur de la maison. Ce ne fut pas le cas de Joséphine : toute jeune elle avait vu des choses mystérieuses qu'elle ne s'était pas expliqué tout d'abord, mais qui peu à peu, avec les années s'étaient éclairées, et avaient pris leur vrai nom. Ainsi elle avait grandi dans une atmosphère qui l'avait si complètement enveloppée dès son enfance qu'elle s'était habitué à envisager le mal comme la chose la plus naturelle du monde, en quelque sorte comme la loi universelle, et que rien de ce qui est abominable ne lui paraissait impossible. Madame Wilson qui n'a jamais été difficile dans ses amitiés, s'était liée à la campagne avec un garnement de village, à qui, au grand scandale de tous et bien qu'on fût habitué avec elle à ne s'étonner de rien, elle avait ouvert sa maison comme elle l'aurait fait pour un gentleman. Joséphine surprise aussi, avait voulu savoir ce qui justifiait une pareille faveur; elle s'était faite l'amie de ce joli monsieur, puis elle avait trouvé amusant de prendre le garnement pour elle. Mais madame Wilson est trop expérimentée, pour se laisser tromper facilement. A son tour, elle avait espionné sa fille, et l'ayant surprise avec le galant, elle avait voulu leur faire une scène terrible; aux premiers mots, tous deux lui riant au nez l'avaient bafouée et raillée : de quoi se plaignait-elle ? Le premier résultat de cette aventure fut de faire envoyer Joséphine dans un pensionnat de Tours où elle est restée pendant dix-huit mois, jusqu'à son mariage avec M. Macdonnel qu'elle n'eût jamais épousé, si elle n'avait pas cherché, n'importe à quel prix, l'affranchissement dans le mariage : les leçons qu'elle a dû donner pendant ces dix-huit mois aux jeunes Françaises qui étaient ses camarades, vous pouvez les imaginer, et aussi comment elle a dû faire apprécier l'éducation anglaise. Le second fut d'allumer dans le cœur de la mère, — a-t-elle jamais eu un cœur, — une haine pour sa fille que rien n'a pu éteindre, pas même ce mariage ridicule avec M. Macdonnel qui est son ouvrage. Est-il raisonnable d'admettre qu'une fille élevée comme je viens de vous le montrer, puisse être honnête. Ne serait-ce pas un miracle qu'elle le fût ? D'ailleurs, vous avez dans madame Cohen un autre exemple suffisant, il me semble pour montrer ce que peut donner cette éducation. Est-elle assez complète celle-là, et croyez-vous que son genre de vie soit fait pour ramener madame Macdonnel au bien ?

— Je sens, croyez-le, toute la force de ce que vous dites, et j'ignorais beaucoup des choses que vous venez de m'apprendre, mais si, de ce qui est général, j'en viens à ce qui peut m'être particulier, je ne vois pas en quoi madame Cohen ou madame Macdonnel peuvent être dangereuses pour moi. Je n'ai pas de relations suivies avec elles, vous le savez ; je les rencontre quelquefois de loin en loin chez ma belle-sœur et il me serait difficile de les éviter tout à fait.

— Difficile ou non, c'est cependant ce que la prudence et la raison, la dignité et le respect de vous-même exigent que vous fassiez. Il y a tout à craindre de pareilles femmes pour un homme qui a votre nom et votre situation. Vous voyez où elles en sont ; où en seront-elles demain ? Qu'auront-elles inventé elles-mêmes. Quelles aventures, tragiques ou honteuses, le sort aura-t-il inventé pour elles. Tout est possible. Dégagez-vous au plus vite ; il n'est que temps. Ne savez-vous pas que partout madame Macdonnel se vante du semblant de parenté qui existe entre elle et vous, et que quand elle parle de vous, dans son monde, elle vous appelle par votre petit nom.

— Jamais je n'ai entendu cela.

— Je vous ai dit dans son monde. Pour ceux qui vous connaissent, elle se fait juger pour ce qu'elle est. Mais tous ceux devant lesquels elle parle ainsi ne vous connaissent pas, et parmi eux il en est qui voient là une preuve d'intimité réelle. Il n'est pas difficile, n'est-ce pas, de deviner dans quel but elle emploie ces manœuvres : elle veut se servir de votre situation pour se créer du crédit. Affamée de plaisirs mondains comme elle l'est, il lui faut une maison à Londres, et c'est à cela que vous devez lui servir : sa cousine, madame Cohen, en a bien une, comprenez-vous ce qu'il y a là de convoitises accumulées ?

Depuis le commencement de cet entretien la voix de Jane avait passé par toutes les intonations : fraîche et claire quand ils s'en étaient tenus aux questions politiques ; vibrante d'indignation contenue quand elle avait parlé de madame Wilson ; elle prit un accent grave et profond qui trahissait son émotion :

— Croyez-moi, éloignez de vous cette famille, toutes sortes d'appétits inassouvis la rongent et la font se jeter sur ceux qui s'approchent d'elle : son souffle empoisonne ceux que ses dents ne dévorent pas. Croyez-moi, je vous en prie, croyez-moi, rompez des relations qui, inoffensives peut-être pour le premier venu, sont mauvaises et dangereuses pour un homme tel que vous.

Si Mostyn ne jugeait pas la famille Wilson avec la même sévérité que Jane qui, lui semblait-il, se laissait emporter par des préventions de femme en même temps que par des façons de voir et de sentir toutes personnelles, il pensait comme elle cependant sur plus d'un point et se disait qu'il serait heureux pour lui d'être débarrassé de ces gens. Mais comment ? Par condescendance pour sa belle-sœur il aurait désiré ne rien brusquer.

Ce fut ce qu'il voulut expliquer, mais aux premiers mots elle l'arrêta :

— Jusqu'ici, dit-elle avec véhémence, tout vous a réussi ; dans la vie politique vous êtes arrivé ou peu s'en faut; mais justement, parce que le succès vous a porté haut, vous avez semé des ennemis tout le long du chemin parcouru : les conservateurs vous redoutent ; les Jacobins de votre propre parti se demandent tout bas s'il ne serait pas utile de faire tomber votre tête; beaucoup d'autres vous envient. Tant que vous serez fort, cela est de peu d'importance, on ne s'attaque pas aux forts, on les respecte, on les craint. Mais si cette force venait à être ébranlée, combien se lèveraient contre vous qui en ce moment vous sont soumis. Avez vous jamais compté ceux qui ont intérêt à votre chute et n'attendent que l'occasion de se jeter plus ou moins bravement sur vous ? Cette occasion il ne faut pas la leur donner par une imprudence, et c'en est une grosse, une très grosse d'être en relations avec des gens qui un jour ou l'autre seront pris dans quelque scandale abominable. Nous ne sommes ni en France, ni en Italie, ni en Espagne, nous sommes en Angleterre où l'opinion publique est une souveraine rigide. Mieux que moi, vous savez sur quels motifs elle rend ses arrêts de mort. Vous seriez innocent! Mais n'a-t-on jamais pendu des innocents ?

— Je ne vois pas bien comment madame Macdonnel pourrait me faire pendre, dit Mostyn avec un léger sourire.

— Ni moi. Mais je vois très bien qu'elle pourrait vous entraîner dans la boue où elle tombera un jour, et c'est cette certitude qui me fait tant insister pour que vous vous éloigniez d'elle... en vous parlant de choses que j'aurais peut-être dû taire et que j'aurais tues certainement si je ne m'étais pas adressée à vous. Vous dites que vous ne savez comment vous débarrasser d'elle sans blesser votre belle-sœur, mais est-ce travailler à ce débarras que d'employer votre influence à la retenir à Londres ? Croyez-vous qu'il ne vaudrait pas mieux pour elle vivre à Glasgow, où elle subirait la surveillance des villes de province, que d'être libre à Londres, où elle pourra sans contrôle s'abandonner à toutes les folies dans lesquelles la pousseront sa cervelle mal équilibrée et son tempérament. Qu'en pense votre belle-sœur?

— Je n'en sais rien.

— Vous n'avez pas traité ensemble cette question?

— Pas du tout. Madame Macdonnel s'est adressée à moi directement sans que ma belle-sœur m'ait jamais rien dit à cet égard.

— Me permettez-vous de vous demander ce que vous entendez en disant qu'elle s'est adressée à vous directement.

— Je veux dire qu'elle est venue me trouver ce matin pour me présenter sa demande.

— Toute seule?

— Toute seule.

— Et cela ne vous a pas choqué qu'elle vînt ainsi chez vous?

— J'ai bien été un peu surpris.

— Surpris!

— Et ennuyé aussi.

— Cependant vous avez répondu que vous feriez ce que vous pourriez pour garder M. Macdonnel à Londres.

— Que voulez-vous que je dise; j'étais pris à l'improviste, j'avais hâte de rompre un entretien qui menaçait de me mettre en retard, je me suis échappé comme j'ai pu, sans réflexion, comme il arrive lorsqu'on n'a qu'une idée en tête.

— Mais maintenant que vous ne craignez plus d'être en retard et que vous pouvez réfléchir, ne voyez-vous pas que vous ne pouvez pas vous occuper de ces gens, ou plutôt de cette femme, car je parierais que M. Macdonnel ne vous a rien demandé.

— C'est vrai.

— Qui sait s'il désire rester, à Londres et si, au contraire, il ne serait pas bien aise de retourner à Glasgow : il n'est pas ambitieux, il est prudent, il aime sa femme, le malheureux ! combien de motifs pour préférer la tranquillité de sa bonne ville de Glasgow où il a vécu jusqu'à ce jour, au tourbillon de Londres.

— Vous avez raison, cent fois raison, comme toujours ; je ne m'occuperai pas de madame Macdonnel ; je vous le promets : il est évident qu'il vaut beaucoup mieux qu'elle retourne à Glasgow que de rester ici.

Elle lui tendit la main :

— A la bonne heure.

— Ah ! si je vous avais toujours là pour m'éclairer.

Elle ne répondit pas.

Il remarqua que les vives couleurs qui avaient animé ses joues pendant qu'elle parlait venaient de s'effacer : elle était devenue pâle et instantanément des traces de fatigue s'étaient montrées sous ses yeux.

— Vous êtes souffrante ? demanda-t-il en l'enveloppant d'un regard ému.

— Non ; je suis fatiguée seulement.

— Comment va M. Talbot ?

— Il est toujours dans le même état, et il a besoin de tous mes soins.

— Vous partez demain ?

— Oui, à moins que je ne sois obligée de partir ce soir.

CHAPITRE VI

LES VACANCES DE JOSEY

I

Bien que Joséphine eût été exaspérée en voyant Mostyn la quitter à la hâte pour s'en aller à Hyde place, elle s'était bien vite rassurée.

Il lui avait promis de venir chez elle, il y viendrait et ce ne serait certainement pas cette Jane Talbot qui l'empêcherait de tenir sa promesse. Il devait en avoir assez de cette liaison qui depuis qu'elle durait était assurément usée jusqu'à la corde ; il en serait de lui comme de tous les hommes qui subissent irrésistiblement l'attrait de la nouveauté.

Qu'avait cette « ancienne » pour retenir un homme tel que lui ? Elle ne le voyait pas. Tandis que si elle cherchait ce qu'elle avait elle-même pour l'attirer, il lui venait aussitôt aux lèvres un chapelet de réponses que sa vanité égrenait agréablement et qui fouettait ses espérances.

Quelle femme lui offrirait une carnation plus fraîche, une peau plus douce, des lèvres plus roses, des yeux plus ardents.

Elle avait passé assez d'heures, à moitié nue, devant son miroir, s'éloignant, se rapprochant, laissant glisser l'épaulette de sa chemise, s'enveloppant dans ses cheveux pour savoir ce qu'elle valait, et ce que valaient ses épaules grasses, ses bras potelés et sa poitrine provoquante qui était sa fierté.

Elle avait vingt ans, il en avait quarante.

Certainement il avait été troublé lorsqu'elle lui avait posé la main sur le bras, et plus encore lorsqu'avec une lenteur caressante elle l'avait retirée.

Avec un homme entouré et sollicité comme il devait l'être de tous côtés, il serait naïf de s'en tenir à des coquetteries vagues qui lui laisseraient la liberté d'avancer ou de reculer au gré de sa fantaisie. Ce qu'il fallait c'était le prendre ; et elle le prendrait : rares sont ceux qui détachent les bras qu'une femme une jolie, une très jolie femme leur jette autour du cou dans un élan passionné. Elle serait cette femme. Une fois qu'elle lui aurait passé ce collier, il n'en briserait pas de sitôt les maillons.

C'était ainsi qu'elle raisonnait en revenant de Boyne — street à Savile — place, n'imaginant pas qu'il pût y avoir dans la douce courtoisie de Mostyn autre chose qu'un désir vague qui s'éveillait s'ignorant encore.

Avant d'arriver chez elle, elle fit arrêter son cab devant un magasin de lingerie où elle acheta deux coquets bonnets à rubans et six tabliers blancs festonnés. Puis un peu plus loin elle s'arrêta encore devant la boutique d'un fleuriste.

Pouvait-elle recevoir Mostyn dans un salon qui ne serait pas fleuri? Que penserait-il d'elle.

Dans cette ville de Londres où les fleurs sont aussi indispensables à la fenêtre pour toute maison qui se respecte, qu'un tapis sur le plancher, elle n'avait jamais pensé à en acheter. A quoi bon; elle ne restait pas chez elle. Aussi se trouva-t-elle assez embarrassée pour faire son choix.

— Que veut madame, demandait le marchand, des plantes à feuillage ou des plantes fleuries?

Elle n'avait pas pensé à cette division. Qui plaisait à Mostyn? Dans le petit salon bleu où elle avait attendu, il se trouvait des plantes dans une jardinière ; mais quelles étaient-elles ? Etaient-elles à feuillage? Dans l'émotion qui lui serrait le cœur, elle n'avait pas pensé à les regarder.

— Un mélange de *Croton* et de fougères composées de *Pteris cretica*, de *Pteris aspericaulis*, de *Pteris argyræa*, disait le marchand, c'est aussi élégant que distingué.

Elle se décida pour ce mélange aussi élégant que distingué; mais de peur de pécher par trop peu, elle prit aussi un gros hortensia qu'elle aperçut dans un coin : les fleurs en étaient d'une couleur pâle et sale comme il arrive le plus souvent pour les plantes qu'on force à fleurir à contre-saison; mais peu importait : il ferait bien sur le guéridon.

Enfin elle put rentrer chez elle, et aussitôt elle fit comparaître Esther et Jim.

— Vous allez faire un ménage sévère dans le salon ; tout remuer, tout battre, tout fourbir ; je ne veux pas qu'il reste un grain de poussière ; j'attends la visite de M. Mostyn, M. Mostyn le ministre.

Ils ne parurent pas du tout frappés d'admiration : M. Mostyn était déjà venu en visite l'année précédente ; c'était un homme comme un autre, tout ministre qu'il fût.

— M. Mostyn, le beau-frère de ma sœur ; je veux qu'il trouve une maison respectable. Je ne sais pas quel jour il viendra : demain peut-être. Il arrivera entre onze heures et midi. Vous aurez donc soin, Esther, d'être habillée à dix heures. Voici des bonnets que je vous donne, et des tabliers festonnés que vous mettrez toujours ; j'y tiens.

Esther donna aux bonnets un sourire approbateur, mais elle dédaigna les tabliers ; festonnés ou non c'étaient toujours des tabliers, c'est-à-dire l'insigne de la domesticité, et elle n'était pas née pour être domestique, oh non !

— Vous veillerez à ce que la cuisinière n'ouvre jamais la porte et vous vous hâterez pour que M. Mostyn n'attende pas. Quand nous serons ensemble vous ferez bonne garde pour que nous ne soyons pas dérangés, et sous aucun prétexte vous n'entrerez dans le salon, ni vous ni Jim.

— Non, madame, dit celui-ci qui semblait avoir besoin de placer un mot.

Tout en parlant elle allait et venait comme une femme d'ordre qui veut donner à tout le coup d'œil du maître.

— Il faudra faire réparer le pied de ce guéridon, dit-elle à Jim, de manière à ce qu'il ne tombe pas ; on posera une fleur dessus et je ne veux pas qu'elle soit abîmée.

Elle était revenue à la porte du salon et elle l'examinait : le cache-entrée de la serrure était enlevé.

— Qu'est-ce qui a cassé ce machin ? demanda-t-elle en mettant le doigt sur le trou de la serrure.

— Je ne sais pas, répondit Esther.

— C'est vous, Jim ?

— Moi, madame, oh bien sûr que non ; à preuve que c'était cassé quand je suis entré au service de madame.

— Eh bien ! vous allez chercher un serrurier tout de suite pour qu'il répare aujourd'hui même cette serrure ; cela est désordonné et je ne veux pas de désordre dans ma maison.

Elle monta à sa chambre pour laisser à Esther et à Jim le temps de faire le salon.

A peine avait-elle monté quelques marches que Jim fermant la porte du salon mit son doigt sur le trou de la serrure en clignant de l'œil.

— Qu'est-ce que vous pensez de ça, mademoiselle Esther ?

— De quoi ?

— Du machin qui ferme le trou de la serrure qu'il faut faire réparer tout de suite.

Elle eut un mauvais sourire.

— C'est clair, n'est-ce pas ? dit-il en se campant les deux mains sur les hanches en se balançant.

Puis imitant l'accent de sa maîtresse :

— Sous aucun prétexte, vous n'entrerez dans le salon, ni vous, ni Jim... Moi ça me faisait rire parce que je me disais que les trous des serrures n'étaient pas à l'usage des chiens, et qu'on en pourrait voir des drôles! mais voilà qu'elle nous crève les yeux ; et mon instruction qu'est-ce qu'elle va devenir.

— C'est dommage de la contrarier, dit Esther en riant.

— On n'a jamais trop d'instruction, mademoiselle Esther, ça sert dans la vie ; mais enfin ce qui nous arrive aujourd'hui nous donne une leçon.

— Laquelle.

— C'est que quand on entre dans une maison il n'y a qu'à regarder les serrures ; si les cache-entrée sont relevés ou manquent, on est dans une maison respectable ; tandis que s'ils sont bien appliqués sur le trou de la serrure, on est dans une maison d'un autre genre, et alors on peut espérer s'y faire de bons petits profits.

Là-dessus il partit en se hâtant pour aller chercher le serrurier.

Quand Joséphine descendit de sa chambre, elle trouva le salon à peu près en état, mais plein encore de cette odeur de poussière particulière aux pièces où on ne la remue pas souvent. Les plantes étaient arrivées, elle les disposa dans les jardinières, et sur le guéridon en belle place elle mit son hortensia. Pour cela elle fit disparaître l'entassement de photographies qui l'encombrait, même celle du beau Jack. Elle cacha aussi le *Carnet d'un libertin* qui était sa lecture favorite, et elle remplaça le tout par les *Études sur les arts de Pater*, et par un roman de George Eliot jusque-là relégués dans un coin : Mostyn verrait ainsi qu'elle n'était pas un esprit frivole, comme on le lui avait peut-être dit.

Ce ménage extraordinaire n'avait pas d'un coup de baguette magique transformé ce salon banal, reprisé les trous des rideaux, ni mis des pièces au tapis, mais enfin il avait donné à tout un air de propreté plus décent, et cela suffisait. Il ne déplaisait point à Joséphine que Mostyn fût frappé par la pauvreté de cet intérieur ; elle le savait facile à s'apitoyer ; le cœur touché, il s'occuperait plus vite de trouver à Macdonnel une bonne place qui la tirerait de là.

Viendrait-il le lendemain ?

Il lui semblait que raisonnablement il ne fallait pas trop l'espérer ; mais à la rigueur cela n'était pas impossible ; et quand elle se rappelait certains regards qu'il avait fixés sur elle, quelque chose lui disait qu'il aurait hâte de la revoir : elle ne doutait pas de lui avoir plu, et comme elle lui avait fait comprendre bien certainement les sentiments qu'elle éprouvait elle-même, il aurait hâte de profiter de la bonne fortune qui s'offrait à lui, dans des conditions aussi agréables que commodes.

Elle devait donc l'attendre et ne pas se laisser prendre à l'improviste.

C'était ordinairement à dix heures que Macdonnel partait, ou plutôt il était de règle qu'il devait partir à dix heures, mais comme lorsqu'il s'habillait tout lui manquait, comme il ne pouvait jamais obtenir son eau chaude pour sa barbe, comme son linge n'était jamais en état, il arrivait le plus souvent qu'il se trouvait en retard. Mais ce jour-là on le réveilla en lui montant son eau, et quand il voulut s'habiller, il trouva sa chemise toute préparée sur une chaise, les boutons mis aux manchettes.

Attendri par cette prévenance qui se manifestait pour la première fois, il voulut remercier sa femme en l'embrassant; mais elle se fâcha :

— C'est un reproche, n'est-ce pas?

— Pas du tout, c'est un remerciement; je suis heureux de voir que vous pensez à moi, que vous vous occupez de moi, Josey.

— Alors c'est aujourd'hui pour la première fois que vous vous en apercevez; voilà qui est aimable.

— Ne gâtez pas le plaisir que vous m'avez donné, ma chère Josey.

— Ce n'est pas un plaisir que j'ai voulu vous donner.

— Ah !

— C'est une leçon.

— Une leçon? Et pourquoi?

— Pour vous montrer qu'au lieu de partir en retard comme tous les jours, vous pourriez, et facilement encore, mais il faudrait le vouloir, vous pourriez partir à l'heure.

— Mais je ne demande que ça, partir à l'heure.

— Vous ne demandez que ça ; mais vous ne partez pas.

— Parce que je ne suis pas prêt.

— Et pourquoi n'êtes-vous pas prêt? pouvez-vous me le dire.

Il la regarda stupéfait.

— Non, n'est-ce pas. Eh bien je vais vous le dire moi. C'est parce que vous aimez à dormir la grasse matinée. Si vous vous leviez plus tôt, vous seriez prêt plus tôt. C'est logique cela, c'est fatal. Vous tournez, vous tournez, vous vous regardez dans la glace.

— Ce n'est pas moi que je regarde.

— C'est moi peut-être ?

— Non. C'est tout simplement mon linge, mon habillement, pour voir s'il n'y manque pas quelque chose.

— Vraiment la coquetterie sied à votre âge ; je voudrais bien savoir pour qui vous perdez ainsi votre temps à vous adoniser.

— Je m'adonise!

— Parfaitement; et comme ce n'est pas pour moi, c'est pour une autre.

— Vous blasphémez, Josey.

— Je commence à voir clair dans vos allures. Mon Dieu, suis-je assez malheureuse !

Elle éclata en sanglots.

— A mon âge, à mon âge, répétait-elle.

Il était interdit, et en même temps troublé. Se pouvait-il qu'elle le soupçonnât? Qu'avait-il fait pour cela? Et il cherchait par quelle imprudence ou tout au moins par quelle maladresse de conduite, il avait pu l'inquiéter. Imprudent il ne l'était guère, tandis que maladroit il l'était trop souvent; il le savait mieux que personne.

Puisqu'il l'avait blessée et tourmentée, il devait la consoler et la rassurer.

Ce fut à quoi il s'employa par de douces paroles, mais il avait beau faire, les larmes ne s'arrêtaient pas; c'était un déluge.

— Non, non, répétait-elle, vous êtes un libertin.
— Un libertin, moi !
— Oui, un libertin.
— En quoi vous ai-je jamais montré, Josey, que j'étais un libertin?
— Il n'aurait plus manqué que cela; je suis votre femme! mais si vous me respectez c'est d'une manière qui ne vous empêche pas de me tromper.
— Je ne vous trompe pas.
— Me respectez-vous seulement? dans ma naïveté je veux le croire, mais qui me le prouve?
— Mais ma conduite avec vous, mes serments.
— Vos serments. Eh bien jurez-moi, si vous l'osez, que vous me respectez.

De ses petits yeux perçants et tout mouillés de larmes elle le regardait avec un sourire narquois.

Il étendit la main lentement avec solennité et d'une voix profonde :

— Je le jure.
— Vous jurez que vous me respectez comme une honnête et pure créature, vous le jurez, Adam?
— Je le jure.

Elle parut soulagée et respira plus facilement; ses larmes s'arrêtèrent.

— Je ne dis pas que vous me trompez, Adam, mais certainement vous êtes dans le chemin du mal ; n'allez pas plus loin. Soyez régulier dans votre vie, assidu à votre bureau, et vous n'aurez pas ces idées de distraction qui vous perdraient. Vous me parlez si souvent de régularité, pourquoi ne commencez-vous pas par vous appliquer les conseils que vous donnez aux autres.

— Mais connaissez-vous un homme qui soit plus régulier que moi?

— Ne dites pas cela.

— Il me semble que je le suis.

— Et moi je vous prouve que vous ne l'êtes pas, puisque bien souvent vous partez en retard.

— Je ne serais jamais en retard si vous aviez les prévenances que vous m'avez montrées aujourd'hui.

— Alors vous êtes content de ces prévenances?

— Dites heureux, bien heureux, ma chère Josey.

— Eh bien je tâcherai de vous faire ce plaisir... souvent.

De nouveau il voulut l'embrasser car il n'imaginait pas que le bonheur que lui donnait ce baiser, ne put pas être partagé, mais elle le poussa vers la porte.

— Partez, vous seriez en retard.

Docilement il descendit l'escalier en pressant le pas. Ne fallait-il pas remercier Josey. Elle était folle d'imaginer qu'il pouvait la tromper ; mais cette folie était bien excusable, c'était de la jalousie ; or, comme on n'est jaloux que de ceux qu'on aime, il concluait avec sa rectitude de jugement qu'il était tendrement aimé. Et tout en se hâtant vers la gare, il relevait la tête fièrement, en homme heureux, en homme aimé. Quand il s'était marié, quelques-uns de ses amis de Glasgow avaient insinué qu'il était peut-être imprudent, à son âge, de faire l'expérience du mariage, surtout avec une fille de dix-huit ans prise dans la famille Wilson. Il leur montrerait ce qu'était cette expérience, ils verraient.

Débarrassée de son mari, Joséphine put s'habiller. Elle le fit avec un soin et une lenteur qui ne lui était pas habituelle. Il fallait être belle; être irrésistible. Elle le serait. Son miroir, dans lequel elle se contemplait avec amour, lui disait qu'elle ne pouvait pas ne pas l'être.

— Maîtresse de Mostyn !

Que de promesses dans ces trois mots : Mostyn qui gouvernait l'Angleterre, elle allait le gouverner.

A onze heures elle descendit et elle eut la satisfaction de trouver dans le vestibule Esther parée de son bonnet à rubans, la taille serrée dans les cordons du tablier festonné.

Maintenant Mostyn pouvait arriver.

II

Il n'arriva pas.

Si elle fut désagréablement surprise, elle ne s'inquiéta pas cependant : les raisons ne manquaient pas pour expliquer cette absence et la justifier.

Il pouvait avoir fixé à l'avance des rendez-vous

importants pour ce jour-là; le temps lui avait manqué pour s'occuper d'Adam ; enfin, en habile politique qu'il était, il ne voulait probablement pas montrer un empressement qui serait un aveu tacite que ce qu'on lui demandait était facile à obtenir ; n'avait-il pas intérêt à donner du prix au service rendu puisqu'il se le ferait payer.

Elle avait donc été folle d'imaginer qu'il pouvait arriver tout brûlant le lendemain même de la visite qu'elle lui avait faite : cette hâte naïve n'était pas d'un homme de son âge. A quarante ans et quand on a la conscience d'être un personnage on procède moins simplement.

Maintenant elle comprenait qu'il n'avait pas pu venir, et même elle admettait qu'il ne vînt pas encore le lendemain.

Cependant, il fallait l'attendre.

Et elle l'attendit.

Il ne vint pas.

Ce jour-là non plus elle ne s'inquiéta pas, car les raisons pour expliquer son absence avaient pris plus de force, mais lorsqu'à midi et demi elle sortit du salon et trouva dans le vestibule Esther, le bonnet à rubans sur les cheveux et le tablier festonné sur le ventre, qui la regardait avec un mauvais sourire, elle éprouva un mouvement d'humiliation.

Pourquoi avait-elle fait la bêtise de dire à cette fille qu'elle attendait « M. Mostyn, M. Mostyn le ministre, M. Mostyn le beau-frère de ma sœur? » Ne pouvait-elle pas se taire. Il y avait en elle une rage de vouloir produire de l'effet et de se vanter, même aux yeux de gens infimes dont elle n'aurait pas dû prendre souci, qui lui avait déjà joué plus d'un mauvais tour, et qui lui en jouerait bien d'autres encore, si elle ne parvenait pas à se corriger de ce ridicule. Mais se corrige-t-on ? Elle n'en savait rien. Elle avait entendu raconter des histoires étonnantes à ce sujet ; pour elle, elle avait toujours obéi irrésistiblement à son impulsion instinctive, et elle n'imaginait même pas comment elle pourrait lui résister.

En tout cas cette fille se moquait d'elle certainement, et cela était ennuyeux.

— Est-ce qu'il faut garder toute la journée le bonnet à rubans et le tablier festonné ? demanda Esther d'un air à la fois goguenard et respectueux.

— Mais certainement ; pourquoi ne le garderiez-vous pas ?

— Je pensais...

— Si vous pensiez que je vous laisserai reprendre des habitudes de désordre, vous vous trompez.

Sur ce mot qui affirmait son autorité, elle monta à sa chambre, mais du haut de l'escalier elle entendit Esther et Jim qui s'esclaffaient de rire au rez-de-chaussée.

Le lendemain la même attente vaine recommença. Pour user le temps elle avait essayé de se mettre au roman de George Eliot, mais décidément c'était crevant. Quant aux *Études sur les Beaux arts*, elle n'en pouvait pas lire plus de dix lignes sans que le cœur lui tournât ; c'était quelque chose d'analogue

au mal de mer, et elle restait paralysée hypnothisée.
Alors pour se secouer elle se levait et après quelques
tours sur elle-même, elle restait debout devant la
fenêtre regardant dans la rue et écoutant.

Certainement il arriverait dans sa voiture, et même
elle comptait bien sur la livrée à galons rouges pour
frapper l'attention du quartier. — A qui le coupé
qui stationne devant la porte de madame Macdonnel?
— A Robert Mostyn. — Ah! vraiment! — Et elle
espérait que personne ne se méprendrait sur les
raisons vraies qui amenaient le ministre chez elle, et
l'y faisaient rester longtemps, car une fois qu'elle
l'aurait, elle ne le laisserait pas partir de si tôt.

Dans un autre quartier l'émotion de son attente
eut été moins vive, le brouhaha des voitures l'aurait
vite usée en la brouillant, mais dans Savile — place
les voitures sont rares surtout à cette heure matinale,
et le roulement d'un cab ne ressemble en rien à
celui d'un coupé; elle ne pouvait donc pas se tromper
et quand de loin en loin passait un roulement il ne
lui fallait que peu de temps pour reconnaître que ce
n'était pas lui.

— Pourquoi ne venait-il pas?

Ce jour-là s'écoula comme le précédent et le lendemain encore comme ce jour-là.

C'était à n'y rien comprendre.

Elle voyait cependant par les journaux qu'il n'é-
tait pas malade, puisque presque toutes les nuits il
parlait à la Chambre.

Alors pourquoi ne venait-il pas?

Sans doute ce poste de sous-secrétaire était difficile à obtenir; il fallait des démarches, des négociations.

Dans son besoin de se parer de Mostyn, elle avait parlé de lui à tout le monde, à ses sœurs, à Louise, à ses amis et même à ceux et à celles à qui il importait peu qu'elle fût ou ne fût pas bien avec Robert Mostyn. Mais, affolée de paraître et d'éblouir, elle n'imaginait pas qu'on pût être indifférent à une histoire qui la touchait et dans laquelle figurait Mostyn, — Mostyn le ministre, Mostyn le beau-frère de ma sœur ! Si elle n'ajoutait pas « mon amant » c'était simplement parce qu'il n'y avait pas nécessité : tout en elle ne le criait-il pas. Sur Mostyn lui-même, sur sa maison, sur ses habitudes, sur les choses qu'il aimait ou n'aimait pas, sur ses lectures elle ne tarissait pas. — Chez Mostyn, il y avait au-dessus de la cheminée un bas-relief en marbre du plus joli effet. — Chez Mostyn, il y avait des porcelaines de Sèvres comme elle n'en avait vu nulle part. — Mostyn, Mostyn encore et toujours.

Comment ne pas croire qu'ils étaient au mieux ?

Ceux qui connaissaient Mostyn s'étonnaient bien un peu qu'il eût une pareille maîtresse, qui semblait-il, n'avait rien pour plaire à un homme comme lui; mais tous ceux qui voulaient bien écouter ces bavardages ne connaissaient pas le ministre, et se disaient qu'après tout c'était possible : pourquoi pas. N'est-il pas plus naturel de croire qu'une femme trahit son amour maladroitement, que de supposer qu'elle en parle par vanterie ?

Mais en parler ne le faisait pas venir, — et l'hortensia palissait, les fougères jaunissaient, le sourire d'Esther s'accentuait de plus en plus, ses rubans se défraîchissaient, il ne venait pas.

Avec Jack Hooker même elle avait parlé de Mostyn. Bien entendu elle n'avait pas été aussi explicite qu'avec ses amies, mais enfin elle avait raconté la longue visite qu'elle avait faite au ministre ; comment celui-ci l'avait reçue affectueusement, de la façon la plus affable, en homme qui est flatté de recevoir une jeune femme, et aussi comment il s'était engagé à faire tout ce qu'il serait en son pouvoir pour lui être agréable.

— Alors votre mari va être maintenu à Londres ?

— C'est certain ; il y a promesse formelle, et Robert Mostyn doit m'apporter lui-même la nouvelle de cette nomination, chez moi, un de ces matins.

Pour qu'elle pût recevoir cette visite le matin, les heures de rendez-vous avec le capitaine avaient été reculées dans l'après-midi, au grand mécontentement de celui-ci qui aimait à avoir sa fin de journée libre ; mais pouvait-il se fâcher alors qu'elle n'agissait ainsi que pour ne pas être séparée de lui. Cependant quand il avait vu que la nomination de Macdonnel ne paraissait pas « un de ces matins » comme elle disait, il lui avait fait payer ce mécontentement en se moquant d'elle.

— Savez-vous, ma chère, qu'il tient singulièrement ses promesses, votre ami Mostyn ! Quels blagueurs, ces hommes politiques !

Elle avait défendu Mostyn.

— Après ça, il n'a peut-être pas le pouvoir que vous lui attribuez.

Et il l'avait de nouveau raillée.

Alors, pour calmer cette mauvaise humeur sous laquelle on sentait un sentiment de jalousie, elle avait enfin réalisé le projet qu'elle poursuivait depuis longtemps de mettre son mari et le capitaine en relations de façon à ce que celui-ci pût se présenter librement chez elle. Cela leur serait plus commode pour se voir et comme Mostyn, quand il lui ferait visite, ne pourrait venir que le matin, il n'y aurait pas de rencontres fâcheuses à craindre avec le capitaine qui, lui, viendrait dans l'après-midi.

Mais cet arrangement n'amenait toujours pas Mostyn ; le temps s'écoulait ; de plus en plus le ministère, paraissait en danger ; que deviendrait-elle s'il tombait avant qu'Adam fût nommé.

A quoi donc Mostyn pensait-il ? Etait-il vraisemblable que le souci des affaires l'empêchât de se souvenir de sa promesse ?

Si elle ne s'était point vantée à sa sœur de cette promesse, en insistant sur l'amabilité avec laquelle elle lui avait été faite, elle aurait pu demander à Rose de la rappeler à Mostyn ; mais comment maintenant recourir à cette intervention ? ne serait-ce point avouer que cette amabilité sur laquelle elle avait tant appuyé n'était pas ce qu'elle avait dit ?

Encore une fois par sa manie de trop parler, elle s'était mise dans une mauvaise position ; et comme elle était prompte aux remords, elle s'était dépitée contre elle-même.

— Quelle sotte elle était! Quelle maladroite.

Ne prendrait-elle jamais modèle sur Louise qui manœuvrait toujours avec tant d'adresse qu'elle sortait à sa gloire des affaires les plus scabreuses.

Sa désolation s'éclaira d'une lueur d'espérance : son mari reçut pour lui et pour elle une invitation à une réception officielle chez le premier ministre. Elle était sauvée : elle rencontrerait là Mostyn et lui rappellerait sa promesse.

Elle le rencontra en effet, où plutôt de loin elle le vit au milieu d'un cercle qu'il dominait de sa haute taille; mais quand après avoir habilement manœuvré pour le joindre ou tout au moins pour attirer ses regards, elle crut qu'elle allait arriver à lui, il disparut dans un autre salon. Ce fut vainement qu'elle le chercha pendant le reste de la soirée. Sans doute il était rentré chez lui.

Eh bien! elle y retournerait chez lui ; il était impossible qu'elle attendît plus longtemps : puisqu'il ne venait pas à elle, elle allait à lui ; n'y était-elle pas autorisée par l'engagement qu'il avait pris.

Ce jour-là quand à onze heures du matin elle monta dans le cab que Jim avait été lui chercher, ce ne fut pas en se cachant qu'elle donna l'adresse où elle voulait être conduite :

— 42, Boyne street, Saint-More, dit-elle au cocher avant de quitter le trottoir, et de façon à être entendue par Jim et par Esther.

Si Mostyn ne venait pas chez elle, au moins on savait qu'elle allait chez Mostyn. L'honneur était sauf.

Cette fille ne la poursuivrait plus de ses regards insolents.

En arrivant chez Mostyn elle se présenta en amie de la maison qu'on ne peut pas ne pas recevoir. Cependant le valet de pied l'arrêta au bas de l'escalier.

— Je suis madame Macdonnel.

— J'ai bien reconnu madame, mais monsieur est occupé.

— Ne puis-je pas attendre dans le petit salon bleu?

— C'est impossible ; — il est plein.

Elle le regarda surprise de la netteté de ses réponses. Depuis longtemps au service de Mostyn, ce valet était devenu une sorte d'introducteur des ambassadeurs qui d'un coup d'œil discret jaugeait les gens et savait, avant même qu'ils eussent donné leur nom, dans quelle pièce il les ferait attendre : si ce serait au rez-de-chaussée, ou cérémonieusement dans un des salons du premier étage ; l'exercice de ses fonctions délicates lui avait donné la politesse des manières en même temps que la confiance en soi : quand on ouvre la porte à des personnages considérables dans l'État, ou quand on la leur ferme au nez on est quelqu'un ; mais précisément parce qu'il avait au plus haut point la conscience de son importance, il se faisait volontiers protecteur ou bienveillant. En voyant le regard que madame Macdonnel attachait sur lui, il fut attendri : les femmes l'intéressaient quand elles étaient jeunes, et celle-là était justement très jeune. Pouvait-il lui répéter ce que Mostyn avait dit. « Si madame Macdonnel vient pour me voir, je n'y suis pas ? » Evidemment non; son urbanité s'y refusait. Alors il prit avec elle l'air familier qui lui servait pour renvoyer les reporters, mais avec une nuance de respect en plus, — comme il convient à un homme qui parle à une jeune femme :

— Madame comprendra que monsieur le ministre ne peut pas la recevoir aujourd'hui, quand je lui aurai dit qu'il est aux prises en ce moment avec une députation de ses électeurs.

— Et après ?

—Oh ! la séance n'est pas près de finir, — il baissa la voix, — l'affaire est grave, lord Norburn, un tory bien entendu, veut faire démolir une partie de Saint-More pour la reconstruire, c'est justement celle occupée par nos plus habiles ouvriers qui se trouveraient expulsés ; vous comprenez,

Elle comprenait si bien qu'elle n'insista pas ; elle reviendrait.

Mais, en attendant, elle ne put pas se retenir de parler à tous ceux et à toutes celles qu'elle vit, de cette députation d'électeurs chez le ministre; ne fallait-il pas qu'elle affirmât ses relations avec Mostyn :

— C'est vraiment vexant; on ne peut plus voir tranquillement Bob Mostyn le matin ; figurez-vous qu'il est obligé de recevoir un tas de députations plus embêtantes les unes que les autres ; des ouvriers qui voudraient qu'on ne démolît pas leurs bicoques ; est-ce assez ridicule de lui prendre son temps pour ça ?

Elle revint trois jours après, mais elle ne fut pas plus heureuse ce matin-là et, même elle le fut moins, car l'introducteur des ambassadeurs, n'eut pas pour elle les égards bienveillants qu'il lui avait témoignés par ses explications familières.

— Elle n'était donc pas intelligente, cette madame Macdonnel, qu'elle ne comprenait pas ce qu'on prenait la peine de lui expliquer.

Et il n'aimait pas qu'on ne le comprît pas.

— Monsieur ne reçoit pas, dit-il un peu sèchement.

— Mais.

— J'ai les instructions les plus précises.

Elle fut décontenancée : au pied de l'escalier il y avait des gens qui attendaient et qui la regardaient d'une étrange façon avec un sourire moqueur, lui semblait-il. Devait-elle attendre avec eux ?

— N'avez-vous pas dit à M. Mostyn que j'étais venue il y a trois jours.

— Monsieur a lu le nom de madame comme il lit celui de toutes les personnes qui se présentent.

Que faire ?

Elle était aussi embarrassée que blessée : il savait qu'elle était venue, et il ne lui avait pas donné signe de vie.

Cependant comme elle ne pouvait pas offrir à ceux qui l'examinaient le spectacle de son embarras et de son humiliation, elle avait pris le parti de sortir : elle réfléchirait, elle verrait ce qu'il y avait à faire quand elle serait plus calme.

Mais ce ne fut pas le calme qu'elle trouva dans la rue, ce fut une exaspération furieuse : elle n'eût pas craint de se donner en spectacle qu'elle aurait pleuré.

— Une pareille offense.

Et d'elle allant à lui, comme il est tout naturel, elle murmurait :

— Est-il bête ! Est-il assez bête !

Mais elle avait beau dire, s'étonner, s'exclamer, les choses étaient ainsi.

Elle marcha assez longtemps en allant droit devant elle, sans savoir où elle allait, où elle était.

Quelle humiliation : il ne voulait pas d'elle.

Car elle ne pouvait pas se faire illusion : c'était cela, rien que cela ; quand elle lui avait dit que s'il la gardait à Londres, il saurait tout ce que le cœur d'une femme peut contenir de reconnaissance, il avait bien compris qu'elle s'offrait ; elle avait cru qu'il acceptait, elle s'était trompée, stupidement trompée.

Jamais elle n'avait ressenti pareille honte, et ce qui l'anéantissait c'était la pensée qu'elle ne pourrait pas se venger : que pouvait-elle contre lui, contre un homme dans sa position, qui avait la force, l'influence, le pouvoir, la considération, qu'on admirait, qu'on flattait, qu'on enviait ?

Elle sentit à son oppression et à son angoisse que si elle rentrait chez elle, le reste de la journée se passerait à pleurer ; et elle ne voulait pas qu'on pût voir qu'elle avait pleuré, alors l'idée lui vint d'aller chez Louise ; autant là qu'ailleurs puisque dans sa douleur elle n'avait de sympathie à attendre de personne ; au moins elle s'étourdirait en bavardant et si elle pouvait faire enrager Louise cela la soulagerait d'autant.

Ce fut juste le contraire qui se produisit : au lieu de faire enrager Louise, ce fut Louise qui eut la joie de lui donner le coup de grâce.

— Est-ce qu'il y a longtemps que vous avez vu Robert Mostyn ? demanda madame Cohen à un certain moment.

Joséphine eut la sensation immédiate qu'elle avait eu tort de venir. Qu'y avait-il sous cette question que Louise faisait de son air le plus aimable avec son sourire des grandes traîtrises ? Une humiliation ou une moquerie ?

Elle voulut se raidir et faire face à l'attaque :

— Je sors de chez lui, répondit-elle.

— Eh bien alors il vous a appris la grande nouvelle ?

— Il m'a appris beaucoup de nouvelles.

— Oui, mais la grande ?

— Est-ce que je sais quelles sont les nouvelles qui sont grandes ou petites pour vous.

— Oh ! ce n'est pas pour moi, c'est pour vous.

L'anxiété ne lui permit pas de filer ce persiflage.

— Alors de quelle nouvelle parlez-vous ? demanda-t-elle.

— De la mort du mari de Jane Talbot.

Elle ne put pas retenir une exclamation rageuse.

— Qui dit qu'il est mort, s'écria-t-elle.

— Les journaux, simplement, tenez, lisez.

Et Louise tendit un journal à sa cousine qui le prit

plutôt pour se donner une contenance que pour le lire.

— Alors Robert Mostyn ne vous en a pas parlé, continua Louise.

— Vous voyez bien.

— Savez-vous que c'est significatif ce silence.

— En quoi donc ?

— En ce que c'est la preuve qu'il a voulu vous ménager ; s'il n'avait pas l'intention d'épouser la veuve pourquoi ne vous aurait-il pas annoncé la mort du mari ?

— Nous avions autre chose à dire.

— Ah ! ma pauvre chère, votre règne n'aura pas été long, et je ne vois pas trop quel profit vous en avez retiré puisque vous n'avez seulement pas fait donner à votre mari une place à Londres. Ah ! ma pauvre Joséphine, il va falloir retourner à Glasgow, sans pouvoir jouir des derniers mois qui vous restent. Vous avez cru, n'est-ce pas, que vous aviez l'éternité devant vous, et voilà qu'il faut que vous reconnaissiez maintenant que dans un an il sera le mari de Jane Talbot.

III

L'écrasement était complet; de tout ce qu'elle avait espéré, combiné, échafaudé, rien ne restait debout : il fallait retourner à Glasgow comme le disait Louise et il fallait renoncer à Mostyn.

Si Adam avait été nommé au poste qu'elle demandait, ils seraient restés à Londres et elle aurait vu Jack tous les jours, tandis que maintenu dans ses fonctions de chef de cabinet du ministre, il devait s'en aller à Glasgow lorsqu'arriveraient les vacances, et ne revenir à Londres qu'en janvier ou en février. Encore pour cela fallait-il que le gouvernement ne fût pas culbuté.

Dans son désastre elle eut au moins cette consolation que le ministère, qu'on disait si affaibli, se consolida et que les vacances parlementaires arrivèrent sans qu'il eût été renversé.

C'était plusieurs mois de répit, de crédit assurés ; elle reviendrait à Londres, mais pour le moment il n'en fallait pas moins s'en aller à Glasgow, et y demeurer jusqu'au milieu de l'hiver.

Le gouvernement eût été renversé que certainement elle ne serait pas partie et qu'elle aurait fait, pour abandonner son mari, le coup de tête dont elle avait parlé à Jack. Mais fallait-il jouer cette grosse partie alors qu'il y avait certitude de ne pas être enfermée pour la vie à Glasgow ? Que se passerait-il pendant ces mois de crédit ?

Jack avait été d'avis que ce serait folie, et il s'était prononcé à ce sujet avec une netteté cruelle :

— Pas de bêtises, n'est-ce-pas, ma chérie. Certainement ce n'est pas drôle d'être séparés. Mais vous savez, la vie n'est pas toujours drôle ; il y a des séries de jours mauvais, c'est l'hiver.

Elle eût voulu qu'au lieu de la retenir il la poussât aux extravagances, car c'eût été pour elle la

preuve d'un grand amour, de la passion folle qu'elle
eût été si fière d'inspirer, mais puisqu'en rien il
n'était l'homme des folies, il fallait bien qu'elle l'ac-
ceptât tel qu'il était. D'ailleurs il lui promettait de
ne pas l'oublier pendant cette séparation : il penserait à elle ; il lui écrirait, et comme il semblait probable qu'il dût aller tenir garnison dans l'île de
Wight, elle serait moins tourmentée que s'il restait
à Londres.

Mais ce qui tout autant que les conseils de Jack et
la garnison de l'île de Wight, la disposa à la résignation et la patience, ce fut d'apprendre que Jane
Talbot s'était retirée à la campagne auprès de ses
parents où elle ne voyait personne : cette retraite
sévère n'était-elle pas la preuve d'une renonciation
à toute idée de mariage ? S'il en était ainsi, tout
espoir du côté de Mostyn ne devait pas être perdu,
comme le disait cette peste de Louise : blessé de
cette déconvenue, Robert Mostyn aurait besoin de
consolations et il serait, semblait-il, dans les dispositions les plus favorables pour accepter celles qu'on
lui apporterait.

Il fallait donc voir : six mois à passer n'étaient
pas l'éternité.

Mais elle avait trop présumé de sa résignation :
ces six mois au contraire furent les plus longs, les
plus cruels qu'elle eût jamais passés, même en les
comparant à son emprisonnement dans la pension
de Tours.

Et ce fut Adam qui les paya.

L'année précédente elle ne s'était montrée guère

aimable pour les amis et les amies de son mari, mais enfin avec des airs ennuyés et des supériorités superbes, elle les avait supportés ; cette année-là, ne prenant plus la peine de se contraindre, elle laissa paraître tout ce qu'il y avait en elle de mépris pour ces indigènes, stupides et pour ces odieux universitaires, hommes ou femmes. Pourquoi se serait-elle gênée ? C'était la dernière année qu'elle passait à Glasgow, car si Adam n'était pas nommé à Londres, elle était bien décidée à se séparer de lui.

Au moins, ces rebuffades et ces insolences auxquelles elle s'abandonnait, la secouaient et l'amusaient : c'était une distraction dans la monotonie de son existence et c'était aussi une vengeance. Si elle ne pouvait pas crier à la face de ces gens combien elle les trouvait bêtes et grossiers, elle s'y prenait de toutes les manières pour bien marquer ce qu'elle pensait d'eux.

Et cela désespérait Macdonnel qui, chaque fois qu'ils rentraient après une de ces algarades, lui démontrait par les raisonnements les mieux déduits, qu'elles étaient aussi injustes que malséantes. Ce monde qu'elle affectait de traiter de haut était le sien, celui qu'il aimait, où il se plaisait ; ces idées dont elle se moquait étaient les siennes, ces mœurs les siennes aussi ; alors, qu'était-il pour elle, lui qui pensait, qui sentait comme ses amis ; elle se moquait donc de lui comme elle se moquait d'eux, elle le méprisait donc comme elle les méprisait. Était-il possible qu'elle en fût arrivée là après deux ans de mariage ? Alors, pourquoi l'avait-elle accepté pour mari ?

La querelle s'envenimait, les reproches, les gros mots commençaient à jaillir des lèvres de Joséphine qui s'abandonnait d'autant plus librement à ses colères nerveuses que le flegme de son mari était plus grand.

Le temps n'était plus où il s'imaginait qu'il prouverait à ceux de ses amis qui blâmaient son mariage qu'il avait bien fait d'épouser cette jeune femme, et à cinquante ans d'écouter son cœur plutôt que leurs conseils : ne semblait-elle pas prendre à tâche de prouver, elle, que ce mariage avait été une folie.

Où voulait-elle en venir en se conduisant ainsi ?

A bout de raisonnements et de déductions, perdant la tête, désespéré, s'avouant humblement que, la femme est un animal impénétrable, il se décidait quelquefois à lui adresser cette question en faisant appel à sa loyauté et à sa tendresse.

Mais elle n'avait garde de répondre : pour le but qu'elle poursuivait, ce qu'il fallait, ce n'était pas dire qu'elle ne voulait pas revenir à Glasgow, c'était que lui-même sentît que ce retour serait impossible : quand les faits lui auraient brutalement enfoncé cette démonstration dans l'esprit, il chercherait à rester à Londres, et elle serait sûre qu'il ne la contrarierait pas dans ses démarches.

Car dans son inaction de la vie de province, elle avait eu le temps de bâtir de nouveaux plans pour faire nommer son mari à Londres, et en lisant dans les journaux qu'on parlait du mariage probable de

Jane Talbot et de John Thompson, toutes ses anciennes espérances lui étaient revenues : ce qui n'avait pas réussi avec Mostyn une première fois, pour des raisons qui lui échappaient, n'échouerait pas une seconde : elle s'y prendrait autrement et triompherait.

IV

Enfin, au mois de février le moment de rentrer à Londres arriva, et elle avait rendu le séjour de Glasgow si intolérable à son mari, — fâché à cause d'elle ou par elle avec la plupart de ses amis, — que Macdonnel, malgré sa répugnance pour Londres et son amour pour Glasgow, en était venu à considérer ce départ comme un soulagement.

— Dans sa famille, elle sera plus douce et plus facile, se disait-il.

Et il se disait aussi qu'à Londres, il n'aurait plus à affronter les regards fâchés ou moqueurs qui le poursuivaient, — heureux encore quand, s'en tenant aux regards on ne passait pas aux paroles.

Si grande hâte qu'elle eût de reprendre l'exécution de son plan auprès de Mostyn, il y avait en elle un désir plus âpre et plus violent encore de revoir Jack Hooker. Elles avaient été rares les lettres du beau Jack, et elles avaient été courtes aussi, commençant presque toutes par le même mot : « A la hâte, ma chère Josey... » D'ailleurs, eussent-elles été de huit ou dix pages et fussent-elles arrivées tous les jours qu'elles n'eussent point satisfait la passion de « la chère Josey, » qui n'était pas la femme des épanchements épistolaires ; ce n'était pas des lettres, ce n'était pas des phrases qu'il lui fallait, c'était l'homme qu'elle aimait et dont elle était depuis tant de mois séparée, c'étaient des regards, des baisers, des étreintes. Sans doute sa première journée à Londres serait pour lui. Mais qu'était une journée pour sa fringale, elle ne serait pas plutôt commencée qu'elle toucherait à sa fin. Il fallait mieux et il fallait plus, non seulement pour elle mais encore pour lui, quelque chose d'excessif, de fou qui lui prouvât combien elle l'aimait, et par là pût le rattacher à elle plus solidement. Et « le mieux » qu'elle avait trouvé c'était d'aller passer avec lui à l'île de Wight deux jours et surtout deux nuits.

Faire accepter une pareille combinaison à Macdonnel ne semblait ni commode ni facile ; cependant elle manœuvra de telle sorte qu'il fut presque heureux de la voir partir, car c'était pour aller passer deux jours chez une vieille amie aux environs de Londres qu'elle partait avant lui, et pour rentrer ensuite à Savile-place de façon à ce qu'il trouvât la maison en ordre à son arrivée. Que la maison fût ou ne fût pas en ordre, cela le touchait peu, n'ayant pas d'yeux pour ces choses ; mais le voyage chez la vieille amie au contraire était pour lui plein d'intérêt : cette amie qui était une personne sage et vénérable dont la vie exemplaire avait été vouée tout entière à la charité, prêcherait Josey et lui ferait entendre la voix de la raison, c'est-à-dire qu'une femme doit aimer son mari, le respecter, lui être fidèle, obéir à ses ordres, veiller à ses intérêts. Il lui écrirait dans ce sens pour réclamer ce service de son amitié, et il ne doutait pas qu'elle ne fût heureuse de le lui rendre; elle avait la douceur en même temps que l'autorité, elle savait trouver le chemin du cœur de Josey, à qui les bons exemples et les bonnes leçons avaient malheureusement manqué ; pourquoi les germes de la sagesse déposés dans ce cœur ne se développaient-ils point? Elle était assez jeune pour s'amender et devenir l'excellente épouse, soumise, économe et vertueuse qu'il désirait.

Ce fut donc tout plein d'espérance qu'il la conduisit à la gare en lui adressant ses recommandations.

— Écoutez bien madame Taylor, ma chère Josey, c'est une réelle bonne fortune pour vous de recevoir ses leçons.

Elle faisait effort pour se contenir, mais la joie qui l'exaltait agitait sa main de tremblements nerveux sur le bras de son mari.

Enfin elle put monter en wagon, s'abandonner, respirer.

Partie de Glasgow le matin à huit heures quarante-cinq minutes, elle entrait dans la station de King's cross à Londres à sept heures du soir; sans perdre de temps elle se jetait dans un cab et arrivait à London-Bridge pour prendre le train de Portsmouth qui la descendait dans la gare de Portsmouth-Harbour à onze heures du soir. En mettant le pied sur la plateforme, elle avait la douce sensation de respirer la salure de la mer et de rafraîchir son front au vent qui soufflait du large. Il y avait près de quinze heures qu'elle était en wagon.

Le vapeur pour l'île de Wight partait immédiatement ; elle s'embarqua et pendant la traversée, malgré le froid qui était vif, malgré le roulis qui secouait le bateau, elle ne quitta pas le pont, les yeux attachés sur les feux de l'île qui grandissaient à mesure qu'ils se rapprochaient de Ryde. Mais Ryde n'était qu'une escale, la première que le bateau touchât avant de continuer pour Cowes où elle devait débarquer.

— Serait-il au-devant d'elle au *pier* de Cowes ?

C'était la question qu'elle se posait pendant que le vapeur qui avait repris sa route longeait les côtes de l'île, dont les sommets depuis l'abbaye de Quarr jusqu'au château d'Osborne se découpaient en noir sur le fond argenté de la pleine lune.

— Elle serait si heureuse de le trouver l'attendant.

C'était avec une angoisse qui lui étreignait le cœur, qu'elle se demandait s'il l'aimait encore ; cette séparation avait été si longue. Entouré, sollicité comme il l'était par les femmes les plus brillantes, ne l'avait-il pas oubliée ?

Cependant le bateau marchait toujours, fendant de son étrave les vagues moutonneuses, dont les embruns la mouillaient à la place où elle s'était installée entre les tambours.

N'arriverait-elle donc jamais ? Après sa course

rapide en chemin de fer qui avait laissé en elle comme une impulsion vertigineuse, il lui semblait que ce bateau n'avançait pas. Et les heures s'écoulaient ; les heures de cette nuit qui se dévorait. De temps en temps elle se levait pour jeter un regard impatient sur la machine dont le balancier fonctionnait toujours avec la même régularité, montant, descendant d'un mouvement monotone.

Enfin on doubla la pointe de Cowes, et tout à coup les lumières de la ville percèrent la nuit.

— Etait-il là ?

Pour adoucir le coup qui allait la frapper si elle ne le trouvait pas, elle se disait et se répétait que les militaires n'étant pas libres de faire ce qu'ils veulent, cette absence ne signifierait rien, — si ce n'est qu'il était retenu par son service.

Avant que l'embouchure de la Medina fût traversée elle abandonna sa place et vint à l'avant du bateau sans s'inquiéter des observations des matelots qu'elle gênait dans leurs manœuvres des amarres. A cette heure de la nuit les curieux étaient rares au débarcadère ; à la lueur d'une lanterne elle le reconnut se promenant. Ce fut miracle qu'elle pût retenir le cri qui lui était monté aux lèvres, mais quand la planche toucha le pont elle fut la première à s'élancer dessus, et frémissante, éperdue, elle se jeta sur lui, le pressant dans ses bras avant qu'il fût revenu de sa surprise.

— Vous êtes là, vous êtes là, murmurait-elle.

Il l'entraîna vers un hôtel dont la porte ouverte jetait une nappe de lumière sur le quai désert, et elle le suivit en se serrant contre lui, frissonnant d'émotion plus encore que de froid.

Dans la chambre qu'il avait retenue brûlait un grand feu de charbon, et sur une table était servi un souper froid : un gros morceau de saumon, des viandes rouges et blanches.

— Oh ! le chéri, s'écria-t-elle en se jetant à son cou, il a pensé à tout.

En un tour de main elle se débarrassa de son manteau et de son chapeau ; alors, revenant à lui :

— Mais c'est de toi que je suis affamée, c'est toi que je veux manger.

Elle dit ces quelques mots en français pour avoir le plaisir du tutoiement qui ne s'emploie pas en anglais.

Cependant, lorsqu'elle eut un peu apaisé sa gloutonnerie, elle fit honneur à ce souper, car elle n'avait guère eu le temps de manger en route, et lui la regardait tout surpris de la trouver aussi fraîche, après les fatigues de ce long voyage, que si elle venait de sortir du lit.

— Vous êtes donc de fer ! dit-il d'un ton d'admiration.

— Non, de feu, répondit-elle en riant, je suis le diable.

Tout bas il se demanda si elle ne disait pas vrai, car plus d'une fois déjà l'idée lui était venue qu'il y avait en elle du diabolique.

Le lendemain il la fit monter dans son dogcart, et gaiement, ils partirent pour la caserne de Packhurst où le capitaine était logé. C'était un trajet de deux ou trois milles pour elle tout pleins de bonheur : elle était assise à ses côtés, se serrant contre lui, épaule contre épaule, jambe contre jambe, et quand il se tournait vers elle il lui effleurait le front de la pointe de sa moustache, ce qui la secouait d'un frémissement délicieux. Ils riaient et parlaient haut sans contrainte, sans prendre souci de ceux qui pouvaient prêter attention à eux. Qu'importait à Joséphine, elle n'était pas connue. Aussi promenait-elle autour d'elle un sourire aussi plein d'assurance que de sérénité ; ne pensant qu'à jouir de l'heure présente, de la joie de sentir son amant tout à elle, et du plaisir que ses yeux goûtaient inconsciemment à regarder le pays que suivait la route. Jamais elle n'avait été d'humeur bucolique, et « le paysage » ordinairement ne lui disait rien ; mais elle venait de quitter le dur climat de Glasgow et la douce température de cette île la pénétrait ; ces jardins pleins d'arbres verts, ces myrtes, ces lauriers, ces fusains, ces houx aux baies rouges la réjouissaient, et quand les zigzags de la route lui donnaient une échappée de vue sur le canal, qui sépare l'île de l'Angleterre, ce fameux Solent dont elle avait si souvent entendu parler, la multitude des voiles blanches, et des grands vapeurs enveloppés de fumée qui couraient en sens contraire, formait un spectacle qu'elle trouvait superbe.

D'ailleurs, tout n'était-il pas superbe ce jour-là, — le plus beau et le plus heureux de sa vie.

Tandis qu'en France les casernes sont habitées par les seuls soldats, en Angleterre elles sont à l'usage des soldats et des officiers qui y ont leurs quartiers, et c'est l'importance du grade qui fait généralement celle du logement : au colonel un appartement complet, au capitaine une chambre et un salon. Les « *Queen's regulations* » portent, il est vrai, défense formelle aux officiers d'introduire des femmes chez eux; mais il en est de cette défense comme de beaucoup d'autres ; personne ne l'observe.

Ce fut donc triomphalement que Jack fit son entrée dans la caserne avec sa maîtresse à ses côtés. Et ce ne fut pas sans un sentiment d'orgueil que Joséphine s'appuyant sur le bras de son amant vit les soldats saluer sur leur passage. Quand après avoir monté un escalier soigneusement entretenu, elle se trouva dans un immense corridor elle remarqua aussi que des portes s'entr'ouvraient et que des yeux curieux se glissaient par leur entre-bâillement ; on voulait voir la conquête qu'amenait le camarade Hooker. Pourquoi ne se mettaient-ils pas sur leur seuil bravement? Elle, se serait montrée la tête haute; comme la tête haute aussi elle aurait crié son amour.

Quel désespoir de n'avoir que deux jours à donner à cet amour, quand sa vie entière eût été trop courte pour satisfaire sa passion.

Au moins furent-ils bien remplis, sans sortir de cet appartement où le domestique du capitaine les servait. De temps en temps elle avait des élans d'attendrissement avec des retours sur elle-même mouillés de larmes sincères :

— Ah! si nous nous étions connus plus tôt, s'écriait-elle.

Et elle voulait qu'il lui dît, qu'il lui jurât qu'il l'aurait épousée; ce qu'il faisait volontiers d'ailleurs. Pourquoi la contrarier? Elles ne sont pas gênantes dans la vie les promesses rétrospectives.

Il mettait moins d'élan dans celles qu'elle lui demandait pour l'avenir :

— Vous m'aimerez toujours; jurez-moi que vous m'aimerez toujours.

Certainement il l'aimerait toujours, cela ne pouvait pas faire de doute ni pour elle, ni pour lui; seulement il fallait avouer que s'aimer quand l'un était en Ecosse et l'autre dans l'île de Wight, cela était vraiment cruel.

— Ah! Jack! à qui le dites-vous.

Si encore elle habitait Londres, il obtiendrait assez facilement des congés pour l'aller voir souvent et passer quelques bonnes heures dans leur chambre de Clare-street; mais à Glasgow, comment y aller?

Alors c'était à elle de faire des serments solennels, et elle jurait que jamais elle ne retournerait à Glasgow; ces six mois avaient été trop affreux pour qu'elle consentît à en subir d'autres.

— Vivre sans vous, mon Jack, j'aimerais mieux mourir.

S'il lui disait que ce n'est pas avec des grands mots qu'on fait la vie, elle lui répondait que ce serait avec des actes qu'elle ferait la sienne.

— Surtout pas de folies, n'est-ce pas, ma chérie.

Et elle promettait que ce ne serait pas par des

folies qu'elle obligerait son mari à rester à Londres.

Pour qu'elle partît à peu près raisonnable, il fallut qu'il lui promît de venir à Londres la semaine suivante, et encore au moment de s'embarquer, eût-elle une nouvelle révolte.

— Si je restais, dit-elle en se cramponnant à son bras.

— Et après ? s'écria-t-il, effrayé de ce coup de tête.

— Je ne pense jamais à après.

— Mais j'y pense, moi.

Il dut presque se fâcher pour la mettre à bord du bateau. Certainement elle était bien drôle, mais aussi trop diabolique. Quand on hala la planche, il respira.

CHAPITRE VII

EN LANDAU

I

Quand Joséphine arriva chez madame Taylor, la respectable amie de son mari, elle fut accueillie d'une façon qui la déconcerta :
— M'expliquerez-vous, ma chère enfant, demanda la brave dame, comment il se fait que votre mari m'annonce votre arrivée pour mardi soir et que ce soit aujourd'hui seulement jeudi soir que je vous vois paraître : votre lettre me disait bien que vous arriveriez aujourd'hui, mais celle de votre mari me disait d'autre part que vous quittiez Glasgow mardi, je n'ai rien compris à ces contradictions et lui ai moi-même écrit pour lui demander ce qu'elles signifiaient ; puisque vous voilà, vous allez me donner l'explication de ce mystère.

L'explication de ce mystère ! Elle n'était pas du tout préparée à cela ; ignorant que son mari eût écrit de son côté, elle avait cru que madame Taylor ne l'attendrait que le jeudi soir, et c'était le jeudi qu'elle arrivait.

Heureusement, son imagination ne restait jamais à court : il fallait une histoire, elle en inventa une instantanément qui devait satisfaire la bonne dame ; plus tard, elle verrait à la corser pour satisfaire son mari.

Si prompte qu'elle eût été à se retrouver sur ses pieds, elle avait cependant éprouvé un mouvement de surprise et d'hésitation.

— Vous voyez mon embarras, n'est-ce pas ? dit-elle, vous voyez mon trouble. Je n'essaierai pas de les cacher. Et franchement, j'avoue que je suis cruellement embarrassée, jusqu'au fond du cœur troublée, à la pensée de vous confesser ce que j'aurais voulu taire.

Pour être une personne vénérable, on n'en est pas moins curieuse des confessions, surtout quand ce sont celles d'une jolie femme de vingt ans, mariée à un homme de cinquante : hé ! hé !

— La rigidité de la vie, n'exclut pas l'indulgence... pour les autres, dit-elle sentencieusement.

— C'est bien ce qui m'encourage. Vous savez que je suis fâchée avec ma mère, et cette inimitié me rend la plus malheureuse des femmes. J'ai voulu risquer une tentative pour la faire cesser, et partie de Glasgow mardi comme vous l'écrit Adam, je me suis arrêtée dans le Yorkshire. Si je demandais une entrevue à ma mère, il était certain qu'elle me la refuserait, je devais donc l'obtenir par surprise, convaincue que si je me jetais aux pieds de ma mère, elle me relèverait dans ses bras.

— Bien cela, ma chère Josey, s'écria madame Taylor émue, car, si cette confession n'était pas celle qu'elle avait un moment espérée, elle ne manquait cependant pas d'intérêt : une scène entre la mère et la fille, c'était touchant.

Cet encouragement excita la verve de Joséphine : maintenant elle était certaine de sortir à son honneur de cette histoire qu'elle appuierait sur des faits vraisemblables, sur des détails précis comme elle le faisait toujours lorsqu'elle inventait.

— En me dissimulant, continua-t-elle, bien voilée d'un voile épais pour n'être pas reconnue je m'introduisis par la brèche d'une haie dans le parc, et j'allais m'embusquer dans un petit temple, où ma mère ne manque jamais de se reposer lorsqu'elle fait sa promenade ordinaire. Quelle émotion en me retrouvant là où dans mes années de jeunesse j'avais été si heureuse.

— Remettez-vous, mon enfant, remettez-vous, je partage cette émotion, croyez-le bien.

Joséphine n'avait pas besoin de se remettre, mais ce repos lui était utile pour décider la question de savoir si elle aurait vu ou n'aurait pas vu sa mère ; elle se décida pour l'entrevue qui évidemment était plus scénique

— Le froid aussi me faisait trembler, reprit-elle, car il soufflait du nord-ouest des gros nuages noirs cuivrés sur leurs contours tout chargés de neige, — de la main elle peignit si bien le vol des nuages qu'on les voyait passer en appuyant sur les cimes des arbres. Je restai là jusqu'au soir, les yeux fixés sur la maison où je retrouvais le mouvement de la vie ordinaire. Ma mère ne sortit pas. Quelle angoisse. Le soir arriva. Je ne pouvais pas passer la nuit dans ce temple. Alors l'idée me vint d'aller demander l'hospitalité à ma vieille bonne qui habite une chaumière écartée, à plusieurs milles de là, personne ne me reconnaîtrait. Je me mis en route; heureusement la lune avait mangé les nuages; je pus arriver à la chaumière sans mauvaise rencontre. Quelle surprise quand la vieille vit entrer chez elle une femme voilée. Quelle joie quand elle me reconnut. Je passe sur le festin qu'elle voulut me faire, et sur la façon dont elle organisa mon coucher; si j'entrais dans ces détails je n'en finirais pas. J'en reviens à ma mère : le lendemain je retournai dans le temple où je restai jusqu'à près de quatre heures. Je désespérais tout à fait quand enfin je la vis paraître : jugez de mon angoisse. Allait-elle venir de mon côté ? Elle arrive ; elle entre, je me jette à ses genoux, en lui disant toutes les paroles que la tendresse filiale m'inspirait; mais tout est inutile; ma mère me repousse en me reprochant d'avoir voulu la surprendre par une scène ridicule. Ridicule ! Oh ! mon Dieu. Je dus repartir sans avoir pu la toucher; sans avoir obtenu le baiser que j'attendais.

Elle fondit en larmes et la bonne madame Taylor se mit à pleurer aussi, répétant :

— Sans avoir obtenu le baiser que vous attendiez !

Quand Joséphine jugea que ce duo larmoyant ne pouvait pas se prolonger davantage, elle reprit son récit en s'amusant elle-même des détails qu'elle inventait : son souper était vraiment drôle, et plus, drôle encore était la façon dont il avait été préparé : après avoir pleuré il fallait bien rire un peu.

— Mais qu'est-ce que doit penser votre mari, s'écria tout à coup madame Taylor en s'interrompant de rire, qu'a-t-il pu imaginer en lisant ma lettre où je lui dis que vous n'êtes pas arrivée ?

— Je lui raconterai la vérité ; j'aurais voulu la taire, bien certaine que ma mère pas plus que ma vieille bonne ne diraient jamais un mot de ce qui s'est passé, et cela alors même qu'on les interrogerait, ma mère par orgueil, ma bonne, par dévouement, mais maintenant il faudra que je raconte cette douloureuse humiliation : avant tout doit passer la tranquillité de ce pauvre Adam.

II

Elle s'attendait à la tête que ferait son mari lorsqu'elle rentrerait dans leur maison de Savile-place où il devait arriver quelques minutes avant elle, aussi était-elle préparée et bien préparée, — la scène jouée pour madame Taylor ayant été une excellente répétition.

En effet lorsqu'elle entra dans son salon, elle

trouva Macdonnel, debout devant elle, l'interrogeant d'un regard de justicier.

— M'expliquerez-vous, dit-il, comment madame Taylor a pu m'écrire que mercredi vous n'étiez pas encore arrivée chez elle, quand vous êtes partie mardi de Glasgow?

— J'aimerais mieux ne pas parler de cela, répondit-elle froidement.

— Je comprends...

— Vous ne comprenez rien du tout.

— Mais moi j'exige que vous en parliez ; j'attends vos explications.

Il s'assit en la regardant, de plus en plus justicier.

— Oh ! vous ne m'intimiderez pas avec vos yeux féroces; on est forte quand on a la conscience tranquille.

— Quand la conscience est tranquille elle ne craint pas de se justifier.

Elle résista assez longtemps, — ce qu'il fallait précisément pour porter au point qu'elle désirait l'angoisse de son mari, puis elle raconta son histoire.

Aux premiers mots Macdonnel avait pris l'attitude d'un homme qui n'est pas disposé à se laisser berner par de pareilles impostures, mais peu à peu l'abondance des détails l'avait frappé : où irait-elle chercher tout cela si ce n'était pas vrai ? Sans doute cette visite de la fille à la mère était invraisemblable dans les conditions où elles étaient, mais ne pouvait-on pas s'attendre à tout d'une nature comme celle de Josey.

Et elle allait toujours, avec une netteté, une sûreté qu'elle n'avait pas à son premier récit, où la préoccupation de ce qu'elle devait dire nuisait à ce qu'elle disait.

Quand elle fut arrivée, au bout sans qu'il l'eût interrompue elle jugea à propos de terminer l'explosion de larmes par une scène de dignité :

— Maintenant, dit-elle, allez voir ma mère, allez interroger ma vieille bonne, faites-moi ce dernier outrage, et vous verrez si leurs récits ne confirmeront pas le mien.

— Et pourquoi voulez-vous que je cherche cette confirmation? dit-il. Pourquoi me supposez-vous des intentions blessantes, quand je n'ai dans le cœur qu'une profonde commisération pour ce que vous avez souffert.

Il lui ouvrit les bras : elle hésita un moment, mais réfléchissant qu'après tout il valait mieux que cette comédie se terminât au plus vite, elle ne lui tint pas rancune. Jack allait venir souvent à Londres, il fallait qu'elle s'assurât la liberté de le voir sans contrainte autant qu'elle voudrait.

Si Macdonnel n'avait trouvé en lui qu'un sentiment de profonde commisération au moment où sa femme achevait son récit, la réflexion, — lorsqu'il ne fut plus sous l'influence immédiate de ses yeux dont il ne pouvait pas affronter le regard sans être bouleversé, — remplaça cette pitié par une inquiétude vague; malgré tout, malgré ce que Josey lui avait dit, malgré ce qu'il se disait lui-même, cette visite était bien invraisemblable. Et inconsciemment il se répétait tout bas, toutes les raisons qui démontraient qu'elle n'avait pas dû avoir lieu.

Josey qui ne parlait jamais de sa mère, qu'avec amertume avait voulu l'embrasser ? Pourquoi ? Dans quel but ?

C'était ce qu'il se demandait sans trouver de réponses à ses questions.

Il ne pensa qu'à cela tout le temps qu'il resta éveillé dans la nuit, et le lendemain matin en se rendant à son bureau, ce fut, quoi qu'il fît pour la chasser, l'unique pensée qui occupa son esprit : décidément il y avait là quelque chose d'inexplicable qui devait être éclairci.

En arrivant il se mit tout de suite au travail cependant sans distraction, en employé consciencieux qu'il était, et il commença par dépouiller le monceau de lettres entassé sur sa table.

Une frappa son attention, elle était bordée d'une large bande noire, l'écriture lui en était inconnue : lui annonçait-elle la mort d'une tante dont il attendait l'héritage : il l'ouvrit :

« Quelqu'un qui vous porte un vif intérêt vous avertit de faire bonne garde dans votre ménage : ne vous fiez pas plus aux députés qu'aux militaires ; veillez du côté de Saint-More et veillez ailleurs aussi. »

Une lettre anonyme ! Son premier mouvement fut l'indignation : bien qu'il n'eût encore jamais reçu de lettres anonymes son sentiment était arrêté depuis longtemps sur ces infamies : l'honnête homme les dédaigne.

Mais il ne put pas s'en tenir au dédain à chaque instant il la reprenait et la lisait de nouveau en pesant chaque mot :

« Ne vous fiez pas plus aux députés qu'aux militaires. »

Quels députés ? Quels militaires ?

« Veillez du côté de Saint-More, et veillez ailleurs aussi. »

Du côté de Saint-More ! C'était Mostyn, qui était le député de Saint-More ; c'était donc lui qu'on voulait désigner. Quelle niaiserie, quelle folie ! A la vérité Josey parlait à chaque instant de Mostyn, mais quelle probabilité y avait-il que quelque chose de coupable existât entr'eux ? Il ne pouvait pas le croire. Il ne pouvait pas même en admettre l'idée.

Pour les militaires il n'en voyait qu'un sur qui les soupçons pussent se porter, ce capitaine Hooker que Josey lui avait présenté dans des conditions assez bizarres, et à qui sans raisons elle avait ouvert leur maison.

Mais s'il devait se défier de ce militaire, c'était donc que Josey pouvait oublier ses devoirs.

Cette supposition avait déjà plus d'une fois hanté son esprit, mais toujours, grâce à Dieu, il l'avait écartée.

Et voilà que d'autres l'admettaient aussi : cela était grave, et d'autant plus grave que cette accusation coïncidait avec l'inquiétude que lui avait causée cette étrange histoire de la visite à madame Wilson.

Evidemment il y avait du louche dans tout cela,

au moins du mystérieux, et il importait de s'en expliquer avec sa femme : jusque-là il serait téméraire à lui, peu digne d'un honnête homme, qui se respecte lui-même en respectant sa femme, de porter sur cette affaire un jugement inconsidéré.

Il fallait donc attendre au soir, et continuer sa besogne sans se laisser distraire.

Aussitôt qu'il put quitter son bureau, il se hâta de rentrer chez lui où il trouva sa femme en train de poser sur une vieille toque des nœuds de velours neuf car elle avait la manie d'appliquer tous les jours à grand renfort d'épingles, quelque ajustement nouveau sur ses robes et ses chapeaux.

— Laissez cela, je vous prie, dit-il avec autorité, et lisez cette lettre.

Il la sortit de son portefeuille bourré de papiers et la dépliant, il la lui mit devant les yeux :

— Lisez.

Ne pensant qu'à son voyage de Cowes qui avait si délicieusement empli sa vie qu'elle en était encore comme grisée, elle crut que c'était une dénonciation qui allait compromettre Jack, et une secousse l'agita de la tête aux pieds, la faisant trembler de peur bien plus pour lui que pour elle.

Mais il fallait lire et savoir pour se défendre, pour le défendre.

D'un coup d'œil elle fit cette lecture, et respira : rien de précis, des accusations vagues, ils étaient sauvés; auprès de ce qu'elle avait craint, cette lettre n'était rien; le sang lui revint au visage.

— M'expliquerez-vous ce que cela signifie ? dit-il.

— Je vous le demande.

— Ces accusations sont claires.

— Pas pour moi ; mais puisqu'elles le sont pour vous, vous n'avez pas d'explications à me demander ; ce serait plutôt à vous de m'en donner et de me dire comment vous pouvez me faire l'injure de vous en émouvoir.

— Comment ne serais-je pas ému quand je vois que d'autres que moi trouvent votre conduite... blâmable.

— Quels sont ces autres, ou plutôt quelle est cette autre ?

— Je n'en sais rien.

— Je le sais moi, c'est-à-dire que je le devine ; ne voyez-vous pas que cette lettre ne peut être que de ma mère, qui après m'avoir si durement repoussée, me poursuit jusqu'ici.

— Ce que vous dites là est affreux. Une mère n'emploie pas de pareils moyens : si elle était inquiète de votre conduite, — ce qui est bien possible, elle s'adresserait à moi directement je n'en doute pas, et ensemble nous chercherions ce qu'il convient de faire. Je n'admettrai jamais que de pareils sentiments puissent se trouver dans le cœur d'une mère, à moins que vous ne m'expliquiez ce qui a pu les y faire naître.

Elle ne jugea pas à propos de donner cette explication.

— Vous ne croyez pas que cette lettre est de ma mère, comme vous voudrez ; de qui est-elle selon vous ?

— Je ne sais pas.

— Alors elle ne signifie rien. On a voulu se moquer de vous tout simplement, et on a réussi.

Sa défense ne serait pas complète, tant qu'elle ne saurait pas jusqu'où allaient les soupçons de son mari et sur qui ils portaient.

— Et quel est ce député ? demanda-t-elle, quel est ce... militaire ?

— Le député ? Robert Mostyn.

Elle partit d'un éclat de rire.

— Le militaire, continua Macdonnel sans rien perdre de son flegme, le capitaine Hooker.

— Et pourquoi celui-là plutôt qu'un autre ? s'écria-t-elle avec une vivacité qui la trahit.

— Parce que c'est lui que vous voyez, et parce que je sens qu'il est dangereux.

— Vous sentez ! Voilà une belle preuve vraiment pour accuser un galant homme.

— Enfin quoi qu'il en soit, je vous préviens que je vais suivre le conseil qu'on me donne, et que je ferai ou ferai faire bonne garde, tenez-vous le pour dit.

— Et après ?

— Après ? Eh bien après que cette enquête aura été faite, si elle confirme mes pressentiments, nous quitterons Londres. Certes la vie que vous nous avez faite à Glasgow n'était guère agréable, mais si triste qu'elle ait été je la préférerais encore à celle de Londres... sans la tranquillité.

III

Des menaces de son mari, celle-là était la plus inquiétante pour Joséphine. Qu'il fît lui-même, ou fît faire par d'autres bonne garde, comme il disait, elle saurait bien tromper cette surveillance. Mais qu'il quittât Londres comme il l'en menaçait, c'était ce qu'il fallait empêcher à tout prix. Pour cela elle devait donc arracher à Mostyn la nomination qu'elle voulait. Si Adam parlait si souvent de retourner à Glasgow, c'était beaucoup parce qu'il ne croyait pas à la solidité de sa position ; le jour où il serait casé dans une bonne place inamovible et lucrative, il aurait pour rester à Londres des raisons qui seraient plus fortes que ses inquiétudes jalouses ; et cette bonne place c'était Mostyn seul qui pouvait la donner.

Comme il n'était pas possible qu'elle retournât à la maison de Boyne-street, c'était sur sa sœur Rose qu'elle comptait pour trouver un moyen de voir le ministre : plus habile que la première fois, elle ne demanderait pas une invitation comme elle avait eu la simplicité de le faire, mais en étudiant le terrain elle s'arrangerait pour se rencontrer avec Mostyn... par hasard, et il faudrait qu'elle fût vraiment bien maladroite pour ne pas triompher.

Dès le lendemain de cette scène avec son mari, elle se rendit chez sa sœur ou plutôt dans le Strand, au bureau du journal de sa sœur, car à cette époque de l'année, madame Rose Mostyn habitait la campagne.

Avec leur intelligence pratique de la vie, les Anglais, à qui la fortune donne la liberté de n'obéir qu'à leur fantaisie se gardent bien de s'enfermer à Londres dès le mois d'octobre, comme les Parisiens le font à Paris. En Angleterre l'hiver n'est pas comme en France la saison des villes, c'est le printemps. Quand la neige et la boue rendent les rues impraticables, quand le brouillard mêlé à la fumée oblige à tenir le gaz allumé du matin au soir, quand l'humidité suinte de tous les murs et que la fluxion de poitrine guette le passant au coin de chaque rue, on vit à la campagne. C'est l'hiver aussi aux champs, mais ce n'est pas l'hiver noir et pourri de Londres ; on y est bien chauffé dans des maisons saines tant qu'on veut rester enfermé, et quand on sort on a la verdure, le bon air, la lumière, les horizons variés sans compter les chevauchées par les dunes et la chasse. C'est en avril seulement, quand la clémence du temps apporte ses facilités à la vie de réunion, ses belles journées pour les promenades à Rotten-row, son ciel clair pour les fraîches toilettes qu'on rentre à Londres pour la *Saison* qui dure jusqu'en juillet.

Madame Arthur Mostyn avait trop la prétention d'être « du monde », pour ne pas se conformer à cet usage ; l'hiver elle habitait le joli village d'Esher, entre le parc de Claremont et celui de Hampton-court, au milieu de ce doux paysage boisé qu'on admire du haut des collines de Richmond ; et elle ne venait à Londres que pour ses affaires, surveiller ses bureaux, donner à ses rédacteurs la direction qu'elle voulait imprimer à son journal.

Quand Joséphine entra dans les bureaux du Strand, Rose n'était arrivée que depuis peu de temps.

— Ah ! c'est vous Josey ; lisez un journal ; je serai à vous tout à l'heure.

Et bien que les deux sœurs ne se fussent pas vues depuis plus de six mois, Rose continua son travail avec ses employés et ses rédacteurs. Puis après son personnel, elle reçut les visiteurs qui avaient à lui parler. Ce n'était pas son habitude de se perdre en bavardages inutiles : quelques mots brefs, le fait, l'ordre, c'était tout : elle ne s'épanchait en paroles abondantes que pour les idées abstraites qui touchaient à la ligne de son journal, alors c'était un flot, une noyade.

Et pendant ce temps Joséphine feuilletait machinalement le tas de journaux qui encombrait la table devant laquelle elle était assise, beaucoup plus attentive à écouter qu'à lire : jamais l'imprimé ne l'avait amusée, tandis que l'entendu l'intéressait tout de suite, si banal qu'il fût.

Les visiteurs défilaient, et elle continuait à tourner les pages de ses journaux, se demandant si cela ne finirait jamais : tout à coup elle devint plus attentive : celui qui venait d'entrer était un maître de musique qu'elle connaissait un peu pour l'avoir vu donner des leçons aux enfants de Rose :

— Eh bien ? demandait-il, avez-vous vu M. Robert Mostyn ?

— Non pas encore. Absent de Londres pendant un mois il est rentré dépuis peu seulement. Aussitôt il m'a écrit qu'il viendrait après demain à Esher prendre le thé, et que ce ne serait qu'après avoir interrogé lui même les garçons, que nous déciderions si David doit entrer cette année à l'école. Veuillez donc revenir dans trois jours et je vous donnerai une réponse.

Ce fut tout ; le professeur sortit, et un autre visiteur entra.

Joséphine n'avait pas besoin de rester plus longtemps, le hasard l'avait mieux servie que ne l'aurait fait la plus habile négociation : elle n'avait pas à questionner sa sœur d'une façon plus ou moins détournée; elle n'avait rien à lui demander, ni renseignement ni services : Mostyn allait à Esher le surlendemain à l'heure du thé, cela suffisait, elle pouvait se retirer.

Cependant elle attendit encore quelques instants, puis, se levant entre deux audiences, elle tendit la main à Rose :

— Décidément, ma chère, vous êtes trop occupée.

— Ce sera bientôt fini.

— Je ne veux pas vous déranger ; j'irai vous voir un de ces jours à Esher; on m'a offert des jouets japonais, je les porterai aux enfants ; cela me donnera le plaisir de les embrasser. Adieu.

— Adieu.

IV

Quand le surlendemain Mostyn arriva chez sa belle-sœur, comme il l'avait promis, il trouva Joséphine jouant dans le salon avec les enfants.

Elle était à quatre pattes sur le tapis et faisait la bête avec des poses d'un abandon étudié, qui mettaient bien en relief ses avantages.

Elle s'interrompit pendant que Mostyn s'occupait de Rose et des enfants qui avaient couru au-devant de leur oncle, mais elle ne se leva point, restant assise sur le tapis au milieu de sa jupe qui bouffait ; quand il vint à elle, elle lui tendit les deux mains pour qu'il l'aidât à se mettre sur ses pieds, ce qu'elle fit d'ailleurs légèrement; ils eussent été au lendemain du jour où elle lui avait adressé sa demande dans le cabinet bleu, qu'elle ne l'eût pas regardé avec des yeux plus souriants, plus confiants, sans l'ombre d'un reproche ou d'un regret.

— Vous avez à parler de choses graves avec les enfants, dit-elle, je vous laisse pour ne pas les distraire.

Et tout de suite, discrètement, elle se retira, pour ne revenir que quand Rose demanda le thé, qu'elle voulut préparer elle-même :

— Laissez-moi faire, dit-elle à sa sœur, continuez votre entretien avec M. Mostyn.

Ils en étaient à passer en revue les écoles où pouvait entrer l'aîné après les vacances de Pâques ; ce que

Mostyn faisait avec autant de soin et de sérieux que pour la nomination d'un secrétaire d'État ou d'un ambassadeur.

Et pendant cette discussion Joséphine allait et venait autour de la table, doucement, avec des précautions pour ne pas les déranger, et par cela même provoquant beaucoup plus l'attention de Mostyn que si elle s'était acquittée de son rôle tout franchement : pour demander la clé de la boîte à thé à sa sœur, elle attendait un arrêt dans l'entretien, et pour consulter Mostyn sur son goût, elle en attendait un autre.

Quand elle servit le thé, elle garda la même attitude discrète et effacée, se mettant en arrière, ne disant son mot que quand il était à propos qu'elle le dît : ce n'était plus du tout la femme expansive et tout en dehors que Mostyn avait vue chez lui, et même il semblait qu'elle s'appliquât à vouloir effacer l'impression qu'elle avait pu alors produire.

Mostyn avait à peine avalé quelques gorgées de thé quand on entendit un roulement sur le gravier du jardin : c'était la voiture qui l'avait apporté de la gare, et qui venait le reprendre à l'heure convenue.

— Je vois qu'il faut se hâter, dit-il, je serais fâché, de manquer l'express.

Mais Rose le rassura : il avait près d'une demi-heure pour se rendre à la gare, et c'était plus qu'il ne fallait.

Au moment où la voiture s'était arrêtée devant le perron, Joséphine était sortie du salon ; comme Mostyn la cherchait du regard pour lui dire adieu il la vit rentrer habillée pour sortir, la toque sur la tête, boutonnant son manteau.

— Vous voulez bien me donner une place dans votre voiture, n'est-ce pas ? dit-elle ; il pleut à verse et je serais noyée en allant à pied à la gare.

— Joséphine! dit Rose fâchée de cette demande qu'elle trouvait indiscrète.

— M. Mostyn a un landau à loger une famille entière, répondit-elle sans se troubler.

— Mais certainement, dit Mostyn, avec plaisir.

Ce n'était pas du tout avec plaisir qu'il acceptait ce tête-à-tête, mais comment le refuser: il était vrai que la pluie tombait à flots et c'eut été une impolitesse d'obliger cette femme de retourner à pied à la gare. Il n'avait pas oublié les adjurations de Jane Talbot; mais ce n'était pas manquer aux engagements qu'il avait pris que de donner une place dans sa voiture à madame Macdonnel, — alors surtout que les circonstances ne permettaient pas qu'il la refusât ; sous quel prétexte? ce refus eût été aussi inconvenant que ridicule.

Il la laissa monter la première, tandis qu'elle s'installait dans un coin, il se tourna vers sa belle-sœur :

— Tout est bien convenu ainsi, dit-il, j'irai dès demain voir le directeur et vous écrirai aussitôt.

La voiture partit grand train enveloppée de tourbillons de pluie qui entraient de tous les côtés : il fallut fermer les vitres.

— Comme vous êtes bon pour les vôtres ! dit Joséphine.

— N'est-il pas tout naturel que je m'occupe de ces

enfants; c'est un choix qui a souvent une importance décisive pour la vie, que celui d'une école : Rose est ignorante sur ces sortes de choses.

Joséphine se tenait dans son coin, droite, immobile, la tête tournée vers lui, et dans l'obscurité du soir qui commençait, épaissie par la buée, dont les vitres s'étaient recouvertes, il voyait ses petits yeux ardents flamboyer, et il lui semblait qu'elle respirait difficilement comme si elle était oppressée.

Pourquoi cette ardeur dans le regard, et pourquoi cette oppression? Il n'avait pas oublié la singulière attitude qu'elle avait eue avec lui lorsqu'elle était venue lui parler de son mari; allait-elle reprendre cette scène au point où il l'avait interrompue, en partant brusquement? Cela serait d'autant plus ennuyeux qu'ils étaient enfermés dans ce landau, et qu'un temps assez long s'écoulerait avant qu'ils fussent arrivés à la gare. Mais on n'est pas un homme de parlement sans pouvoir causer sur un sujet quelconque longuement et abondamment. Ils étaient sur l'éducation des jeunes gens, le sujet prêtait, il n'avait qu'à continuer.

Comme il commençait à enfiler des phrases qui n'avaient d'autre but que d'employer le temps, elle l'interrompit :

— Un moment, dit-elle, j'ai espéré que vous voudriez avoir pour moi un peu de cette bonté.

— J'ai un grand regret de n'avoir pu réussir dans ce que vous m'aviez demandé.

— Vous m'aviez promis de venir me voir.

— Et je vous aurais fait cette visite si j'avais eu de bonnes nouvelles à vous porter.

— Vous n'avez donc pas compris tout ce que je souffrirais à vous attendre ! s'écria-t-elle.

Le mouvement qui accompagna ce cri fut si vif, si expressif qu'il n'y avait pas à se tromper sur son interprétation.

En voyant que la scène allait recommencer où elle avait été interrompue, il éprouva une violente contrariété. S'imaginait-elle donc que par ces avances, dont le mobile était si facile à deviner, elle allait le prendre. Une femme qui se défend contre les entreprises d'un homme est dans son rôle, et il n'y a là rien de bien terrible ni de bien désagréable. Tandis qu'un homme qui ne veut ni comprendre ce qu'on lui dit ni voir ce qu'on lui montre, est dans une situation délicate, et souvent même ridicule. Il se fâchait qu'elle le mît dans cette situation, et instantanément, tout ce que Jane lui avait dit se dressa devant ses yeux, s'interposant entre Joséphine et lui : évidemment elle avait arrangé ce tête-à-tête, et tout cela n'était qu'une comédie dont il ne voulait pas être la dupe.

Malgré le désordonné de ses mouvements elle était trop attentive à regarder autour d'elle, pour n'avoir pas remarqué le recul de Mostyn lorsqu'elle s'était penchée vers lui, et elle avait éprouvé un moment d'embarras à continuer l'entretien. Mais alors il lui était venu à l'esprit un mot que Jack répétait souvent et qui était, disait-il, la règle de conduite d'un galant homme : c'est qu'en amour les paroles ne sont rien et les actes sont tout. Pourquoi cette règle bonne pour les hommes, ne le serait-elle pas pour les femmes ; ce n'est pas seulement par les paroles qu'on s'entend, c'est aussi, par les yeux, par l'épiderme.

Fondant en larmes, elle voulut jeter ses deux bras autour du cou de Mostyn, mais lui aussi était attentif, il lui prit les deux mains et les tenant dans les siennes :

— Je comprends, dit-il d'un ton compatissant, qu'il soit cruel pour vous de voir s'écrouler le rêve que vous aviez fait de rester à Londres.

— Ce serait la mort.

— Cela vous désole et c'est bien naturel. Cependant, si j'en crois ce qui m'a été dit, peut-être vaut-il mieux qu'il en soit ainsi en ce moment.

Elle fut tellement surprise de ces paroles qu'elle redressa la tête pour mieux écouter.

— Ceux qui vous aiment, continua Mostyn, sont inquiets des changements qui se sont faits en vous depuis que vous êtes à Londres.

— Ceux qui m'aiment ! s'écria-t-elle, qui m'aime ?

— Les vôtres : Rose, votre mari.

— Mon mari ne m'aime pas.

— Vous vous trompez ; il vous aime au contraire tendrement ; mais quand je lui ai parlé de votre désir de rester à Londres, je ne l'ai pas trouvé à cet égard dans les mêmes dispositions que vous.

— Vous voyez bien qu'il ne m'aime pas.

— Ne soyez pas injuste et comprenez les sentiments auxquels il obéit. Il pense que le séjour de Londres est dangereux pour vous. Et il s'inquiète... comme d'autres s'inquiètent aussi, de certaines assiduités auprès de vous.

— Quelles assiduités ? s'écria-t-elle anxieuse d'apprendre ce que Mostyn pouvait savoir de ces assiduités, et se demandant si son absence inexplicable ne s'expliquerait pas par un sentiment de jalousie.

— Vous comprenez que je ne suis pas fixé là-dessus ; on m'a parlé d'un capitaine...

— Le capitaine Hooker.

— Justement.

— Mais c'est là une idée bête qui ne serait jamais entrée dans une autre tête que celle de mon mari. Il est ridicule ce capitaine ; il m'obsède ; il me fait horreur ; je ne demande qu'à en être débarrassée.

Mostyn, était trop heureux d'avoir trouvé un sujet d'entretien passionnant Joséphine pour l'abandonner. C'était une diversion. Pendant qu'elle se défendait, les chevaux détalaient d'un bon trot et l'on se rapprochait de la gare, où il espérait arriver sans avoir à se défendre d'une façon trop nette et trop directe.

— Quoi qu'il en soit, dit-il, il inquiète ceux qui s'intéressent à vous.

— Eh bien, je vous promets que ceux qui s'inquiètent de lui sont des aveugles. Voulez-vous que je vous le jure.

— Mais je n'ai pas qualité pour recevoir ce serment, s'écria-t-il.

— Comment a-t-on jamais pu imaginer que je me laisserais prendre aux attentions d'un être grossier comme cet officier, c'est absurde, c'est monstrueux. Moi ! Moi !

L'indignation la suffoquait, mais cependant sans l'empêcher de voir que les chevaux dévoraient la route et qu'avant peu ils arriveraient à la gare : déjà ils traversaient Esher dont les lumières éclairaient de temps en temps le landau d'une lueur rapide et, du village à la station, la distance n'est pas longue : il fallait donc qu'elle se hâtât.

— Je reconnais, dit-elle, qu'on a pu se méprendre sur mes sentiments, car il est vrai, il n'est que trop vrai pour mon malheur que je n'aime pas mon mari et que je ne l'ai jamais aimé. Comment est-il possible qu'on aime un homme de cet âge, de cette tournure, de cette intelligence lourde, sans esprit, sans gaieté, qui passe des journées entières la bouche close ou ne l'ouvre que pour prêcher, pour vous prouver par raisons démonstratives que vous n'êtes qu'une sotte. J'ai vingt ans. J'aurais aimé mon mari que j'aurais été gardée contre un autre sentiment, je ne me serais pas laissée entraîner à mon insu. Mais je ne l'aimais pas. Et alors !

Elle se rapprocha de Mostyn et avant qu'il eût pu retirer sa main elle la lui prit.

Puis baissant la voix en se penchant vers lui :

— Alors un autre amour m'est entré dans le cœur, et l'a si bien pris que je n'ai plus vécu que pour lui, m'abandonnant, me donnant tout entière à cette passion irrésistible.

Elle attendit un court instant, Mostyn ne broncha pas. Que pouvait-il répondre ? De tout ce qu'elle lui racontait-là il ne croyait pas un mot ; ni de l'innocence des assiduités de ce capitaine ridicule ; ni de cette passion qui serait entrée irrésistiblement dans ce cœur virginal. Mais comment lui dire brutalement qu'il n'était pas sa dupe : si furieux qu'il fût contre elle, si humilié qu'il fût lui-même de se trouver dans cette position, qui lui paraissait tout à fait stupide, elle était femme, et il voulait, sinon pour elle, au moins pour lui ne pas se laisser entraîner à une grossièreté.

Voyant qu'il s'obstinait dans son attitude, elle poursuivit en se rapprochant au point de le brûler de son souffle :

— Ne croyez pas que je n'en sois pas fière de cette passion. Je voudrais la crier haut, car celui que j'aime, que j'adore, à qui je serais heureuse de donner ma vie, dont je voudrais être l'esclave est un homme beau, aussi grand par le caractère que par le talent, puissant, célèbre, que tous les hommes envient, que toutes les femmes désirent. Comment voulez-vous que je m'éloigne de lui. Si vous saviez ce que j'ai souffert pendant tout ce temps que j'ai dû passer à Glasgow. Ah ! n'aurez-vous pas pitié de moi?

Ce fut dans un sanglot qu'elle murmura ces derniers mots, mais pour que Mostyn les entendît, elle laissa en même temps sa tête tomber sur son épaule où elle s'appuya défaillante en se pressant contre lui.

Comment la relever, se dégager?

Il eut un mouvement d'exaspération nerveuse, et des paroles franches, celles-là même qu'il avait dans le cœur, lui montèrent aux lèvres; mais à ce moment, à travers la buée des vitres, il aperçut une grosse lumière rouge ; c'étaient les feux de la gare; encore quelques secondes ils entraient dans la cour de la station : le calme lui revint :

— Ce serait n'avoir pas pitié de vous, dit-il, que, de prendre tout cela au sérieux. L'exaltation vous entraîne. Ne vous abandonnez pas à des sentiments romanesques qui ne pourraient que faire votre malheur et celui des vôtres.

Il parlait lentement en espaçant chaque mot de façon à gagner du temps, et il ne quittait pas des yeux les lumières de la gare qui grossissaient de seconde en seconde.

Comme elle restait appuyée sur lui, il continua :

— Il faut penser et agir en femme responsable du bonheur des autres; votre mari est un honnête homme pour qui j'ai grande estime...

— Vous me parlez de lui ! s'écria-t-elle.

Sans répondre à cette exclamation, il fit d'un brusque mouvement tomber la vitre; et les lumières allumées çà et là inondèrent l'intérieur du landau, il fallut qu'elle se redressât; encore quelques tours de roues et la voiture s'arrêtait.

— Heureusement nous ne sommes pas à Londres, murmura-t-elle avec un long regard passionné.

Si les choses n'avaient pas tourné comme elle espérait, au moins, étaient-elles en bon chemin : elle avait une demi-heure à elle avant d'arriver à Londres ; en choisissant un compartiment où il n'y avait personne, ils n'auraient pas à craindre d'être dérangés puisque le train était express.

Il lui offrit la main pour descendre de voiture, et quand ils entrèrent dans les salles de la gare, Joséphine, avec sa mobilité de visage aussi prompt aux larmes qu'aux sourires, avait repris sa physionomie ordinaire avec son air ouvert et enjoué.

C'était Mostyn qui se montrait sombre et ennuyé : il s'était dit qu'il trouverait bien dans la gare quelqu'un de connaissance qui romprait cet insupportable tête-à-tête et le délivrerait de cette persécution ; mais il avait beau chercher du regard, nulle part il n'apercevait quelqu'un : très peu de monde, rien que des inconnus.

Et le train allait arriver ; on entendit son sifflet ; il s'arrêtait en gare.

Dès lors il n'y avait qu'à monter dans un compartiment où se trouveraient quelques personnes ; mais Joséphine ne l'entendait pas ainsi ; vivement elle ouvrit la portière d'un compartiment vide et du regard en même temps que de la voix elle appela Mostyn :

— Montez donc.

Mais il n'avait garde d'accepter cette invitation, si pleine de promesses que fût la voix qui la faisait : resté sur le quai devant la voiture dans laquelle Joséphine était montée il regardait à droite et à gauche.

Le service des gares ne se fait pas en Angleterre comme sur le continent avec accompagnement de sonneries de cloche, d'appels du nom de la station ou des cris « *En voiture, en voiture, Partenza, Par-*

tenza. » Le train s'arrête presque silencieusement et silencieusement aussi il repart ; nos minutes sont des secondes pour nos voisins.

Mostyn n'eût donc pas longtemps à attendre : quand le train commença à rouler, il poussa vivement la portière du compartiment de Joséphine, et sautant sur le marchepied du wagon voisin, il monta dans une caisse vide : le train ne s'arrêterait qu'à Londres, il était tranquille.

Ç'avait été d'abord de la surprise que Joséphine avait éprouvée en ne voyant pas Mostyn s'empresser de prendre place à côté d'elle, pour continuer l'entretien au point où il avait été interrompu ; puis, quand le train s'était mis en marche, ç'avait été de la stupéfaction qui, presque instantanément, s'était changée en fureur folle.

Il ne voulait pas d'elle.

Tout ce qu'elle s'était dit pour expliquer son absence en attendant sa visite promise, ne tenait plus debout : les ménagements, les illusions d'amour-propre ne pouvaient rien contre l'évidence et le fait brutal : Il ne voulait pas d'elle.

— L'imbécile !

Il était donc en bois. Qu'il ne l'aimât pas, elle l'admettait jusqu'à un certain point et trouvait à cela une explication : il la connaissait peu. Mais pourquoi n'avait-il pas profité de l'occasion qu'elle lui offrait. Ce refus renversait toutes ses idées. Elle se jetait à son cou, et il lui arrêtait les bras.

Quelle mortification ! la plus honteuse, la plus

cruelle à coup sûr que puisse éprouver une femme.

Et elle avait vingt ans !

Une rage folie la faisait sangloter ; jamais elle n'avait rien senti de pareil.

— Ah ! le misérable, l'imbécile, l'idiot.

Toutes les injures qu'elle entassait les unes pardessus les autres ne pouvaient pas la soulager ; si encore elle avait pu les lui jeter à la face ; mais il s'était sauvé, le lâche !

Sans doute il riait d'elle maintenant, tout seul dans son wagon, et se croyait bien à l'abri. Que pouvait-elle ? Il s'arrangerait désormais pour n'être pas exposé à un tête-à-tête qui lui faisait si grand peur, et une femme comme elle ne pouvait rien contre un homme comme lui.

Eh bien, il se trompait, elle lui prouverait qu'une femme si faible qu'elle soit, peut se venger des plus forts quand elle est résolue à tout. Et elle se sentait résolue à tout. De ce jour rien n'existait plus au monde que sa vengeance. Qu'avait-elle à perdre ? rien. Et lui qu'avait-il à craindre ? Tout d'une désespérée.

Comment organiserait-elle cette vengeance? elle ne le savait pas, trop bouleversée, trop affolée pour arranger raisonnablement des combinaisons habiles. Mais les secousses qui faisaient trembler ses mains, l'étouffement qui la serrait à la gorge, la fureur qui paralysait sa tête, se calmeraient; elle se reprendrait, elle se retrouverait; et il verrait, l'imbécile qui se croyait invulnérable dans sa puissance quelle femme elle était.

. De famille, elle n'en avait point en réalité ; son mari elle le détestait, elle était donc libre et Mostyn esclave de sa situation, de son parti, de sa réputation, de son honneur, de ses amitiés, de son amour pour Jane Talbot ne l'était pas : on ne pourrait pas atteindre une femme comme elle ; il y avait vingt endroits où elle pouvait frapper un homme comme lui ; il apprendrait ce que peut une femme qui sait se servir de sa langue et qui n'a peur de rien ; c'est la lâcheté des petits qui fait la force des grands, il verrait qu'elle n'était pas lâche.

Dans la confusion des idées qui se heurtaient en elle, le souvenir lui revint de la lettre qui avait si violemment surexcité son mari : « Veillez du côté de Saint-More. » Un éclair traversa son esprit, jetant des lueurs au milieu du chaos où elle se débattait, et lui montrant qu'il y avait dans cette lettre un point de départ pour sa vengeance. Par quelle route le ferait-il passer ? Quels chemins lui ferait-il prendre ? Elle n'en savait rien. Mais cela importait peu en ce moment. Ce n'était pas des moyens à employer qu'elle devait prendre souci, mais seulement du but à atteindre, et il semblait qu'il pouvait la conduire, si elle manœuvrait bien, en même temps qu'elle se débarrasserait de son mari, à rompre tout projet de mariage entre Jane Talbot et Mostyn, et à couvrir celui-ci de honte comme lui-même venait de la couvrir de mépris.

C'était quelque chose que cela ?

Ses larmes s'arrêtèrent et firent place à un sourire.

« Je suis le diable », avait-elle dit à Jack. Pourquoi non ?

Cette idée l'enthousiasma si bien qu'elle entra dans la gare de Waterloo sans en avoir conscience. Quand elle descendit sur le quai, cherchant Mostyn des yeux, elle le reconnut de loin à sa grande taille : il sortait déjà, et entre elle et lui se trouvait un entassement de voyageurs.

Mais que lui importait : elle ne tenait pas à le rejoindre.

CHAPITRE VIII

ENGAGÉS

I

En montant dans son coupé, Mostyn trouva un portefeuille que son secrétaire lui envoyait pour qu'il examinât promptement ses lettres pressées en indiquant d'un mot le sens des réponses à faire : une petite lanterne disposée à cet usage dans l'intérieur de la voiture, lui permettait ainsi, même la nuit, d'employer utilement le temps de ses courses.

Jamais travail n'était arrivé plus à propos, car il avait besoin d'être secoué pour ne plus penser à cette sotte aventure qui décidément l'ennuyait fort :
— Quelle folle créature que cette petite femme !

Toutes les lettres qu'on lui envoyait avaient été ouvertes, une seule exceptée; naturellement ce fut celle-là qu'il prit la première; elle portait la mention « personnelle » écrite de la main de Jane Talbot.

« Je suis à Londres; vous me trouverez à Hyde-
» place jusqu'à la fin de la semaine. Je serai con-
» tente de vous voir quand vous aurez une demi-
» heure à me donner. J'espère que vous pourrez me
» dire que ces bons évêques irlandais seront rai-
» sonnables.
   » A vous
      » JANE TALBOT »

Que venaient faire là « ces bons évêques irlandais ? » Comme il eût mieux aimé qu'elle n'ajoutât
rien. « Je serai contente de vous voir » c'était cela
qui signifiait quelque chose pour lui, et cela seul
qui, dans les conditions où ils se trouvaient en ce
moment vis-à-vis l'un de l'autre, était important.
En ces derniers temps il lui avait proposé d'aller la
voir à la campagne, et au lieu d'accepter cette visite
elle avait répondu de façon à lui laisser entendre
qu'elle préférait qu'elle n'eût pas lieu en ce moment.
Pourquoi ? Cela n'avait pas été sans l'étonner et
même sans l'inquiéter un peu. Quelles raisons
l'obligeaient donc à s'enfermer dans une si rigou-
reuse retraite, qu'elle n'osait pas recevoir la visite
d'un ami.

Ce court billet lui montrait qu'il avait eu tort de
s'inquiéter : « Je serai contente de vous voir. »

Bien qu'il eût peu de chances de la rencontrer à
cette heure, il voulut quand même aller tout de suite
à Hyde-place : si elle était sortie, à son retour elle
saurait au moins qu'il était venu.

Elle était en effet sortie : par un mot il annonça
sa visite pour le lendemain à onze heures et demie.

II

« L'amour de Mostyn pour Jane Talbot s'était développé lentement et presque sans qu'il se rendît bien compte du sentiment qu'il éprouvait.

La première fois qu'il l'avait vue il n'était encore qu'un jeune homme et elle-même n'était point mariée ; elle lui avait plu autant par le charme de sa personne que par l'originalité de son esprit. Evidemment ce n'était point une jeune fille quelconque qu'on oublie le lendemain du jour où on l'a rencontrée. Au contraire elle s'imposait ; et il avait gardé d'elle aussi bien que de leur court entretien à bâtons rompus qui avait effleuré toutes sortes de sujets une impression forte et ineffaçable, qui la distinguait pour lui des autres femmes.

Quand, après des voyages qui l'avaient tenu éloigné longtemps de l'Angleterre, il était revenu et s'était fixé à Londres, elle était mariée depuis un certain temps déjà, il avait alors quelquefois entendu parler d'elle d'une façon qui réveillait ses souvenirs et excitait sa curiosité, mais il ne l'avait pas revue : il ne s'était donc pas mépris sur son compte ; ce n'était pas une femme comme tant d'autres, c'était quelqu'un ; on s'occupait d'elle.

Puis un jour, par hasard, dans la maison où ils s'étaient rencontrés pour la première fois, chez les mêmes amis, dans le même jardin, ils s'étaient revus après plus de dix ans.

En arrivant, il ignorait qu'il devait se trouver avec elle, et lorsqu'il l'aperçut sa surprise fut vive de constater qu'elle était la même que celle qui vivait dans son souvenir, tant elle était peu changée ; ces dix années avaient glissé sur elle sans l'atteindre ; ce n'était qu'en l'examinant qu'on pouvait remarquer dans sa physionomie une expression de tristesse vague indiquant quelque souffrance secrète. Et encore, pour que cette physionomie se laissât deviner, fallait-il qu'elle fût au repos, car dans la conversation elle ne montrait que de l'entrain et de la gaieté ; il semblait à l'entendre qu'elle fût libre de toute préoccupation et qu'elle n'eût d'autre souci que de s'informer de toutes choses et d'apprendre, mais sans aucune pédanterie, au contraire en donnant un tour amusant aux sujets les plus graves.

Cependant en s'entretenant avec elle aussi longuement que les convenances le permettaient, il eut l'occasion de l'amener à s'expliquer de façon à entr'ouvrir des jours sur son caractère et surtout sur son état moral : en ces derniers temps les journaux qui s'occupaient d'elle assez souvent, avaient annoncé qu'elle venait d'assister à une réunion des disciples d'Auguste Comte et qu'elle s'était enrôlée parmi eux ; il l'interrogea à ce sujet.

— Enrôlée, moi ! dit-elle en riant, je m'enrôle peu. Cependant — elle prit un accent plus sérieux, — il est vrai que je suis allée à cette réunion, et je l'avoue, dans d'autres dispositions que celles de la simple curiosité, avec tout le respect qu'on doit accorder, il me semble, au seul système qui prétende raisonner notre anarchie moderne que l'Eglise n'a plus la puissance de contenir : se sacrifier corps et âme est le rôle de tant de gens de notre société, que ceux qui ont essayé de nous idéaliser cette nécessité en nous la montrant comme une règle à suivre, ont des titres à notre reconnaissance.

Fallait-il prendre cette réponse pour ce qu'elle semblait exprimer, c'est-à-dire pour l'aveu d'une situation cruelle? Il essaya d'un coup d'œil profond de lire dans le cœur de Jane, mais il ne trouva rien dans son regard, rien dans son attitude, qui permît de croire sûrement qu'en parlant ainsi, elle parlait pour elle. Alors il eut recours à un détour qui, en l'éclairant, effacerait le sentiment désagréable qu'il venait d'éprouver.

— Est-ce que bien aimer, dit-il avec un sourire, est-ce que rester bon pour tous, quoi qu'ils vous fassent, n'est pas, un secret qui dans la vie remplace toutes ces règles, un peu confuses, de philosophie.

Elle se mit à rire, mais avec une attention manifeste de malice :

— Pour un homme, le secret, dit-elle, est de se tenir toujours debout, quand ce serait sur une pierre.

Que signifiaient ces étranges paroles ? Avaient-elles un sens énigmatique? Ou bien n'étaient-elles qu'une mystification?

Mais, par cela même qu'elles n'étaient pas compréhensibles, elles s'imposèrent à l'attention de Mostyn et lui restèrent dans l'esprit. Que voulaient-elles dire? Etaient-elles un reproche à son adresse, ou bien une moquerie?

Lui qui d'ordinaire ne recevait guère que des compliments ou des flatteries s'étonna de cette attitude. Elle le jugeait donc? Comment?

La chose valait la peine d'être éclaircie; et il avait voulu qu'elle le fût en s'arrangeant pour se retrouver avec elle.

Il avait été accueilli avec satisfaction, mais elle l'avait fait parler beaucoup plus qu'elle n'avait parlé elle-même; il était évident qu'elle avait la curiosité de savoir quel homme il était; et de pénétrer en lui plus avant qu'elle n'avait pu le faire par l'étude de sa vie publique. Quel était son plan de conduite? Quelles étaient ses théories politiques? Comment conciliait-il avec ses principes tel vote qu'elle lui rappelait, ou tel autre ?

Mostyn ne pouvait être qu'agréablement flatté qu'elle l'eût suivi d'assez près pour connaître ainsi ses votes sur des questions qui, lui semblait-il, n'avaient pas dû laisser des souvenirs bien durables, mais d'autre part il était assez étonné de ces questions qui trahissaient une curiosité d'un intérêt plutôt général que personnel; aussi répondit-il qu'il ne se piquait nullement de théorie en politique, et que ceux qui voulaient le connaître ou le juger, devaient interroger son passé, contrôler ses actes publics, et refaire avec lui la route qu'il avait parcourue.

Elle ne se fâcha pas de cette réponse, et comme il continuait en plaisantant elle se prêta de si bonne grâce à sa plaisanterie, qu'il sentit qu'il s'était trompé sur elle : c'était avec une entière bonne foi qu'elle l'avait questionné en toute simplicité, sans aucune intention maligne, pour apprendre, non pour le juger, mais pour savoir comment se maniaient les grandes affaires et en vertu de quelles règles elles se décidaient.

Alors il se livra et, à toutes les questions qu'elle voulut lui poser, il répondit franchement, et avec d'autant plus de plaisir que ces interrogations lui suggéraient des idées nouvelles et lui montraient des points de vue auprès desquels il passait depuis des années sans les apercevoir ; bien que dictées par l'ignorance elles allaient au fond même des choses et par là ouvraient à son intelligence des routes inconnues ; à mesure qu'ils avançaient dans cet entretien il y avait cela de remarquable, — et qu'il remarquait en effet — que c'était le fort qui subissait l'influence du faible, l'esprit puissant et viril qui était fécondé.

Jamais il n'avait eu une heure de causerie aussi élevée, aussi utile, et celle qui la lui avait donnée ne pouvait pas être oubliée désormais.

Peu de temps après cette journée Jane avait fait plusieurs voyages en Egypte et à Constantinople où son frère occupait un poste diplomatique, et de là elle avait écrit dans les journaux, mais sans les signer, une série de lettres sur l'Orient, qui avaient été très remarquées et discutées. Mostyn qui les avait lues, comme tout le monde, en avait été frappé plus que tout le monde ; il lui avait écrit pour lui demander de le renseigner sur ces questions qu'elle connaissait si bien, et une correspondance s'était engagée entre eux qui ne s'était plus interrompue.

Il avait ainsi appris peu à peu à la connaître, à la bien connaître, et peu à peu aussi, insensiblement, sans qu'il suivît nettement les changements qui s'opéraient en lui, son amitié pour elle s'était faite de plus en plus tendre. En pénétrant le masque de froideur qu'elle portait dans le monde, il avait compris que si elle paraissait se tenir toujours en garde contre les autres c'était peut-être pour se défendre contre elle-même ; car il n'y avait pas seulement en elle une sensibilité délicate qui rougissait de se montrer aux indifférents, il y avait encore, il y avait sûrement un besoin de vivre autrement que par la pensée comme elle avait vécu, et de donner enfin au cœur la part jusque-là réservée à l'esprit.

Elle aimerait. Qui aimerait elle ?

Quand la maladie de Georges Talbot s'était déclarée, Mostyn en était arrivé depuis longtemps déjà à se dire :

— Voilà celle que j'aurais voulue pour femme.

Cette maladie s'était prolongée pendant plusieurs années et chaque fois que, pendant un court voyage à Londres, Mostyn avait vu Jane, il l'avait trouvée de plus en plus fatiguée, pâlie, amaigrie fiévreuse ; mais ces changements ne l'avaient point éloigné d'elle, au contraire : il l'avait aimée pour son charme et sa force ; il l'aima plus encore pour sa faiblesse et sa souffrance.

Qu'elle eût pour lui une amitié profonde et à

toute épreuve, il en était certain; mais l'aimait-elle, envisageait-elle avec bonheur la pensée de pouvoir l'aimer un jour, il ne le savait pas.

Aussi lorsqu'il lui avait écrit après la mort de Georges Talbot, pour lui proposer d'aller la voir, et qu'elle l'avait prié de différer sa visite, avait-il été plein d'inquiétude et de doutes.

— Pourquoi l'écarter ainsi?

Comme il se posait cette question sans lui trouver des réponses satisfaisantes les journaux avaient annoncé que son ami John Thompson, allait épouser une jeune veuve qu'on ne nommait point, mais qu'on désignait de telle sorte qu'on ne pouvait pas ne pas reconnaître Jane Talbot.

Et c'était avec une entière bonne foi qu'il s'était demandé si ce mariage était possible, sans se douter qu'il était aimé autant au moins qu'il aimait lui-même, et que c'était précisément cet amour qui avait empêché Jane d'accepter sa visite : tant que Georges Talbot avait vécu, elle avait écarté toute idée de bonheur pour ne pas s'exposer à faiblir devant son devoir ; et maintenant dans son deuil elle voulait écarter tout ce qui lui aurait montré un avenir souriant.

III

Quand Mostyn arriva, il la trouva en compagnie de sa belle-sœur, dans le salon où l'année précédente elle l'avait reçu et lui avait parlé de madame Mac-

donné comme si elle lisait sûrement ce qui devait arriver.

Malgré les tons noirs du grand deuil qui assombrissaient son teint, elle lui parut reposée et rajeunie, ne ressemblant en rien à la femme accablée par la fatigue qu'il avait vue en ces dernières années.

Elle lui donna la main, sans parler, avec une certaine gravité, et il crut sentir qu'elle tenait à mettre de la réserve dans sa bonne grâce habituelle.

Cela établit instantanément un certain froid entre eux.

Mais madame Francis Talbot qui mettait ses gants pour sortir se chargea d'entretenir la conversation :

— Jane vous a-t-elle dit, demande-t-elle, qu'elle va nous quitter encore une fois pour Constantinople ?

— Vous partez! s'écria Mostyn en se tournant vers Jane par un mouvement brusque qui trahit sa surprise.

— A la fin de la semaine.

— N'est-ce pas, continua la belle-sœur, que c'est une singulière idée de vouloir courir le monde, toute seule, quand on est si bien installée à la campagne et au moment même où l'approche du printemps va tout égayer.

— Sans doute, répondit Mostyn, étrange en effet, à moins qu'elle ne réponde à des raisons sérieuses.

— Mon mari trouve que ce voyage la remettra tout à fait en bonne santé.

Bien qu'il fût ordinairement maître de sa volonté, Mostyn ne parvenait à dissimuler ni sa surprise, ni son émotion. Cette nouvelle bouleversait toutes ses idées. Pourquoi partait-elle ? Il s'irritait de ne pouvoir pas l'interroger tout de suite, la lenteur de madame Francis Talbot à passer ses gants l'exaspérait.

Tranquillement, elle continuait à mettre sa toilette en ordre tout en causant :

— Moi je pense que cette santé qui en somme n'était atteinte que par la fatigue, une fatigue excessive se serait très bien améliorée toute seule en Angleterre. Mais j'ai tout le monde contre moi, mon mari d'abord, le frère de Jane ensuite qui se fait fête de passer quelques mois avec sa sœur dans sa villa de Thérapia ; enfin Jane elle-même.

— Vraiment? interrompit Mostyn.

— Je crois, dit Jane, qu'un séjour en été sur les rives du Bosphore doit être délicieux ; on doit trouver là une parfaite tranquillité ; en tous cas je n'aurai pas l'ennui que les journaux me marient avec quelque pacha.

— Si vous croyez vous mettre à l'abri des cancans en vous réfugiant à Thérapia, dit Mostyn, je crains que vous n'ayez mal choisi votre terrain.

Cela fut dit avec un accent brusque qui trahissait son mécontentement, son désappointement et sa colère. Il n'avait pas imaginé que ce voyage fût possible. Au moment même où il croyait mettre la main sur le bonheur, on le lui prenait. Pourquoi ? Qu'avait-il fait ? Malgré lui il revenait toujours à ces questions ; mais aussi n'avait-elle pas là vraiment une étrange fantaisie de partir ?

Elle le connaissait trop bien pour ne pas deviner ce qui se passait en lui ; mais comme sa belle-sœur tournait toujours dans le salon elle ne pouvait pas parler franchement.

Enfin madame Francis Talbot se trouva prête :

— Je vous promets, ma chère, de vous rapporter le manteau de Redfern ; en attendant l'été vous en aurez besoin à Thérapia où il fait grand froid l'hiver.

Aussitôt que la porte fut fermée, Mostyn se leva vivement et marcha droit sur Jane qui baissa la tête par un mouvement instinctif; mais ne voulant pas avoir l'air de se dérober, presqu'aussitôt elle releva les yeux et le regarda : il était devant elle à deux pas la dominant de sa haute taille, et si ému, si peu maître des mouvements de son cœur que ses mains tremblaient et que ses lèvres s'agitaient sans former des paroles.

Ils restèrent ainsi durant quelques instants ; puis tout à coup sa voix, éclata très vibrante sur un ton sourd :

— Vous partez !

Tout ce qu'il y avait en lui de passion se déclara dans ces deux mots, dans ce cri qui disait ses espérances déçues et sa douleur.

Son émotion gagna Jane ; elle essaya de répondre mais les mots qu'elle voulait dire ne vinrent pas sur ses lèvres frémissantes. Alors elle se leva aussi et, les plis de sa longue robe noire s'enroulant autour d'elle semblèrent la grandir : elle resta ainsi un moment devant lui, très pâle, suffoquée par l'émotion :

— Oui, je pars.

Sa voix n'avait été qu'un souffle.

Mostyn se pencha vers elle :

— Jane, aucun homme n'a jamais aimé une femme comme je vous aime ; est-ce que vous m'aimez ?

Ils se regardèrent ; mais ce que disaient leurs yeux ne suffisait pas, il fallait des paroles précises :

— Oui, dit-elle.

Puis cachant sa figure dans ses deux mains, elle s'écria :

— J'ai tant souffert !

C'était le secret de toute sa vie, que confessait à l'homme aimé ce cri d'angoisse, qui s'échappait enfin après tant d'années de silence stoïquement gardé.

Il lui prit les mains et les baisa avec une tendresse exaltée :

— Ce n'est pas au passé qu'il faut retourner c'est vers l'avenir que vous devez regarder : vous ne souffrirez plus; je me tuerais, si par ma faute, je voyais un nuage sur votre front.

La défendre, la soutenir, lui faire sentir à chaque instant et dans tout, la tendresse infinie dont il voulait l'envelopper lui semblait promettre un avenir de joies éternelles, auprès desquelles le reste n'était rien.

Elle l'écoutait en le regardant, étourdie d'un bonheur que pendant de longues années elle n'avait pas cru réalisable, mais dont cependant elle se trouvait digne, car elle saurait mériter cet amour en aimant elle-même avec une tendresse passionnée : tout son orgueil désormais serait de devenir la femme qu'il avait pu désirer ; elle apprendrait ce qu'il faudrait pour l'aider dans ses travaux, pour tenir sa place à côté de lui et lui faire honneur : si jamais la fortune se retournait, si jamais l'adversité l'atteignait il aurait un cœur dévoué en qui se réfugier, et ce serait encore du bonheur de lutter et de souffrir ensemble.

Mais dans l'ivresse qui l'emportait, elle ne pouvait pas s'arrêter à cette idée d'un malheur possible ; c'était la confiance qui lui murmurait ses douces paroles, l'espérance qui la caressait; elle renaissait ; et la joie qui débordait de son cœur gonflé se répandait en teintes roses sur son visage : elle se sentait forte ; elle se trouvait l'audace de ses vingt ans et pouvait s'abandonner avec sérénité aux songes ailés qui avaient si tristement manqué à sa jeunesse.

— Le bonheur vous va, dit-il en la contemplant.

Tout à coup il prit un air d'autorité :

— Maintenant il n'est plus question de partir pour Constantinople, n'est-ce pas ?

— Il est certain, répondit-elle que je ferai ce que vous voudrez : si vous me dites de rester, je resterai ; mais mon avis à moi est que nous ferions mieux de rester éloignés l'un de l'autre jusqu'à la fin de mon deuil.

— Y pensez-vous ? Nous séparer maintenant vous paraît donc possible !

— Vous comprenez que ce n'est pas sans en souffrir.

— Si vous jugez que nous ne devons pas nous voir, il sera fait comme vous voudrez. Si nous sommes séparés, au moins je saurai que vous êtes près de moi, à quelques lieues de Londres, dans un endroit que je connaîtrai, où je pourrai vous rejoindre par la pensée et être près de vous, avec vous de cœur, en vous suivant du matin au soir dans un milieu qui me sera familier; je ne connais pas la villa de votre frère à Thérapia; je ne sais pas où elle est, ce qu'elle est ; je ne la vois pas. Et puis ce voyage m'épouvante. Votre santé n'est pas assez affermie pour affronter les fièvres de ce pays, et ses brusques changements de température. Je n'aurais pas une heure de sécurité. J'imaginerais toutes sortes de malheurs. Moi ici, vous si loin, c'est impossible.

Sa voix si tendre, si caressante quelques instants auparavant avait pris le ton des reproches.

Elle en était émue et attristée, cependant elle crut ne pouvoir pas céder, au moins avant de lui avoir exposé les raisons qui, selon elle, la forçaient à ce voyage :

— Soyez certain que si je pars je ne souffrirai pas moins que vous, et que mon inquiétude ne sera pas moins cruelle que la vôtre. Vous n'aurez pas une heure de sécurité, dites-vous, moi je sens que j'aurai la faiblesse de me laisser affoler par les imaginations les moins raisonnables : ce bonheur, le nôtre, me paraît si grand, si énorme, si au delà du naturel et de l'ordre qui règle la marche ordinaire des choses humaines que j'en deviens superstitieuse et me figure qu'il doit provoquer les vengeances de quelque Némésis. Je céderai donc, et resterai si vous l'exigez. Mais avant que vous vous prononciez je vous demande d'envisager notre situation et ses difficultés. Vous reconnaissez, n'est-ce pas, qu'il ne serait pas convenable, — je ne dis pas d'annoncer, — mais simplement d'avouer notre mariage en ce moment.

— Nous ne l'avouerions qu'à M. et madame Francis Talbot qui n'en seraient pas blessés sans doute.

— Soyez sûr qu'ils en seraient heureux, je les connais assez pour répondre d'eux sur ce point. Mais ils ne m'en conseilleraient pas moins de partir, si notre engagement doit rester secret. Mon voyage est annoncé depuis un certain temps déjà ; il est connu de tous nos amis, tout est préparé ; mon ancienne femme de confiance m'accompagne ; mes places sont prises ; mon frère m'attend ; ma maison de campagne est louée, comment bouleverser tout cela ; quelles raisons donner, quelles explications ? Nous n'en trouverions jamais d'assez solides pour imposer silence aux bavardages, aux indiscrétions qui finiraient par se faire jour dans les journaux.

— Nous les démentirions.

— On croirait nos démentis, je l'admets, si je pars ; mais au contraire si je reste qui les accepterait ? Que je sois à quelques lieues de Londres, et il est impossible que vous ne veniez pas me voir ; je serais la première, je le sens, à vous le demander. Un homme en vue comme vous ne peut pas faire visite à une femme sans qu'on le sache et qu'on cherche dans quel but. Il serait donc prouvé que nous avons voulu nous cacher. Est-ce possible, je vous le demande.

A mesure qu'elle parlait la physionomie de Mostyn s'assombrissait ; évidemment un combat se livrait en lui ; quand elle se tut il resta un moment sans répondre.

— Il faut me pardonner, dit-il enfin, je pensais à moi, à mon amour, au présent, et vous c'est l'avenir que vous regardez.

Il lui tendit la main :

— Qu'il soit entendu, aujourd'hui, que désormais vos volontés seront les miennes ; ce que vous voudrez je le voudrai ; vous aurez donc du jugement pour nous deux. Vous trouvez bon ce projet ; il l'est pour moi comme pour vous : partez.

Cette abdication de volonté emplit Jane d'une joie qui l'exalta. C'était vrai, elle était aimée comme aucune femme ne l'avait été :

— Le dévouement de toute ma vie, dit-elle les yeux pleins de larmes, sera digne de votre sacrifice, je vous le jure.

IV

Elle ne s'était pas trompée en disant que son beau-frère et sa belle-sœur seraient heureux de son mariage : ils avaient une grande admiration pour le talent de Mostyn, une haute estime pour son caractère : ce fut avec fierté qu'ils envisagèrent l'avenir qui s'ouvrait pour Jane. Mais elle ne s'était pas trompée non plus en pensant qu'ils conseilleraient son départ, devenu inévitable, selon eux, par le fait même du mariage.

Déjà bien des fois Francis Talbot avait été questionné plus ou moins directement à son cercle sur les futurs projets de sa belle-sœur : — Qui épousait-elle ? — Mostyn ou Thompson ? Que ne dirait-on pas si elle restait à Londres.

Le seul moyen efficace de faire taire les curiosités bienveillantes ou malignes était donc de s'éloigner : le premier moment passé on ne s'occuperait plus d'elle, et dans la tranquillité de Thérapia elle pourrait, jusqu'à son retour en Angleterre, garder l'attitude réservée qui convenait à sa situation : le mariage se ferait au mois de septembre.

Jusqu'au jour du départ Mostyn vint chaque matin passer à Hyde-place quelques moments trop courts. Mais bien qu'il eût abdiqué sa volonté entre les mains de Jane, il y avait des heures où il revenait malgré lui à la pensée que ce voyage pouvait ne pas avoir lieu.

— Vous partez, il est donc vrai que vous partez, disait-il tout à coup en s'interrompant.

— Voulez-vous que je reste ?

Ce qu'il aurait voulu, mais il n'osait pas l'avouer c'eût été qu'elle-même ne voulût plus partir ; et plus d'une fois en se rendant à Hyde-place il s'était imaginé qu'en arrivant elle allait venir à lui, et lui dirait :

— Je ne peux pas, je reste.

Quelle joie! Mais comme elle ne le lui disait point, il trouvait qu'elle se résignait trop docilement à ce départ : elle aurait dû se révolter ; lui, ne le pouvait pas puisqu'il s'était soumis, mais elle le pouvait, ne le devait-elle point : il ne se reprenait pas, c'était elle qui se donnait.

Cette espérance était devenue une obsession :

— Ce sera pour aujourd'hui, se disait-il, elle ne peut pas partir.

Et quand au lieu de lui dire ce mot qu'il attendait, elle parlait, au contraire, de son séjour à Thérapia, en arrangeant la distribution de son temps, il ne l'écoutait que d'une oreille peu attentive :

— A quoi bon ces arrangements puisqu'elle ne partirait pas ?

Il était obligé de se faire violence pour se dire que si elle partait quand même, c'était en se sacrifiant, et pour assurer leur bonheur; mais il ne pouvait pas ne pas lui en vouloir d'accepter ce sacrifice avec tant de calme, oubliant que depuis longtemps elle avait pris l'habitude de se maîtriser et de se taire.

Cependant cette force avait eu sa minute de faiblesse : elle avait compris par quels sentiments il passait et qu'elle était sa secrète espérance, si elle n'avait pas dit le mot qu'elle le voyait guetter sur ses lèvres ç'avait été par un effort désespéré d'énergie et de raison; mais le jour du départ, quelques instants seulement avant de se séparer, l'énergie et la raison succombèrent :

— Si je restais, dit-elle faiblement.

— Enfin !

— Vous le voulez, je reste; avant tout votre bonheur, vous plaire, vous rendre heureux.

Mais ce fut lui qui retrouva sa force; elle avait dit le mot qu'il voulait, c'était assez.

— Non, dit-il, partez; le souvenir de cette seconde suffira à adoucir les semaines et les mois de l'attente;

si j'ai des moments de révolte ce ne sera que contre moi de n'avoir pas accepté le sacrifice que vous m'avez offert.

Il s'était agenouillé devant elle; elle se pencha sur lui et l'entourant de ses deux bras elle lui mit un baiser sur les lèvres :

— Rendez-le moi à mon retour.

CHAPITRE IX

PLAN DE CAMPAGNE

I

Malgré sa fureur de vengeance, Joséphine n'avait pas pu mettre tout de suite ses projets à exécution, car le lendemain même de son voyage à Esher, son mari, après le dîner, quand ils s'étaient trouvés en tête à tête, à l'abri de la curiosité des oreilles d'Esther et de Jim, lui avait fait une communication qui l'avait obligée à réfléchir.

Tout le temps du dîner elle avait remarqué la préoccupation de Macdonnel, et à plusieurs reprises elle avait essayé de le faire s'expliquer, mais voyant qu'il ne voulait rien dire elle n'avait pas trop insisté : assurément c'était une scène qui chauffait, l'orage éclaterait toujours assez tôt : elle verrait bien ; et elle s'était préparée pour la défensive.

— J'ai vu votre père aujourd'hui, dit-il, lorsqu'ils furent seuls dans le salon, la porte close ; il est venu m'annoncer une nouvelle grave.

Elle eut peur; sans doute c'était quelque méchanceté de sa mère qui, ne voulant pas agir elle-même, avait, comme elle faisait souvent, mis son mari en avant. Elle savait qu'elle n'avait rien à craindre de son père, qui sciemment ne prendrait pas parti contre elle; mais d'autre part elle savait aussi qu'elle avait tout à craindre de sa mère qui était le plus terrible adversaire qu'elle pût avoir à redouter.

— Quelle nouvelle? demanda-t-elle.

— Vous savez que la date à laquelle on devait me verser le trimestre des intérêts de votre dot, est passée depuis cinq jours déjà, et que je n'ai rien reçu.

— Vous me l'avez déjà dit assez de fois pour que je le sache.

— Je ne l'ai fait que pour vous expliquer pourquoi je ne pouvais pas satisfaire vos demandes d'argent.

— Elles n'étaient pas justes peut-être!

— Il ne s'agit pas de savoir si elles étaient ou n'étaient pas justes, ce serait déplacer la question ; je ne vous ai pas donné l'argent que vous me demandiez, simplement parce que je n'avais pas reçu le trimestre de votre dot.

— Eh bien maintenant?

— Je ne l'ai pas reçu davantage.

Elle fût stupéfaite, car elle n'admettait pas que son père fut venu voir son mari pour autre chose que pour payer ce trimestre en retard de cinq jours.

— Vous avez vu mon père, dites-vous ! s'écria-t-elle.

— Et c'était pour m'annoncer qu'en ce moment il se trouvait dans l'impossibilité de me verser ce qu'il devait qu'il m'a fait cette visite. Voilà la nouvelle grave dont je vous parlais.

Elle ne comprenait pas. Son père avec un revenu de plus de deux cent mille francs ne pouvait pas payer deux mille cinq cents francs!

— Je vois que vous êtes surprise, continua Macdonnel.

— Surprise!

— Vous vous demandez s'il est possible que votre père soit embarrassé dans ses affaires au point de ne pouvoir pas tenir ses engagements?

— Deux mille cinq cents francs!

— Vous trouvez que ce n'est rien. Eh bien, pour lui en ce moment c'est beaucoup, c'est trop, c'est plus qu'il ne peut.

— Je parie que c'est une infamie inventée par ma mère pour me tourmenter.

— Je vous ai dit déjà que je ne pouvais pas admettre qu'une mère eût envers ses enfants les sentiments dont vous croyez, je ne sais pourquoi, la vôtre capable. Une mère est une mère. La vôtre n'est pour rien, par malheur, c'est à dire par bonheur ; enfin la vôtre n'est pour rien dans ce refus de paiement. Votre père m'a expliqué sa situation, il vient d'être pris dans plusieurs faillites...

— Est-il donc ruiné?

— Non ; au moins il faut l'espérer, mais pour le moment il lui est impossible de nous payer : il faut attendre ; et si vous voulez m'aider, si vous voulez bien être raisonnable, restreindre vos dépenses inutiles, nous le pourrons.

Contrairement à ce qui arrivait toujours, elle ne se fâcha point du mot « dépenses inutiles » qui, en tout autre moment, eût valu à Macdonnel une scène furieuse. Elle avait bien la tête vraiment à faire attention aux adjectifs qualificatifs que son mari choisissait toujours avec les scrupules de conscience d'un professeur. Son père ruiné! Mais alors?

La question était assez grosse pour s'imposer sans distractions possibles. Quand elle s'était décidée à quitter son mari, elle avait compté qu'elle vivrait avec les intérêts de sa dot que son père lui servirait au lieu de les verser entre les mains de Macdonnel ; sans doute elle serait gênée, presque réduite à la misère avec ces dix mille francs par an, cependant elle préférait encore cette gêne d'argent à Londres où elle verrait Hooker, à l'horreur de retourner à Glasgow avec Macdonnel. Mais, si son père ne pouvait plus payer ces dix mille francs, ce n'était pas « la presque misère », c'était la misère complète. Que ferait-elle? Aller chez ses sœurs? il n'y fallait pas songer; chez sa mère? c'était plus impossible encore. Elle avait trop souffert de leur médiocrité depuis son mariage pour n'avoir pas une peur effroyable du manque absolu d'argent. Avec dix mille francs elle pouvait attendre des temps meilleurs; qui sait ce que l'avenir lui réservait quand elle serait libre; avec rien, elle n'avait qu'à se laisser mourir de faim, — ce à quoi elle n'était nullement résignée.

Si affreuse que fût l'existence avec ce misérable mari qu'elle méprisait autant qu'elle le haïssait, il fallait donc qu'elle la supportât jusqu'au moment où son père, sortant des embarras d'argent qui empêchaient l'exécution de ses engagements, reprendrait le paiement des dix mille francs : Macdonnel paraissait trop tranquille pour qu'elle ne crût pas qu'il avait la conviction que ces embarras n'étaient que momentanés, et en pareille matière l'expérience lui avait appris qu'on pouvait se fier à lui.

Mais ce n'était pas seulement la perspective de cette existence qui l'exaspérait, c'était aussi la nécessité de différer sa vengeance contre Mostyn.

Etait-il rien de plus atroce pour une femme qui, comme elle, avait toujours obéi aux coups de tête, que de rester les mains liées dans une colère impuissante.

Si encore elle avait pu faire payer à son mari tout ce qu'elle souffrait, c'eut été un soulagement à son supplice, mais justement elle en était réduite à garder en ce moment des ménagements qu'elle n'avait jamais eus, car si elle ne voulait pas, si elle ne pouvait pas rompre avec lui, elle voulait encore moins qu'il rompît avec elle.

Et de ce côté elle n'était nullement rassurée : depuis la lettre anonyme il n'était plus du tout le même homme : et s'il ne l'assassinait plus de rabâchages et de prêcheries pour lui reprocher d'avoir changé depuis leur mariage, il avait quand il sortait, et quand il rentrait, des façons de la regarder, en fouillant en elle, qui n'étaient pas rassurantes.

Ce n'était plus maintenant qu'elle pouvait le faire partir pour son bureau, en lui disant qu'il allait être en retard ; les prévenances même qu'elle avait eues restaient sans influence ; il partait quand il voulait ; et plus d'une fois il était revenu au bout d'un certain temps, pour prendre un papier qu'il avait oublié, prétendait-il, mais en réalité pour la surveiller et voir si elle n'avait pas filé derrière lui : est-ce qu'il était homme à oublier quelque chose? Et puis ce n'était pas parce qu'il avait oublié quelque chose que plus d'une fois aussi il était rentré avant son heure habituelle, se précipitant dans la maison comme un ouragan.

Ainsi qu'il l'en avait menacée il faisait bonne garde, et comme ce ne pouvait pas être uniquement pour la satisfaction de l'espionner, ce qui n'était pas dans son caractère, elle devait veiller à ne pas se laisser prendre, — au moins en ce moment, et surtout à ne pas compromettre Hooker.

Si elle n'avait eu qu'à se défendre contre lui seul, c'eût été un jeu pour elle, — celui du serpent avec l'éléphant, — sa souplesse et sa dextérité eussent eu facilement raison de la pesanteur embarrassée de ce lourdaud ; mais justement il n'était pas seul à la surveiller.

Certainement il la faisait filer, et ce n'était pas non plus pour la satisfaction de voir ses doutes fixés et de pouvoir se dire qu'il avait eu raison de se défier : il était homme pratique ; s'il se résignait à dépenser son argent, c'était en vue d'un but déterminé.

Ce qui l'inquiétait le plus, c'était de savoir à quel moment cette surveillance avait commencé, et les imprudences, les maladresses qu'elle avait pu commettre quand elle ne se doutait pas qu'un agent la suivait.

Un jour qu'elle se tenait derrière les rideaux baissés, elle avait remarqué, tout d'abord sans y faire bien attention, qu'un homme passait et repassait sur le trottoir vis-à-vis sa maison, mais la persistance de ce curieux à jeter des regards de son côté l'avait frappée, et cette figure falote lui était entrée dans les yeux : un visage glabre, un teint blême, des joues caves, l'attitude voûtée des gens qui ont passé leur vie penchés sur le papier à écrire, des vêtements noirs râpés, en tout la tournure d'un pauvre clerc d'avoué de dernier ordre ou d'un agent d'affaires véreux, cela ne s'oubliait pas.

Et quand deux jours après, dans une course qu'elle faisait, se retournant brusquement pour s'assurer si elle ne s'était pas trompée en croyant reconnaître une personne qui venait de la croiser, elle avait vu derrière elle cette figure glabre, elle l'avait tout de suite retrouvée, — son espion à coup sûr.

En tout autre moment cela l'eût amusée ; filée, c'était drôle, mais les circonstances n'étaient pas à la drôlerie, trois jours auparavant elle avait eu un rendez-vous avec Hooker dans la maison de Clare-street, et ce pierrot au visage pâle avait pu la suivre.

Il fallait donc qu'elle le promenât de telle sorte qu'il renonçât lui-même à l'espionner, si Adam n'était pas le premier à renoncer à une surveillance qui lui coûtait si cher et lui rapportait si peu.

Comme quelques femmes, qui ne cherchent dans la pratique de la charité que des occasions de pouvoir sortir librement, elle faisait partie de plusieurs associations charitables dont le but était de visiter les pauvres à domicile et de leur porter des secours ; mais généralement elle s'acquittait fort mal de ses devoirs et seulement quand elle n'avait rien de mieux à faire. Du jour où elle se mit en tête de promener son surveillant, il en fut autrement et aucun membre de ces associations ne montra plus de zèle qu'elle :

— Il y a tant de misères, disait-elle quand on paraissait étonné de cette ardeur toute nouvelle.

Alors elle entreprit une série de marches et de contre-marches auprès desquelles celles d'un sauvage sur le sentier de la guerre n'eussent été qu'un jeu. Si elle avait à aller de chez elle à Pimlico, elle sortait à pied et, au lieu de descendre au sud-est comme le voulait la route directe, elle montait au nord jusqu'à un point quelconque, n'importe lequel, pourvu qu'il ne fût pas cependant à plus de deux milles de celui où elle allait réellement, et là elle prenait un cab pour revenir sur ses pas. Dans cet itinéraire fantaisiste qui ressemblait à celui d'une Parisienne partant du Point-du-Jour pour aller au faubourg Saint-Honoré en passant par Montmartre, elle n'avait qu'un souci : prendre sa voiture dans un rayon où sa course ne serait que d'un shilling, car ils étaient rares dans son porte-monnaie les shillings et il fallait les ménager. Si elle avait à se rendre au Nord elle commençait par aller au Sud ;

à l'Est elle commençait par l'Ouest, et toujours ainsi, de façon à dérouter son agent aussi bien que son mari qui évidemment ne pouvaient pas se reconnaître dans ces tours et ces détours d'autant plus inexplicables qu'ils n'avaient pas de raison d'être. Une fois qu'elle était arrivée dans le quartier des pauvres qu'elle devait visiter, elle avait à circuler dans tant de cours, tant de ruelles, à monter tant d'escaliers qu'il était bien difficile de savoir au juste chez qui elle avait été, combien elle était restée chez celui-ci, combien chez celui-là.

II

Le temps s'écoula, les semaines succédèrent aux semaines et Joséphine dut continuer à attendre, pleurant de rage bien souvent, sans pouvoir faire autre chose que d'essuyer ses larmes quand elle n'en avait plus à verser.

Cette misérable existence continuerait-elle donc ainsi indéfiniment.

Sa seule consolation était de ruminer son plan de vengeance et de le corser par la réflexion : rien ne serait livré aux hasards de l'improvisation, et si elle ne réussissait point c'est qu'elle serait vraiment bien sotte et bien maladroite ; mais comme l'expérience lui avait appris qu'elle n'était ni sotte ni maladroite, il lui paraissait impossible de ne pas réussir : du même coup elle se débarrassait de son mari, abattait Mostyn et s'assurait l'amour de Jack.

Que les affaires de son père fussent remises en bon chemin, et son succès était assuré.

C'était là son grand souci et elle passait son temps à interroger ceux qui pouvaient être renseignés à ce sujet : son mari, à qui elle imposait toutes sortes de démarches auxquelles il se prêtait d'autant plus volontiers qu'il n'était pas lui-même sans inquiétudes; sa sœur Rose, qui, elle non plus, n'avait pas besoin d'être excitée; ses autres sœurs et ses beaux-frères ; sa cousine, madame Cohen, dont le mari par sa situation dans la grande industrie pouvait mieux que personne être bien informé; enfin tous ceux qui, à un titre quelconque, devraient, croyait-elle, savoir quelque chose de précis.

C'était un étonnement chez ceux qui la connaissaient, car bien qu'elle ne pût point passer pour désintéressée, on l'avait vue jusqu'à ce jour plus âpre aux plaisirs mondains qu'à l'argent.

Enfin un soir Macdonnel rentra la figure plus satisfaite qu'à l'ordinaire :

— Soyez contente, dit-il, votre père a payé les deux trimestres, et il est probable que ses affaires vont bien aller maintenant ; tout est arrangé ; sans doute sa perte est grosse mais il n'est pas ruiné, il s'en faut.

Comme elle ne pouvait pas contenir sa joie, il lui en fit l'observation.

— N'est-ce pas tout naturel, dit-elle. D'ailleurs il

me semble que vous non plus vous ne prenez pas cette nouvelle avec indifférence.

— Certes non, car elle va amener dans notre vie un changement qui la soulagera d'un poids terriblement lourd : nous allons retourner à Glasgow.

— Vous voulez...

— Parfaitement ; je l'aurais déjà fait depuis quelque temps si le non paiement de ces intérêts n'avait pas dérangé notre budget ; maintenant nous pouvons nous passer des émoluments attachés à ma place et je suis décidé à donner ma démission. Si le gouvernement tombe prochainement, comme cela est de plus en plus probable, je ne tomberai pas avec lui. C'est quelque chose d'avoir le flair de s'en aller à temps.

Il se frotta les mains, et toute la soirée il ne parla que de ses projets de réinstallation à Glasgow.

Elle ne l'interrompit pas et ne le contredit pas ; à quoi bon, puisqu'elle n'irait pas à Glasgow. D'ailleurs elle avait bien autre chose en tête : sa vengeance qu'elle tenait enfin ; sa liberté ; et son amour. Ne parlait-on pas d'un nouveau mariage pour Hooker, d'un mariage avec une fille riche qui le débarrasserait de ses tracas d'argent. Il fallait qu'elle agît au plus vite et sans perdre un jour.

En ces derniers temps elle avait été la première à lui demander de ne pas venir à Londres, de peur que l'agent ne découvrît leur lieu de rendez-vous ; mais maintenant elle ne pouvait plus se laisser arrêter par cette crainte ; il fallait qu'elle le vît et décidât avec lui ce qu'elle allait entreprendre. Quand il comprendrait qu'elle allait être à lui tout entière, sa maîtresse, son esclave, sa chose comme elle disait, il renoncerait à ce projet de mariage qu'il n'avait admis assurément que parce qu'ils ne pouvaient plus se voir : il l'aimait, il n'aimait pas le mariage, il serait à elle, et les liens qu'elle lui nouerait au cou seraient assez serrés, assez solides pour qu'il ne les dénouât, pour qu'il ne les rompît jamais.

Dès qu'elle fut libre elle lui envoya une dépêche pour le prier de venir à Londres aussitôt que possible, et deux heures après elle reçut une réponse annonçant que le lendemain il se trouverait « à l'endroit ordinaire » à deux heures.

Avec la peur qu'elle avait d'être filée et surprise, elle n'allait pas commettre l'imprudence de se faire conduire directement à la maison de Clare Street. Dès que son mari fut parti, elle sortit sur ses talons et se dirigea vers Hyde Park en se retournant souvent, mais sans apercevoir le visage pâle de son espion ; dans le parc elle s'assit un moment ; puis le traversant dans toute sa longueur, elle sortit à Marble Arch ; là elle monta dans un cab et se fit conduire à Whitechapel où, pendant une heure, elle erra de cours en cours, de ruelles en ruelles ; elle reprit un cab qui la descendit devant le théâtre d'Adelphi, et par le Strand, elle arriva enfin à Clare Street : si on l'avait suivie lorsqu'elle sortait de chez elle, il était impossible qu'on ne l'eût pas perdue : ce jour-là n'était pas de ceux où les économies de voitures étaient possibles, avant tout il fallait que Jack ne pût pas être compromis.

Il était arrivé le premier, et comme toujours, bien que le temps ne fût pas froid, il s'occupait à échafauder un grand feu dans la cheminée.

— Eh bien, que se passe-t-il donc? demanda-t-il quand elle parut, et avant même qu'elle fût venue jusqu'à lui.

— Il faut que nous causions.

— Alors c'est pour causer que vous me faites venir si vite.

— Grande bête, dit-elle en se jetant à son cou.

III

— Ainsi, dit Jack, au moment où elle commençait à s'habiller devant un feu mourant, il veut retourner à Glasgow?

— Et moi je n'irai pas. Qu'il y retourne, je ne demande que cela ; mais je ne le suivrai pas.

— Et cette place qui devait le retenir à Londres?

— Il n'en veut pas ; il ne pense qu'à nous séparer.

— Il n'en veut pas ! Est-ce que plutôt on ne voudrait pas de lui. L'année dernière vous me disiez que Mostyn lui ferait obtenir cette place, et Mostyn ne lui a rien fait obtenir du tout.

— Parce que je n'ai pas voulu.

— Vous n'avez pas voulu que votre mari reste à Londres! Vous savez, ma chère, que je n'y suis plus.

— Je n'ai pas voulu la payer le prix que Mostyn exigeait.

— Alors il a donc été pressant, Mostyn?

— Il a été indigne; c'est un misérable, un lâche, le plus vil des hommes.

— Tant que ça.

— Vous ne savez pas ce que sont ces gens-là.

— Qui ces gens-là?

— Mostyn et les autres.

— Vous vous êtes donc adressée à d'autres qu'à Mostyn?

— Je ne me suis pas adressé aux autres, ce sont les autres qui se sont adressés à moi. Ah! Jack, vous ne savez pas ce qu'est le monde.

— Pas propre, hein? Je m'en doute un peu, ma petite chatte.

Elle ne trouvait pas le Jack qu'elle aurait voulu, qu'elle avait espéré, celui qui par sa passion lui prouverait qu'il l'aimait comme il était aimé par elle. Il y avait en lui une désinvolture, un laisser-aller, un sans-gêne qui semblaient indiquer une inquiétante liberté de sentiment et d'esprit : cela n'était point d'un amant épris qui s'attendrit en voyant sa maîtresse tourmentée et menacée. Pourquoi la traitait-il ainsi au moment même où elle ne pensait qu'à être à lui? S'imaginait-il que Mostyn l'avait dédaignée? A cette pensée sa blessure saignante s'exaspéra.

— Vous raillez, dit-elle. Eh bien, il n'en est pas moins vrai que vous ne saurez jamais les dessous de la vie, par cela même que vous êtes un homme.

— Vraiment!

— Oui, mon cher, vraiment. Il faut être une femme

pour le savoir, et qui plus est une jeune femme, avec certaines qualités qui font qu'on la désire. Vous reconnaîtrez bien que j'ai quelques qualités n'est-ce pas ?

— Vous les avez toutes.

— Enfin, j'en ai assez pour qu'elles m'aient permis de juger l'infamie des hommes. Je ne dis pas que si j'avais été dans une autre situation ils seraient venus à moi, mais on me voyait mariée à un homme ridicule on ignorait que j'en aimais un autre d'un amour qui ne permet pas les infidélités, on savait que je désirais faire obtenir à mon mari un poste qui nous fixerait à Londres, et ça été assez pour que tous ceux qui pouvaient donner ce poste à mon mari aient voulu se le faire payer par moi. Quand on est aimé par une femme il est tout naturel qu'on ne voie pas ce qu'elle vaut, mais ceux qui ne sont pas aimés ont d'autres yeux pour elle que son amant.

— Il y a du vrai là-dedans, tout de même, dit Jack, à qui la vanité fit faire un retour en lui-même

— Voyons mon cher, croyez-vous que c'est pour être charmé par les entretiens élevés de M. Macdonnel que lord Abourne m'a fait inviter par sa femme. Elle ne voulait pas de moi, car elle me craignait, malgré tout elle a été obligée de céder. Et nous sommes nous assez moqués d'elle, son mari et moi, de son air de mardi-gras, et de son infirmité de laisser traîner partout où elle passe, ce qu'elle a dans les mains, ses gants, son éventail, son mouchoir, son flacon. C'est par ces moqueries qu'Abourne a commencé à me faire la cour, et je vous promets qu'il y allait bon jeu, bon argent. C'est comme lord Morgan ; en voilà un encore qui est entreprenant.

— Lord Morgan !

— Tout le monde croit, n'est-ce pas, qu'il n'a jamais fait d'infidélités à lady Anne depuis vingt ans qu'ils sont ensemble ; et vous le croyez comme tout le monde.

— Je ne crois à la fidélité de personne, vous savez.

— Eh bien ! si vous aviez été à la dernière réception de lord Morgan, vous auriez vu qu'il ne tenait qu'à moi de prouver combien était fragile cette fidélité.

Ce n'était pas sans une légère nuance de scepticisme dans son sourire que le capitaine écoutait ces histoires, mais elle parlait avec une telle sincérité d'accent, une telle sûreté, sans hésitation aucune, simplement, qu'il se demandait s'il n'y avait pas une partie, une bonne partie de vrai là-dedans. Après tout pourquoi pas. Elle était assez jeune, assez jolie, assez provoquante pour qu'on la désirât ; et il était tout naturel que des hommes qui devaient se connaître en femmes, eussent envie de l'avoir pour maîtresse. Et puis ces hommes n'étaient pas les premiers venus, c'étaient des personnages, des lords, et il était trop bon Anglais pour ne pas subir le prestige de leur noblesse, et n'être pas flatté au fond du cœur de voir sur le pied de l'intimité avec eux celle qu'il tenait en ce moment assise sur ses genoux occupée à relever ses cheveux qu'il avait défaits. Ah ! s'il n'avait été question que de petits bourgeois, mais lord Abourne qui avait fait un si riche mariage ; lord Morgan dont les ancêtres occupaient depuis tant d'années de si hautes situations dans l'État et à la cour.

— Ils ne vous ont jamais écrit, demanda-t-il presque inconsciemment, autant par vanité que par doute.

— Écrit Morgan! écrit Abourne! Mais Morgan est bien trop paresseux pour écrire jamais, et ce ne sont pas ses secrétaires, n'est-ce pas, qui peuvent lui faire ses lettres d'amour? Quant à Abourne, s'il écrit jamais à une femme, celle qui obtiendra cette lettre pourra se vanter d'être d'une jolie force. Il est bien trop malin celui-là, trop fûté, trop défiant, trop prudent pour écrire jamais. Pensez donc qu'il ne dit point un mot, qu'il ne fait point un pas, sans se demander à l'avance s'il ne va pas compromettre son avenir et nuire à son ambition; pensez qu'il passe sa vie à chercher comment il démolirait bien Mostyn pour hériter de la situation de celui-ci; pensez donc qu'il compte autant sur la fortune de sa femme que sur son talent pour se placer à la tête de son parti; et il écrirait, et il laisserait traîner des petits papiers avec lesquels on formerait des dossiers qu'on lui jetterait un jour dans les jambes. Mais s'il m'avait écrit, je serais maître de lui et, avec ses lettres, libre de le mettre au pied du mur quand je voudrais et de le fusiller s'il était assez maladroit pour me refuser ce que j'exigerais.

Elle riait en parlant, et son hilarité nerveuse effrayait Hooker qui réfléchissait et se disait que si Abourne avait eu la précaution de ne pas écrire, il n'avait pas eu, lui, la même prudence.

Il avait écrit, bêtement écrit toutes sortes de choses qu'il ne se rappelait même pas, compromettantes peut-être, en tout cas maladroites, qui pouvaient le conduire loin, si on voulait se servir de ses lettres. Il serait dans une belle situation vraiment, vis-à-vis d'un avocat canaille qui l'interrogerait devant la cour des divorces. Avait-il été naïf !

Et il la regardait épouvanté. Telle qu'elle se révélait, elle était vraiment effrayante : on peut être un très brave soldat devant une batterie qui vous tire dessus, et trembler devant une perruque d'avocat. C'était son cas. Quelle figure il ferait ! Plus d'une fois il s'était amusé avec ses camarades à lire les comptes rendus des procès en divorce, et il avait encore dans les oreilles les éclats de rire que provoquaient parmi eux les questions des avocats et les réponses des parties ou des témoins, mais jamais il n'avait eu l'idée qu'il paraîtrait devant cette cour ; et voilà qu'avec son rire elle lui en donnait non seulement l'idée, mais encore la sensation qui lui faisait froid dans le dos : il se voyait là ne sachant à qui répondre ; et il voyait ses camarades riant en lisant les journaux comme lui-même avait ri avec eux.

Elle était diabolique cette Josey, et ce serait de la folie que de ne pas la ménager : certainement le mieux était de se débarrasser d'elle au plus vite ; mais encore fallait-il le faire sans l'exaspérer. Vraiment terribles ces femmes qu'on croit prendre pour un jour et qui se cramponnent si bien qu'on ne peut pas plus leur desserrer les doigts qu'à un noyé : « le mettre au pied du mur et le fusiller », comme elle disait cela tranquillement ; si encore c'était avec des balles : mais avec le ridicule, non, non, il n'en était pas.

Mais il ne pouvait pas s'abandonner à ses réflexions, car elle continuait :

— C'est comme John Thompson, vous croyez, n'est-ce pas, que son amitié pour Mostyn est indestructible, et qu'ils sont l'un et l'autre les frères Siamois devenus hommes d'État, eh bien, regardez ça.

Elle prit sa robe jetée à terre, tira de la poche un petit carnet rouge à filagrane d'or, l'ouvrit lentement, et fourrageant dans un tas de bons de bouillons et de viande pour les pauvres, elle trouva enfin une carte de visite qu'elle tendit à Hooker d'un geste important qui disait : « Voyez un peu, je vous prie ».

— Eh bien quoi? Qu'est-ce que c'est que ça? demanda-t-il.

— Simplement la carte de Mademoiselle Thompson, la vieille tante de John Thompson, qui, comme vous le savez, lui tient sa maison.

— Et ça veut dire? demanda-t-il en retournant la carte, pour voir s'il n'y avait rien d'écrit derrière.

— Ça veut dire que John Thompson, désespéré que je ne veuille pas aller chez lui, m'a envoyé ce matin même sa tante pour tâcher de me fléchir. J'allai justement partir pour venir ici, vous pensez bien que je ne l'ai pas reçue. Pouvais-je me mettre en retard quand vous m'attendiez. Et puis comme je ne voulais pas lui dire que je retournerais chez son neveu, à quoi bon la recevoir. Dîner chez Thompson tous les dimanches, mais je ne veux pas, moi.

Elle attendit un moment qu'il lui demandât pourquoi elle ne voulait pas accepter à dîner chez Thompson, mais il n'y pensait guère. Que lui importait Thompson. C'était un fils de fabricants, un parvenu, ce n'était pas un Abourne, un Morgan; et ce qui touchait celui-là n'avait pas, par conséquent le même intérêt que s'il s'agissait d'un grand seigneur.

— Vous ne me demandez pas pourquoi je ne veux pas aller chez Thompson, dit-elle lorsqu'elle vit qu'il ne la questionnait point.

— Ça m'étonne un peu ; voilà tout ; et comme Mademoiselle Thompson a la réputation d'être une prude il me semble que pour une femme qui... enfin qui a une aventure, il serait peut-être adroit de faire montre de relations avec elle.

— S'il n'y avait pas le neveu, ce que vous dites-là serait juste, mais il y a le neveu... et le neveu, lui aussi, s'est mis en tête de faire de moi sa maîtresse quand il a vu que Mostyn me poursuivait, et que je ne voulais pas écouter Mostyn. Alors devinez-vous ce qui s'est passé dans cette maison dirigée par une prude comme vous dites, c'est que la prude qui ne craint rien tant que le mariage de son neveu qui la détrônerait et la renverrait dans sa province, a tout fait pour m'attirer chez elle. Mieux vaut une maîtresse qu'une femme. Et comme elle s'arrangerait toujours pour ne rien voir, comme elle pourrait jurer que, se reposant dans la confiance qu'elle a en son neveu, elle n'a jamais rien vu de mal, elle garderait sa réputation de prude à laquelle elle tient tant, et sa position à Londres à laquelle elle ne tient pas moins. Vous voyez que tout cela est bien arrangé;

mais on a compté sans moi et sans mon amour pour mon capitaine à qui je serai fidèle jusqu'à la mort. Abourne, Morgan, Thompson, que peuvent-ils m'être, si élevés qu'ils soient par la naissance, leur fortune ou leur position? Il n'y a au monde qu'un homme pour moi parce que je l'aime, c'est mon capitaine.

Elle se mit à genoux devant lui en lui prenant les deux mains :

— Ah ! Jack vous ne saurez jamais comme vous-êtes aimé. Une autre à ma place eut écouté ces gens qui avaient le pouvoir de me donner ce que je désirais si vivement, c'est-à-dire une bonne place pour mon mari, qui nous fixait à Londres, sans qu'il pût être jamais question de retourner à Glasgow. Mais pour cela il fallait trahir mon amour, il fallait vous tromper mon Jack bien aimé, et je n'ai pas voulu ; alors même que j'aurais eu l'infamie de le vouloir je n'aurais jamais pu. Est-ce qu'on trompe un homme comme vous ? Est-ce que quand on est votre maîtresse, on peut l'être d'un autre. Mostyn a bien compris cela.

— Mostyn !

— Abourne, Morgan, Thompson si vexés qu'ils aient été de me voir leur résister, ce à quoi ils ne sont pas habitués, se sont résignés ou se résigneront, parce que ce sont des hommes d'honneur, qui ne s'acharnent pas lâchement sur une femme par cela seul qu'elle leur résiste. Mais Mostyn n'est pas un homme d'honneur, et de plus c'est un lâche. Quand l'année dernière, je vous disais que je ferais de Mostyn ce que je voudrais, j'avais mes raisons pour cela : il m'avait montré que je lui plaisais et je croyais que je n'aurais qu'à faire appel à ce sentiment, — en tout bien tout honneur, — pour qu'il m'accordât tout de suite ce que je lui demanderais. Mais quand je lui ai adressé ma demande, il m'a répondu que ce serait donnant donnant. Je lui ai ri au nez, croyant que cela n'était pas sérieux et que quand il verrait que je ne voulais pas de lui, il n'insisterait pas. Je ne le connaissais pas, et je n'avais pas été fine de ne pas m'apercevoir que c'était au contraire très sérieux et qu'au lieu d'un caprice comme je me l'imaginais c'était de l'amour, un véritable amour. Aimée par Mostyn, vous conviendrez qu'il y avait là de quoi flatter l'orgueil d'une femme, il est assez beau, il est assez en vue pour qu'on en soit fière. Il est probable que c'est le sentiment que j'aurais éprouvé comme beaucoup d'autres, d'ailleurs, si je ne vous avais pas aimé, mais je vous aimais, et il n'y avait pas d'autre homme au monde que vous.

Elle lui baisa les mains dans un élan passionné; puis elle continua :

— Si Mostyn est une canaille, ce n'est pas un imbécile, il s'en faut, il chercha pourquoi je lui résistais et comme il connaît la vie, il conclut tout naturellement que c'était parce que j'aimais. Un autre à sa place se le serait tenu pour dit, mais Mostyn n'abandonne jamais ce qu'il veut. Après avoir trouvé que j'aimais, il chercha qui j'aimais, et il trouva :

— Il sait que je suis votre amant.
— Parfaitement.
— Comment cela?

— Je l'ignore; seulement il me semble que pour un homme dans sa position qui dispose de la police, il doit être facile de découvrir ce qu'il veut. Enfin il le sait.

— Mais c'est très embêtant ça, s'écria Jack.

— Il le sait si bien qu'il y a quelques mois, en revenant d'Esher avec lui, il n'a fait tout le temps du voyage que de me parler de vous, en me disant toutes sortes de choses mortifiantes sur votre compte.

— Quelles choses mortifiantes ?

— Que vous aviez des dettes.

Ce n'est pas honteux

— Que vous ne cherchiez qu'à faire un riche mariage; enfin tout ce qu'il croyait propre à me détacher de vous.

— De quoi se mêle-t-il cet animal-là?

— Enfin, s'il n'avait parlé de nos relations qu'à moi seule ce ne serait rien, mais il en a parlé à mon mari.

— Ce n'est pas possible.

— Cela est. Et voilà pourquoi mon mari veut quitter Londres, tout simplement pour nous séparer.

Le capitaine se leva furieux :

— Eh bien, j'irai lui dire à ce monsieur que ce qu'il a fait là ce n'est pas propre : je ne me mêle pas de ses amours, qu'il ne se mêle pas des miennes.

— Cela ne servirait à rien ; si vous voulez vous venger de lui, il y a mieux que cela, c'est d'unir votre vengeance à la mienne et de me laisser faire.

— Et que voulez-vous?

— Ne pas partir, afin de n'être pas séparée de vous, j'en mourrais. C'est là mon but. Celui pour qui je sacrifierai tout. Je vous veux, Jack, je vous veux, et je vous aurai; faudrait-il un crime, dix crimes pour cela que je ne reculerais pas.

Il la regarda avec une certaine inquiétude; quand elle lui disait qu'elle l'aimait, quand elle se jetait à ses genoux et le serrait dans des transports passionnés, il ne pouvait pas ne pas être ému : certainement c'était flatteur d'inspirer un pareil amour; mais quand il la voyait prête à se jeter dans les aventures les plus folles il se disait que si cette passion était flatteuse pour son orgueil, elle était peu rassurante pour son repos : capable de tout la grosse Josey, il n'était pas du tout disposé à la suivre dans les casse-cous où elle allait se lancer.

— Enfin, que voulez vous faire? demanda-t-il.

— Divorcer.

Il s'était rassis, d'un bond il se remit sur ses pieds.

— Ah! mais vous savez, Josey, pas de bêtises, n'est-ce pas. N'allez pas m'entortiller dans un procès en divorce. Jamais je ne vous pardonnerais. Jamais je ne vous reverrais. Je ne veux pas perdre mon avenir. Je ne veux pas être exposé à déposer le prix de ma commission entre les mains de votre mari.

— Vous ne serez pas compromis.

— Ta, ta, ta: on sait comment ça commence, on ne sait pas comment ça finit, c'est un engrenage; un doigt de pris, le corps y passe. D'abord mettez-vous bien dans la tête que je n'épouse pas.

— Ah! vous ne m'aimez pas, Jack, de me parler ainsi : vous ai-je jamais demandé de m'épouser?

— Vous étiez mariée.

— Vous ai-je jamais rien demandé, — rien que votre amour !

Le coup l'avait si rudement frappée qu'un flot de larmes jaillit de ses yeux : elle suffoquait.

— Quand je ne pense qu'à vous, murmurait-elle en paroles entrecoupées.

Il la laissait pleurer, mais il la voyait dans un état nerveux si désordonné qu'il n'était pas du tout rassuré : avec elle tout était possible et tout était à craindre, l'absurde, le fou, surtout le fou; il voulut la calmer.

— Vous avez tort de dire que je ne vous aime pas, Josey. Je vous aime au contraire beaucoup, je vous assure, beaucoup je vous le jure. Et il me semble que je vous l'ai bien prouvé. Seulement aimer et épouser sont deux; ça se comprend : les femmes qu'on épouse ne sont pas celles qu'on aime, et celles qu'on aime ne sont pas celles qu'on épouse; ça c'est la vie, vous le savez comme moi. Si je ne suis pas votre mari, cela n'empêchera pas que je sois votre amant... toujours... tant que vous voudrez, parce que je vous aime, et que vous êtes la plus jolie petite femme que j'aie jamais rencontrée.

— C'est vrai ? s'écria-t-elle en s'arrêtant de pleurer tant ce mot la rendait heureuse.

— Mais certainement que c'est vrai; la plus passionnée...

— Oh! Jack !

— La plus drôle au lit ! Comme on voit bien que vous avez fait votre éducation en France. Certainement on ne mange bien qu'en Angleterre, on ne s'habille bien qu'en Angleterre, il n'y a de jolies femmes qu'en Angleterre, mais il faut reconnaître que pour la gaudriole il n'y a que les Françaises. Anglaise de naissance, Française d'éducation. Voilà pourquoi vous êtes irrésistible.

— C'est vrai que vous me trouvez irrésistible ? Si vous saviez comme vous me rendez heureuse de me parler ainsi.

C'était précisément ce qu'il cherchait : sinon la rendre heureuse, au moins la calmer et empêcher une explosion de folie ; il continua :

— Je parle ainsi parce que c'est la vérité. Et ce n'est pas le compliment banal d'un naïf et d'un ignorant. Si vous avez fait des conquêtes dans le grand monde, j'ai eu des maîtresses qui comme femme valaient bien Abourne ou Morgan.

— C'est de lady Grace que vous voulez parler ?

Il s'arrêta ; s'il pouvait lui plaire de répondre aux histoires de Josey par d'autres histoires du même genre, prouvant que lui aussi avait été aimé dans le grand monde, il n'allait pas être assez simple pour lâcher des noms : avec une femme comme Josey ce serait plus qu'une bêtise ; où ne le conduirait-elle pas s'il lui donnait des armes ; elle n'en avait déjà aux mains que de trop dangereuses pour son repos.

— Lady Grace ou une autre, peu importe.
— L'autre, c'est lady Fitz Edwardes, n'est-ce pas ?

s'écria Josey qui avait oublié son chagrin sous le coup de la curiosité.

Il secoua la tête.

— Je vous en prie, Jack, dites-moi que c'est lady Fitz Edwardes, j'en ai entendu parler, mais je voudrais que vous me disiez vous-même que c'est vrai.

— Qu'est-ce que çà vous fait.

— Ce serait si drôle : une femme qui se donne comme un modèle de tenue, qui est adorée comme patronne de *the Girl's Friendly*, qui préside toutes les associations de *Soup-Kitchens* du East-End, qui traîne partout dans son yacht sa kyrielle d'enfants, ce serait si amusant, et c'est ça qui prouverait que ce sont les gens les plus respectables qui font toujours ce qu'il y de plus malhonnête.

— Que ce soit celle-là ou une autre, continua Jack sans se laisser entraîner, il importe peu; tout ce que je veux dire, c'est que je n'ai jamais trouvé dans n'importe quel monde une femme qui vous vaille. Vous voyez donc que je vous aime et que vous avez tort de vous plaindre.

Dans la bouche de Jack qui n'était pas prodigue de discours, c'était beaucoup qu'un pareil éloge ; en tous cas, c'était plus qu'il ne fallait pour rendre l'espérance à Joséphine : il l'aimait, il avouait qu'elle était supérieure à toutes les maîtresses qu'il avait eues, elle n'avait pas à craindre qu'il s'éloignât d'elle quand elle serait libre, et c'était là l'essentiel, la seule chose qui pût la préoccuper en ce moment; plus tard elle aurait le temps de lui faire raconter toutes les histoires qu'elle voudrait.

— Oui, dit-elle, en lui passant un bras autour des épaules, vous avez raison, mon Jack adoré, et moi j'ai tort : vous m'aimez, il n'y a que cela qui compte. Et comme nous allons pouvoir nous aimer quand je serai libre, comme nous serons heureux ! Je demeurerai près de vous, là où vous serez et nous nous verrons tous les jours autant que vous voudrez. Je ne serai pas bien riche, il est vrai, mais avec les dix mille francs de ma dot que mon père me paiera je ne vous coûterai rien ; vous aurez tous les agréments d'une femme à vous, tout à vous du matin au soir, du soir au matin, sans aucun des ennuis du mariage et du ménage, puisque nous serons mariés sans l'être. Oh ! quel bonheur !

C'est que précisément la perspective de ce bonheur n'était pas pour enthousiasmer le capitaine qui avant tout aimait sa liberté. Une femme sur les bras du matin au soir et du soir au matin, voilà qui ne serait pas drôle ; et quelle femme encore ! Une toquée. capable de tout dans un coup de tête. Elle l'adorait aujourd'hui, pour lui elle se jetterait au feu, et cela était agréable à penser ; mais le jour où elle ne l'aimerait plus, que ne ferait-elle point ?

— Mais vous n'êtes pas libre, ma petite Josey, dit-il doucement, et à parler franchement je ne vois pas bien comment vous pouvez le devenir ?

— En divorçant.

— Évidemment. Mais pour divorcer, il faut des raisons ; et je ne vois pas celles que vous pourriez appeler à votre aide, votre mari ne vous en a pas donné, je pense...

— L'imbécile en est bien incapable.

— Quant à celles qui viennent de votre côté, il ne peut pas en être question, car vous m'aimez trop, j'en suis certain, pour me fourrer dans un procès en divorce ; d'ailleurs, vous savez ce que je vous ai dit, je vous en prie, mettez-le dans votre jolie caboche.

— Et Mostyn ?

— Mostyn ! quoi Mostyn ? Je n'y suis pas du tout.

— Mostyn a voulu être mon amant, n'est-ce pas ?

— Vous me l'avez dit.

— Eh bien, je ferai comme s'il l'avait été réellement ; puisqu'il a voulu l'être, c'est juste ; direz-vous que ce n'est pas juste ?

— Je ne dirai rien du tout ! s'écria Jack qui voyait la colère se réveiller dans les yeux perçants qu'elle attachait sur lui.

— Un misérable qui a voulu nous séparer, qui nous a dénoncés à mon mari pour vous entortiller précisément dans un divorce.

— S'il a fait cela, ce n'est pas un galant homme.

— Je vous dis qu'il l'a fait, et vous seriez un lâche, Jack, si vous n'osiez pas vous venger de lui ; mais que vous l'osiez ou ne l'osiez pas, peu importe, je l'oserai moi : Mostyn est notre ennemi, c'est lui qui me fera obtenir mon divorce, je le traînerai dans la boue, je ferai un scandale épouvantable qui le jettera à bas si grand et si fort qu'il soit ; vous verrez ce que peut une femme qui n'a peur de rien, vous le verrez.

Elle parlait avec une véhémence affolée : ses yeux

flamboyaient, ses lèvres tremblaient; et Jack la regardait, effrayé.

— Quelle femme! se disait-il tout bas, quelle femme! et sur les bras du matin au soir, toujours, quelle aimable perspective! Cependant il n'osait se jeter au milieu de cette crise, et lui dire ce qu'il pensait.

— Vous savez, dit-il doucement, que quand on soulève le scandale, on est souvent pris et entraîné dans son tourbillon.

— Cela m'est égal.

— Bon; mais moi cela ne m'est pas égal du tout.

— Je vous dis que vous ne serez pas compromis.

— Par vous, j'en suis sûr, et j'ai pleine foi en vous, en votre amour, mais les autres? On peut faire une enquête ; on en fera une certainement. Il ne sera pas difficile de savoir que nous nous voyons ici. Vous m'avez dit vous-même que Mostyn...

— Il sait que vous êtes mon amant, mais il ne sait pas que nous nous voyons ici.

— Il le saura; il le découvrira; cela n'est pas bien compliqué.

— Qu'est-ce qu'on découvrira? si l'on découvre jamais quelque chose, ce qui n'est pas prouvé. Qu'il vient ici une femme dont le signalement se rapproche du mien. Cela je vous l'accorde. Mais cette femme est-elle moi? Là est la question; ma cousine Louise vient aussi ici; nous nous ressemblons, nous avons la même taille, à peu près la même tournure; seulement elle est maigre, tandis que moi je suis grasse, Dieu merci. Quelle femme a-t-on suivie? Une grasse, une maigre? Cela est bien difficile à dire quand il s'agit d'une femme enveloppée dans un manteau. Le doute est possible vous en conviendrez. Et dans un procès le doute vaut l'innocence, aux yeux des jurés. Vous voyez que la famille a du bon.

— Je ne vois qu'une vilaine affaire, qu'une sale affaire.

— Voyez plutôt Mostyn condamné, comme mon co-respondant, à payer les frais du procès. Est-ce que ce n'est pas drôle ça?

— Drôle ou non, ça n'est pas propre ; je vous le dis franchement.

— C'est ça qui m'est égal par exemple que cela soit ou ne soit pas propre; je n'ai qu'un but: être libre et me venger de Mostyn; je prends le chemin qui peut m'y conduire quel qu'il soit, et sans m'inquiéter de savoir par où il me faut passer ; vous n'y passerez pas avec moi voilà ce que je vous promets, et vous pouvez être assuré qu'il en sera ainsi puisque vous me menacez de ne pas me revoir si je vous compromets.

— Et si vous ne réussissez pas, reprit Jack en essayant une dernière tentative ; si le procès n'a pas lieu; si le divorce n'est pas prononcé.

— Quand j'aurai prouvé à mon mari que Mostyn est mon amant, il ne pourra pas ne pas faire le procès; il est bien bête, j'en conviens, mais pas tant que ça. Quant au divorce comment voulez-vous qu'il ne soit pas prononcé puisque je me reconnais moi-même coupable. Ne craignez rien, tout est bien combiné, je serai à vous, mon cher Jack.

— Bien combiné peut-être, et même je le crois puisque c'est par vous, mais enfin je vous le répète, Josey : ça n'est pas propre, et n'oubliez pas que je vous l'ai dit.

CHAPITRE X

LE CONFESSEUR MALGRÉ LUI

I

Le lendemain matin, Joséphine se leva excitée plutôt que troublée par la mise à exécution de son plan : tout était prêt ; elle avait dans la poche de sa robe, écrite de la veille, la lettre qui devait préparer son mari ; dix fois, vingt fois elle s'était répété ce qu'elle dirait ; cette journée et cette nuit seraient donc les dernières qu'elle passerait dans cette maison exécrée.

Pour tromper son attente et ne pas rester en tête à tête avec son mari, dont la vue lui était de plus en plus odieuse, elle lui demanda de faire le tour du parc à cheval, et il accepta joyeusement cette promenade. C'était trop rarement qu'elle lui donnait maintenant ce plaisir. Malgré tout il ne pouvait s'arracher l'espérance du cœur. Elle était si jeune. Pourquoi ne se corrigerait-elle pas, et ne reviendrait elle pas aux sentiments qu'une femme doit avoir pour son mari. Elle n'avait aucun reproche sérieux à lui adresser; et si du côté du caractère il n'était pas toujours ce qu'elle pouvait désirer et ce que lui-même aurait voulu être, il s'améliorerait pour lui plaire, il s'étudierait: l'homme n'est-il pas toujours perfectible ! C'était quelque chose que cette proposition de promenade: une prévenance à coup sûr, une attention amicale; peut-être un retour sur soi, un commencement de repentir, et conséquemment un nouveau point de départ dans une nouvelle voie.

Malgré ce point de départ Josey se montra peu aimable pendant la promenade, et ce fut à peine si elle daigna répondre par un mot sec aux paroles de tendresse ou même simplement aux banalités de la conversation qu'il lui adressa. Quand au retour il voulut la serrer dans ses bras en la descendant de cheval, elle le repoussa presque brutalement :

— Trop lourde pour vous, mon cher, dit-elle dédaigneusement.

Il s'était mis en retard ; il n'avait qu'à partir au plus vite sans pouvoir apprendre, en l'interrogeant, ce qu'il y avait sous cette mauvaise humeur.

— Vous savez que je ne pourrai pas revenir dîner, dit-il.

— C'est au moins la cinquième fois que vous m'en prévenez.

Il ramassa ses paperasses, se coiffa de son chapeau blanc qu'il brossa d'un coup de coude et partit.

Elle était déjà montée à sa chambre où elle se faisait déshabiller par Esther.

— Pliez bien cette amazone, dit-elle, et emballez-la dans sa boîte.

— Est-ce que madame ne montera plus à cheval de toute la saison ? demanda la femme de chambre autant par curiosité que pour tâcher de s'épargner un travail inutile.

Avec son besoin de tout dire, Joséphine fut sur le point de répondre franchement, mais la prudence la retint : pour le plaisir de bavarder elle n'allait pas compromettre le succès de son aventure.

— Peut-être, dit-elle. En tous cas, comme vous aurez beaucoup à emballer demain, débarrassez-vous toujours de cette robe.

La curiosité d'Esther était piquée : certainement il se préparait quelque chose qu'il était de sa dignité d'être la première à savoir :

— Comment ! Madame quitte Londres en ce moment? dit-elle avec la surprise toute naturelle d'une femme de chambre qui se respecte et qui n'admet pas que sa maîtresse soit ailleurs qu'à Londres au mois de mai — en pleine saison.

Joséphine se mit à rire :

— Que non, dit-elle, je ne quitte pas Londres.

Puis devenant tout à coup très sérieuse avec sa mobilité d'humeur et de manière qui lui était habituelle :

— Je ne puis pas m'expliquer, Esther, continua-t-elle. Vous saurez toujours la vérité assez tôt. Mais j'ai un conseil à vous donner que je vous engage à ne pas oublier : c'est d'être très circonspecte dans vos réponses quand M. Macdonnel vous interrogera.

— Je ne lui ai jamais rien dit : et pourtant ce n'est pas faute qu'il m'ait tournée et retournée ; on ne serait pas plus tourmentée devant la justice.

— Que vous demandait-il?

— Un tas de choses; mais surtout qui vous receviez.

— Vous n'avez jamais parlé du capitaine Hooker?

— Jamais. Ni de lui ni des autres; madame doit bien penser que je me respecte trop pour aller raconter au mari les histoires de la femme : ça ne se fait pas ces choses-là.

— On peut raconter mes histoires.

— Oh! bien sûr, répliqua Esther d'un ton qui démentait les paroles.

— Seulement, continua Joséphine, il est inutile de parler du capitaine Hooker, et même cela pourrait être nuisible, parce qu'avec les militaires on est toujours disposé à faire des suppositions. Vous avez vu comme le capitaine est honnête homme.

— Certainement.

— C'est pour cela que, par des bavardages maladroits, il ne faudrait pas lui faire avoir des ennuis. Vous comprenez ?

— Oui, madame, répliqua Esther avec un sourire insolent. Madame peut être tranquille, et dire au capitaine d'être tranquille aussi; j'ai très bien compris.

— N'allez pas comprendre que je vous demande de ne jamais répondre sur les visites que je reçois. Cela m'est bien égal : ainsi vous pouvez parler tant que vous voudrez de celles de M. Mostyn; parce que

M. Mostyn c'est tout différent, c'est un ministre, vous pouvez dire tout ce que vous savez sur son compte.

— Mais, je ne sais rien.

— Enfin, je vous laisse toute liberté pour M. Mostyn ; vous comprenez que si vous ne vouliez rien dire on soupçonnerait toutes sortes de choses, ce qui serait mauvais pour vous, très mauvais ; pensez à votre réputation, c'est un conseil que je vous donne ; vous savez que je vous ai toujours voulu du bien.

Elle était prête, rien ne la retenait chez elle.

Coiffée d'un chapeau excentrique, très haut de forme, à grand panache rouge, aux bords relevés doublés de velours cramoisi ; habillée d'une robe rose, dont le corsage, à la Vierge, moulait sa poitrine, elle sortit à pied pour se rendre chez sa sœur cadette, en ce moment à Londres et avec qui elle devait déjeuner. Il faisait beau, le soleil qui se dégageait de nuages blancs argentés, égayait de sa chaude lumière l'architecture triste de South-Kensington, et séchait la pluie de la nuit qui pendait en gouttelettes au bout des grappes d'or des arbousiers, ou glissait le long des thyrses des lilas en fleurs, sous les platanes des squares : dans l'air passaient de suaves parfums printaniers ; et partout on entendait le pépiement des moineaux qui voltigeaient çà et là, le long des toits, sur les branches des arbres, se poursuivant, se battant jusque dans la boue des rues. Après sa promenade à cheval elle trouvait agréable de flâner, sans avoir à s'inquiéter de ceux qui pouvaient la filer ; que lui importait maintenant, elle n'avait plus à manœuvrer pour dépister son espion; à marcher vite; à marcher lentement; à se retourner; à s'asseoir pour laisser passer ceux qui étaient derrière ; à prendre par des ruelles ; à se jeter dans les foules ; enfin, à employer tous ces manèges qui, en ces derniers temps, l'avaient si souvent exaspérée : elle allait être libre ; elle l'était déjà puisqu'elle voulait l'être.

Mais bientôt le ciel se couvrit et en sortant d'Argyll-square elle vit sur le trottoir quelques larges gouttes de pluie qui annonçaient une ondée prochaine ; il fallait renoncer à la flânerie ; elle monta dans un Hansom, et arriva bien vite chez sa sœur sans avoir jeté dans une boîte la lettre pour son mari: après déjeuner il serait temps encore et même l'heure serait plus propice; Adam ne recevrait point cette lettre trop tôt et remettrait après son dîner la scène qu'elle avait préparée pour la soirée.

Jamais sa sœur ne l'avait vue d'humeur aussi changeante : gaie, folle, causant, plaisantant avec entrain, elle s'arrêtait tout à coup et prenait une physionomie désolée ; puis, tout à coup aussi, elle se remettait à plaisanter en éclatant de rire.

Quand, après le déjeuner, elle embrassa sa sœur, ce fut avec un élan de tendresse et une effusion qui surprit celle-ci.

— Vous m'aimez bien, petite sœur, n'est-ce pas ? s'écria-t-elle.

— Pouvez-vous en douter, ma chère Josey ?

— Ce que je demande c'est si vous m'aimerez toujours.

— Mais certainement, toujours, toujours.

Les yeux mouillés de Josey mendiaient quelques mots de sympathie que la jeune sœur ne demandait qu'à accorder.

— Alors vous êtes malheureuse, n'est-ce pas ? dit-elle.

— Une vie d'enfer; mais elle ne durera pas longtemps.

— Pourquoi ? Comment ?

— Vous verrez.

— Oh ! Josey, Josey.

— Adieu.

Sans laisser à sa sœur le temps de la questionner davantage, elle partit; maintenant il était temps de mettre la lettre à la poste pour qu'Adam la reçût avant de quitter son bureau.

Plus d'une fois, pendant le déjeuner, elle l'avait tâtée dans sa poche; quand elle fut dans la rue, elle l'en tira, et comme elle n'avait pas fermé l'enveloppe elle voulut la relire :

« Au lieu de vous ruiner à faire filer votre femme par des agents maladroits qui la laissent toujours échapper, occupez-vous donc de vos affaires vous-même ; rentrez un jour à l'improviste chez vous, en silence, quand on ne vous attend pas, et si vous cherchez bien vous trouverez la preuve que vous êtes trompé, et vous verrez comment vous l'êtes, mon pauvre bonhomme. »

Si avec cela elle ne l'amenait pas où elle voulait, c'était à désespérer de la bêtise humaine ; mais si bête que fût le pauvre bonhomme, il ne le serait pas jusqu'au point de ne pas se conformer aux termes de cette lettre ; il chercherait ; à elle de le faire trouver.

Et d'un cœur tranquille, avec la satisfaction que donne une chose réussie à laquelle on a longuement travaillé, elle jeta sa lettre dans la première boîte qu'elle trouva.

Maintenant Mostyn était perdu, et déjà elle marchait la tête haute à côté de Hooker comme sa femme.

Depuis qu'elle préparait sa vengeance, elle avait lu tous les procès en divorce, publiés par les journaux, et puisque, la plupart du temps, l'aveu de la femme suffisait, elle ne pouvait pas ne pas triompher.

Elle serait libre, et Mostyn se noierait dans le scandale qu'elle allait soulever autour de lui.

Quel triomphe !

II

Elle passa le reste de l'après-midi à mettre de l'ordre dans ses affaires, et à tout préparer pour son départ, qui sûrement aurait lieu le lendemain matin, si ce n'était pas dans la nuit même.

Mais elle était dans un tel état d'agitation nerveuse qu'elle ne savait pas trop ce qu'elle faisait et que, cinq minutes après voir rangé une chose, elle la cherchait sans se rappeler qu'elle venait de la serrer dans une boîte.

Elle eût voulu que son mari rentrât tout de suite, et que ce fût fini ; cette attente l'énervait, les minutes ne marchaient pas,

Sa seule distraction, la seule idée qu'elle pût suivre était d'imaginer la tête qu'allait faire son mari, et aussi celle que ferait plus tard Mostyn : ça c'était drôle, vraiment drôle, comme disait Jack. Et ce qui ne le serait pas moins, ce serait l'étonnement de Mostyn quand il verrait tout ce qu'elle raconterait sur son intérieur, sa vie intime, ses habitudes, sans deviner où elle avait pu apprendre tout cela. Les mille petits détails dont elle appuierait son récit, n'en prouveraient-ils pas la vérité ? C'était ainsi qu'elle avait toujours procédé, imposant par le détail, ses histoires les plus extraordinaires. Qui penserait jamais qu'elle tenait ces détails de sa sœur Rose et de la femme de chambre de celle-ci qui avait été quelques années auparavant au service de Mostyn. Pour qu'elle connût tous ces petits faits de la vie intime, ne fallait-il pas qu'elle eût elle-même partagé cette vie ?

Elle dîna seule, et malgré son agitation, de bon appétit. Comme elle mangeait des fraises, dont elle était très gourmande, deux coups de marteau appliqués d'une main sûre, la firent tressaillir, c'était le *double Knock* du facteur annonçant des lettres. Il n'y avait là, rien que d'ordinaire, mais, dans l'état d'anxiété où elle se trouvait, elle n'était pas maîtresse de ses nerfs. Quand des lettres arrivaient ainsi pendant l'absence de Macdonnel, on les déposait sur une table dans le vestibule où il les trouvait. Mais comme il ne fallait pas, pour la réussite de son plan qu'il fût arrêté en chemin, lorsqu'il rentrerait à l'improviste et en silence, elle se les fît remettre par Esther.

— Monsieur les lira en haut; quand on les laisse dans le vestibule, il n'en finit pas de monter.

En temps ordinaire Macdonnel ne serait certainement pas rentré de son dîner avant minuit et demi ou une heure du matin, mais comme, après la lettre qu'il avait reçue, il devait vouloir la surprendre, il semblait raisonnable de penser qu'elle le verrait surgir « à l'improviste et en silence » entre dix et onze heures.

Pour aller au delà du raisonnable elle monta dans sa chambre à neuf heures, et commença à préparer tout en vue de la mise en œuvre de son plan : sur une table elle plaça un buvard, du papier à lettres, un encrier et une plume, puis elle se déshabilla, passa par-dessus sa chemise de nuit garnie de broderies suisses, une robe de chambre, et revenant à la table elle écrivit, en riant du rire diabolique qui faisait peur à Hooker, quelque lignes qu'elle fit tout de suite sécher entre les feuillets du buvard :

— Quelle tête il va faire ! dit-elle en les lisant à plusieurs reprises.

Et elle continua à rire sans achever sa lettre.

Elle avait laissée ouverte la fenêtre qui donne sur la place, de sorte que dans le silence du soir, les plus légers bruits lui arrivaient distincts : les heures qui sonnaient à l'église de Beaumont-square, les voitures qui de temps en temps roulaient sur la chaussée et les rares passants qui rentraient chez eux. Quand, dans le lointain, elle entendait un faible bruit qui s'approchait, elle n'avait qu'à prêter l'oreille pour le suivre et comprendre s'ils'arrêtait ou s'il venait jusqu'à la maison. Elle n'avait donc pas à craindre que son mari pût la surprendre; de loin elle reconnaîtrait son pas lourd et saurait que c'était lui avant qu'il mît sa clé dans la serrure.

Elle n'avait qu'à attendre et elle s'installa le plus commodément qu'elle put dans son fauteuil, devant la table, sous la lumière de la lampe, n'ayant pour toute occupation qu'à regarder autour d'elle, en écoutant.

Ainsi c'était dans cette pauvre chambre qu'elle avait passé trois années de sa jeunesse, celles qui auraient dû lui laisser des souvenirs radieux; quelle misère! Et aussi quel dégoût! Comment aurait-elle de la pitié pour celui qui lui avait imposé une pareille existence.

Il est vrai qu'elle était bien laide et bien triste cette chambre, de la laideur neutre qui caractérisait tout l'appartement. Rapiécée de plusieurs morceaux, différents de dessin et de ton, le tapis était très usé par places, avec des inégalités qui révélaient les bosses et les trous du plancher gondolé. Les rideaux, la garniture du lit, les housses des sièges en cretonne dépareillée, venaient de chez le marchand de bric-à-brac, et le teinturier en les nettoyant à neuf, leur avait donné un ton passé qui les empêchait de trop jurer dans une réunion pour laquelle ils n'avaient pas été faits, pas plus que ne l'avaient été la toilette et le lit : celle-ci drapée de mousseline à larges rayures roses qui visait à l'élégance; celui-là prétentieux avec sa peinture bleue appliquée en tons criards sur le fer, et ses ornements de cuivre doré grossièrement travaillés. Comme la couverture était faite, on voyait ouverts les draps d'une blancheur douteuse, c'était vraiment du pauvre linge terni et aminci, sur lequel les brouillards de Londres ont depuis des années déposé leurs couches de fumée jaune, et qui servant toujours, blanchi aussitôt que sali, sali aussitôt que blanchi, n'a jamais eu la chance de se refaire une virginité dans une honnête lessive.

Les heures s'écoulèrent lentes pour son attente, et quand elles sonnaient à l'église, il lui semblait toujours qu'elle avait dû se tromper.

— Comment ce mari imbécile pouvait-il rester avec ses amis, après la lettre qu'il avait reçue. Ce n'était donc pas du sang qui coulait dans ses veines!

Elle se demanda avec inquiétude si elle n'aurait pas dû être plus précise dans cette lettre; que ne fallait-il pas pour émouvoir un homme de ce tempérament!

Sans doute il balançait le pour et le contre, et cherchait de bonnes raisons pour justifier à ses propres yeux la résolution qu'il devait prendre.

Enfin, comme les trois coups après dix heures venaient de frapper, elle entendit au loin un pas qu'elle crut reconnaître pour celui d'Adam; il est vrai que s'il en avait la lourdeur, il n'en avait point la lenteur mesurée; il était plus rapide, plus heurté.

Est-ce que vraiment il serait troublé à ce point?

Cette pensée lui donna bon espoir; s'il était furieux, les choses iraient comme elle voulait.

Elle avait retenu sa respiration pour écouter : bien que se rapprochant, les pas étaient moins distincts : assurément il s'appliquait à en étouffer le bruit.

De même ce fut sans bruit qu'il introduisit son passe-partout dans la serrure, et sans bruit qu'il referma la porte.

Vivement elle trempa sa plume dans l'encrier et la reposant sur la table, elle vint au milieu de la chambre dans l'attitude d'une femme que la surprise bouleverse et que la frayeur affole.

La porte refermée il s'était fait un silence; mais il dura peu; presque aussitôt l'escalier, cria sous le poids de pas précipités qui l'escaladaient quatre à quatre, la porte de la chambre s'ouvrit avec fracas.

Elle poussa un cri d'épouvante :

— Vous !

Mais au lieu de lui répondre il alla au lit, et le trouvant vide, ce qui parut le surprendre, il jeta autour de lui des regards furibonds, puis prenant la lampe il ouvrit la porte d'un grand cabinet dans lequel était un lit, et auquel on n'accédait que par cette porte : mais il ne trouva rien non plus dans ce cabinet qui l'arrêtât.

Alors il se retourna vers sa femme qui, pendant qu'il ouvrait la porte du cabinet, s'était rapprochée de la table, et avait pris dans le buvard la lettre commencée qu'elle semblait vouloir cacher : c'était le froissement du papier qui avait attiré l'attention de Macdonnel.

— Que cachez-vous là ? s'écria-t-il en se précipitant vers elle.

— N'approchez pas, je me jette par la fenêtre.

Il ne se laissa pas arrêter par ce cri et brusquement il posa la lampe sur la table pour avoir les mains libres, mais dans ce mouvement il rencontra la plume qui lui emplit les doigts d'encre.

— Vous écriviez ! Vous allez me remettre cette lettre.

— Jamais.

— Je la prendrai de force alors.

Il marcha sur elle; vivement elle se rejeta en arrière, le repoussant de la main qui ne tenait pas la lettre, mais enfin il la saisit:

— Vous me brisez le bras.

— J'aurai cette lettre.

La lutte continua.

Elle se débattait avec une énergie qui pouvait paraître désespérée, mais qui cependant n'allait pas jusqu'à mettre la lettre en morceaux: froissée, non déchirée.

— Je vous forcerai bien à ouvrir les doigts.

— Abuser de votre force sur une femme, c'est lâche.

Il eut un moment d'hésitation, pendant lequel il se demanda bien évidemment, si ce qu'il faisait était lâche comme elle l'en accusait; lâche envers une femme, il ne voulait pas l'être.

Elle était trop attentive, malgré son égarement apparent, à suivre ce qui se passait en lui pour ne pas remarquer cette hésitation.

Est-ce que vraiment il allait être assez bête pour ne pas lui faire violence ; et lui prendre de force cette lettre.

Comme ils faisaient le tour de la chambre, elle se sauvant, lui la poursuivant, elle se prit les jambes dans les pieds d'une chaise et s'abattit sur le tapis, en levant en l'air la main qui précisément tenait la lettre ; vivement il la saisit, et au lieu de serrer les doigts elle les ouvrit, anéantie sans aucun doute, paralysée par la douleur.

Sans prendre attention à elle, il avait couru à la table, et penché sous l'abat-jour de la lampe, il li sait :

« Quelle joie me transporte, mon cher Bob, à la pensée de nous retrouver à trois dans votre lit de Boyne-street... »

Etalée sur son tapis où elle poussait des gémissements, elle l'examinait du coin de l'œil.

Il resta calme.

— Mais qu'est-ce donc qu'il lui faut ? se demanda-t-elle.

Ce qu'il lui fallait, c'était comprendre.

Il approcha la lettre de la lampe, et la relut plusieurs fois.

Enfin il se retourna vers elle et la regardant :

— Je suppose que vous êtes folle, dit-il.

Elle continua à geindre sans répondre, puis craignant de l'apitoyer elle s'arrêta tout à coup.

Il relut la lettre une fois encore, se demandant sûrement si ce n'était pas lui qui devenait fou.

— Bob ! murmura-t-il, Boyne-street !

Elle vit que la lumière se faisait enfin dans son épaisse cervelle ; alors elle se releva pour être prête à répondre quand il l'interrogerait et l'éclairer sur ce qu'il ne comprenait pas encore.

— C'est à Mostyn que vous écriviez ? demanda-t-il.

— Que voulez-vous que je vous dise.

— Si c'est à Mostyn que vous écriviez ?

— Vous voyez bien, murmura-t-elle en se cachant le visage entre ses mains dont elle écarta les doigts.

— Alors, c'est vrai ? dit-il en insistant comme un homme qui ne peut pas croire et demande à ses oreilles de confirmer le doute de ses yeux, c'est vrai, c'est vrai.

Il se laissa tomber sur le fauteuil, écrasé, les jambes cassées.

— C'est vrai !

Elle ne fut pas touchée par cet anéantissement chez un homme d'ordinaire si froid et si flegmatique, elle en fut inquiète :

— Est-ce que ça va tourner à l'attendrissement ? se dit-elle.

Il tenait toujours la lettre dans sa main et irrésistiblement ses yeux étaient attirés par ce papier qui lui brûlait les doigts.

— Mais qu'est-ce que c'est que ça, dit-il, qu'est-ce que c'est que ça ?

— Ça, c'est le vice français.

— Je ne comprends pas.

— Si vous aviez vécu en France vous comprendriez, c'est toujours comme ça.

— C'est en France que vous avez appris ces abominations ?

— C'est Mostyn qui me l'a dit : il connaît bien la France.

Malgré cette lettre il y avait en Macdonnel quelque chose qui protestait contre cette complicité de Mostyn ; mais ce dernier mot le frappa : il était vrai que Mostyn connaissait bien la France, où il avait pu prendre des goûts de débauche inconnus d'un vrai Anglais : n'était-ce pas un trait de caractère qui devait lever ses doutes ?

— Alors, c'est vrai ? s'écria-t-il, dites-moi que c'est vrai, moi je vous ai toujours été fidèle.

— Que puis-je dire contre cette lettre qui m'accuse, s'écria-t-elle en se tordant les mains ; comment me disculper ? comment vous empêcher de vous venger ?

Elle attendit une explosion de fureur, partant sous cette étincelle qu'elle n'avait pas jetée au hasard, mais rien ne venant, elle continua :

— Toutes les protestations du monde ne m'innocenteraient pas ; puisque j'ai été assez maladroite pour me laisser surprendre, il faut bien que j'avoue. Oui, j'ai un amant. Et cet amant, c'est Robert Mostyn. Tout ce que je dirais ne peut pas empêcher que cela soit : c'est un malheur, au moins vous serez débarrassé de moi.

C'était une nouvelle invite ; il n'y répondit pas ; alors elle continua :

— Nous étions à peine mariés quand il m'a montré que je lui plaisais. Quand nous sommes venus à Londres, il m'a fait visite, et m'a dit que nous pourrions nous rencontrer dans une maison de King-street Euston-square. J'ai été dans cette maison et je suis devenue sa maîtresse.

— Vous le connaissiez à peine.

— Cela ne fait rien; il ne perd pas son temps, Robert Mostyn; et puis il est si beau. Pourtant j'aurais peut-être résisté, mais j'ai été poussée par Louise qui m'a perdue.

— Vous voyez bien que j'avais raison de me défier d'elle.

— Elle a été aussi la maîtresse de Mostyn, et elle ne voulait pas que je fusse au-dessus d'elle; alors elle m'a entraînée, et quand Mostyn a voulu il n'a eu qu'à me prendre. J'allais chez lui à Boyne-street quand il ne pouvait pas venir ici.

— Il venait ici!

— Demandez à Esther si je ne lui avais pas recommandé de ne jamais laisser entrer personne quand il serait avec moi.

— Quelle infamie! Dans cette maison! Sous mon toit!

— J'ai aussi passé la nuit plusieurs fois chez lui, ainsi quand vous avez cru que je partais de Glasgow pour aller chez madame Taylor, au mois de février c'était pour le rejoindre : c'est lui qui ma soufflé l'histoire de la visite à ma mère que je vous ai racontée et que vous avez acceptée comme si elle était naturelle. Oh! il est très fort Mostyn, et pour arranger des histoires, pour les rendre vraisemblables il n'a pas son pareil. Je lui disais que vous ne voudriez pas me croire; mais lui me répétait : « Allez toujours, je suis sûr qu'il la gobera. » Et vous l'avez gobée. Ah! il vous connaît bien.

Cette fois n'allait-il pas éclater?

Elle attendit quelques instants, mais il garda son attitude, sans que Josey put deviner si c'était l'accablement ou le recueillement, qui le courbait sur la table, blême et misérable.

Quoiqu'elle le connût bien, elle fut stupéfaite; que fallait-il donc?

Elle poursuivit :

— Nous nous voyions aussi chez ma sœur Rose, c'était très commode; j'arrangeais nos rendez-vous, je l'en prévenais par un mot écrit à son club, car lui ne m'a jamais écrit, il est bien trop malin pour ça, et tout allait très bien. C'est ainsi que nous nous sommes rencontrés chez Rose à Esher : nous passions l'après-midi ensemble, et nous revenions tête-à-tête en voiture et en wagon.

Il relut encore la lettre qu'elle s'était fait prendre de force :

— Et quand deviez-vous vous retrouver avec lui... dans son lit? demanda-t-il.

— Jeudi, pendant votre voyage à Glasgow. Vous ne sauriez vous imaginer par quelles hontes il m'a fait passer. D'abord personne ne savait que j'allais chez lui, mais ensuite il ne s'est pas gêné. Pourquoi, se fût-il contraint ? Toutes ses femmes de chambre sont ou ont été ses maîtresses : Elisabeth qui me faisait entrer et sortir, ainsi qu'une autre appelée Mary. Dans les commencements j'étais honteuse, mais je me suis bien vite habituée. Il le voulait d'ailleurs, et ce n'est pas un homme à qui on résiste : il était maître de mon esprit comme de mon corps; j'étais un jouet entre ses mains, il faisait de moi ce qui lui plaisait; j'aimais ce qu'il aimait; je voulais ce qu'il voulait; et pour qu'il me dît que j'étais la maîtresse la plus française qu'il eût jamais trouvée, — comme il me l'a dit bien des fois, — j'aurais passé à travers toutes les hontes avec bonheur.

— Misérable !

— Cela vous étonne, vous qui êtes perdu de rhumatismes et ne pensez qu'à vous plaindre du matin au soir, mais il n'a pas de rhumatismes, Mostyn, il ne se plaint pas; et pour un sourire de lui, pour une caresse on se damnerait.

— Taisez-vous, malheureuse, s'écria-t-il en levant les deux bras pour lui imposer silence.

Elle en était venue à ses fins : l'exaspération si lente à naître avait fini par soulever ce cœur froid, elle poursuivit :

— Que je me taise! je ne demande que cela. Vous en savez assez maintenant pour voir comment j'ai été perdue, et par qui. Est-ce ma faute ? Peut-être, car je sens bien que je n'étais pas née pour faire une femme comme les autres; ça n'est pas dans mon sang. Mais c'est aussi la faute de celui qui m'a perdue. Vous avez voulu que je me confesse. Tant pis pour vous si vous avez appris des choses qui vous blessent. Il ne fallait pas m'espionner. Il ne fallait pas me faire violence pour me prendre cette lettre, et me faire violence aussi pour m'obliger à [parler.

Vous avez voulu ma confession, la voilà sincère et véridique. Vous devez savoir ce qui vous reste à faire : cela ne me regarde pas. Je suis trop dégoûtée de la vie pour prendre la peine de mentir : au moins j'ai eu de bonnes années, celles pendant lesquelles j'ai aimé Mostyn.

En parlant sa voix avait un accent d'insolence et d'impudence, qui eût frappé un homme moins accablé que Macdonnel ; mais il prenait pour des sanglots ce qui était en réalité des ricanements, pour du désespoir ce qui était du défi. Comment eût-il imaginé qu'elle trouvait une joie triomphante dans cette confession, qu'il croyait de bonne foi avoir provoquée, comme elle le lui disait? Il n'avait point réfléchi à la confession, le professeur de Glasgow ; et comme il ne lui avait jamais appliqué la pénétration de son esprit, on l'eût renversé si on lui avait dit, que pour plus d'une femme, il est des fautes aussi douces à avouer qu'à commettre. C'était précisément le cas de Josey qui jouissait autant de ce qu'elle disait, que des sensations cruelles qu'elle provoquait dans le cœur de celui qui l'écoutait.

C'était sa vengeance qui commençait, et elle le regardait anéanti devant elle : en lisant la lettre il s'était demandé s'il était fou, maintenant, en écoutant son flux de paroles qui coulait avec un bruit assourdissant et lui noyait le cœur, il se demandait s'il devenait idiot. Tout bas il murmurait :

— Est-ce possible?

Tout à coup les idées qui l'avaient si fort tourmenté en ces derniers temps surnagèrent.

— Et Hooker ? demanda-t-il.

— Là, là, répondit-elle avec un ricanement, perdez-vous la tête de me parler de Hooker. Que faut-il donc pour que vous compreniez que vous avez suivi une fausse piste? J'ai pu, sur le conseil de Mostyn, vous égarer de ce côté, mais maintenant à quoi bon? Je ne suis pas femme à vouloir qu'un innocent paie pour le coupable.

— Alors, vous ne m'avez pas été infidèle avec le capitaine Hooker? demanda-t-il en insistant d'une façon inquiétante.

Elle étendit les mains devant elle dans un mouvement solennel.

— Jamais, jamais.

Dans son accent, dans son geste, dans ses yeux, c'était la vérité même qui parlait; cependant Macdonnel revint à ses doutes si vivaces que rien ne pouvait les arracher de son cœur.

— Vous me le jurez ?

Elle leva son bras droit vers le plafond :

— J'en appelle au ciel, s'écria-t-elle, Dieu qui voit tout sait si j'ai été coupable.

Après une pause assez longue qui devait laisser la conviction se faire dans l'esprit de son mari, elle continua sur un ton presque familier :

— J'ai été trop intime, trop libre avec beaucoup d'autres, cela est vrai, mais sans que j'aie jamais été au delà de coquetteries et d'enfantillages que toutes les femmes se permettent : il est vrai aussi que je me suis promenée à cheval dans le *Row* avec le capitaine et que nous avons visité ensemble une exposition ; mais rien de mal ne s'est passé entre nous : toujours il m'a traitée en honnête femme et je l'ai toujours trouvé galant homme. Il n'y a qu'un coupable.

Elle attendit :

— Je vous ai dit qui il était.

Comme il restait plongé dans son silence, elle insista :

— A vous de voir maintenant ce que vous devez faire.

Cependant il ne se décida pas encore à répondre, c'est-à-dire à lui apprendre ce qu'il allait faire.

— Tout cela est infâme, monstrueux, abominable, dit-il après plusieurs minutes, et en se parlant à lui même.

— A qui la faute ?

Il se tut.

— Vous le savez.

Rien n'agissait. Elle ne pouvait pourtant pas lui crier : « Vous devez divorcer et vous venger de Mostyn. » L'idée ne lui en viendrait-elle pas spontanément ? Après tout ce qu'elle avait dit, que pouvait-elle ajouter de plus fort ?

Mais il était l'homme des résolutions pesées et balancées, non des coups de tête. Que de fois l'avait-elle entendu raisonner : « Il est évident que d'une part... Mais d'autre part il est non moins certain... » Il fallait le laisser à ses réfléxions qui en feraient plus sans doute que tout ce qu'elle pourrait dire maintenant.

Ils restèrent assez longtemps en face l'un de

l'autre : lui les yeux fixés sur le tapis, elle, le regardant sans en avoir l'air.

Tout à coup, il se leva :

— Il est temps de vous mettre au lit, dit-il avec calme; pour moi je vais coucher dans le cabinet.

Il fit quelques pas vers ce cabinet; puis se retournant :

— S'il vous revient quelqu'autre chose dans la nuit ne me réveillez pas ; vous me le direz demain.

III

Quel homme !

Cependant, pour lui, c'était beaucoup d'avoir voulu coucher dans le cabinet, car en le voyant si calme elle s'était demandé un moment s'il n'allait pas reprendre sa place ordinaire à coté d'elle : alors tout serait perdu ; il l'emmènerait à Glasgow, et un beau jour il lui pardonnerait : il en était bien capable, l'imbécile !

Mais faire lit à part semblait un heureux présage : le commencement du divorce sans doute.

Elle l'entendit, aller et venir dans le cabinet, marcher, tourner pesamment comme toujours, et de temps en temps pousser des exclamations étouffées qui ressemblaient à des soupirs. Et quand un de ces soupirs était plus fort que les autres, elle avait bon espoir.

— Ça opère, se disait-elle.

Enfin il se coucha, et souffla la bougie.

Maintenant elle pouvait dormir.

Mais comme elle fermait les yeux, un frottement les lui fit rouvrir : dans le cabinet il venait de rallumer la bougie, et au bruit qu'il faisait on pouvait comprendre qu'il se rhabillait.

Que voulait-il ? Qu'allait-il se passer ?

Elle eut un moment d'émoi. Avec ces animaux à sang lent, on ne peut rien prévoir de raisonnable. Peut-être la fureur qu'elle avait soufflée, s'était-elle enfin allumée, et voulait-il l'étrangler. Il en était bien capable le brutal, bien qu'il n'y eut en lui rien de l'Othello.

Au lieu de se coucher, elle aurait décidément mieux fait de se sauver et d'aller passer la nuit n'importe où, dans un hôtel, mais il était trop tard pour avoir cette idée : il venait d'ouvrir la porte du cabinet, et il s'avançait vers le lit, tenant d'une main une liasse de papiers.

Bien que cette liasse de papiers ne promît rien de bon, elle n'eut qu'un coup d'œil à jeter sur lui pour comprendre que ce ne serait pas cette nuit encore qu'elle serait étranglée par cet Othello écossais; le faux More de Venise, ne trouvant pas ses vêtements habituels dans ce cabinet, avait revêtu ceux qu'il venait de quitter, et tout de noir habillé : habit, gilet et pantalon, la cravate blanche au cou, les pieds sans bottines, simplement chaussé de chaussettes rouges, il marchait lourdement, la chandelle à la main, les épaules voûtées, les jambes écartées, plus gauche, plus maladroit qu'elle ne l'avait jamais vu, le teint blême, les lèvres décolorées et frémissantes, les yeux hagards.

Il vint jusqu'au lit sans rien dire : arrivé là, après avoir posé le bougeoir sur la table de nuit, il prit une chaise, écarta soigneusement les pans de son habit, et s'assit dans la pose d'un médecin qui vient donner une consultation.

Elle le regarda sans comprendre ; dans son étonnement elle s'était levée à demi : sa chemise grande ouverte au cou et aux manches laissait voir ses chairs roses.

— Vous allez écouter la lecture que je vais vous faire, dit-il, puis vous répondrez à mes questions.

C'était pour lui faire la lecture qu'il venait s'établir à son chevet ! Rêvait-elle ? Elle avait regardé la liasse de papiers qu'il tenait à la main, et comme ce n'étaient point des lettres d'elle qui la formaient, sa frayeur n'était pas bien grande : l'écriture qui couvrait ces feuillets était assez grossière.

Il commença :

« Jeudi 2 Mai.

» Guetté la jeune personne qui était sortie à cheval avant mon arrivée, avec père ou tuteur, elle est rentrée à 10 heures 40 minutes avec le monsieur. Le monsieur est sorti à 11 heures 05 minutes coiffé d'un chapeau blanc. »

— Mais c'est un rapport d'homme de police que vous me lisez-là, s'écria-t-elle ; la jeune personne c'est moi ; le monsieur, père ou tuteur en chapeau blanc, c'est vous.

— Précisément.

— Voilà qui est joli de votre part et tout à fait délicat : faire filer votre femme comme une voleuse : c'est beau, c'est grand, c'est noble, c'est digne des preux chevaliers d'Ecosse !

Elle essayait de railler, mais elle n'était nullement rassurée : quels témoignages ces rapports n'allaient-ils pas fournir contre Hooker ! Pour elle dans la situation où elle était maintenant, elle n'avait pas à en prendre grand souci ; mais pour Hooker elle tremblait.

— Ne m'interrompez pas, dit-il durement, je ne vous lis ce rapport que pour vous montrer avec quelle exactitude, et quelle précision il a été rédigé ; ensuite je vous lirai ceux sur lesquels vous aurez à vous expliquer.

Il reprit sa lecture.

« A 11 heures 15 minutes, la jeune personne est sortie, ayant fait une autre toilette ; elle a marché jusqu'au South-Kensington Museum. La pluie commençant à tomber elle a hélé un cab (n° 4551); je l'ai perdue dans Brompton-road. Je suis retourné à la maison. Elle est rentrée en cab (n° 22024) à 4 heures 45 minutes. Elle n'est pas ressortie. »

Il s'interrompit :

— Vous voyez si c'est exact.

— Je n'en sais rien ; comment voulez-vous que je me souvienne depuis le 2 Mai.

— Nous allons prendre des dates plus rapprochées. Voici le rapport de samedi dernier.

« Celle que je guette est sortie à 10 heures 25 du matin ; elle a marché à pied jusqu'à Pelham crescent; elle est entrée au n° 9 de College street, elle y est restée jusqu'à 1 heure et est rentrée chez elle. Elle a changé de toilette. Elle est ressortie à 3 heures avec un petit panier à la main; elle a marché jusqu'à Lowndes square; je l'ai perdue; je suis retourné chez elle; elle est rentrée à 4 heures 30 minutes ; elle a changé de toilette, et est ressortie à 4 heures 50 minutes; la bonne a hélé un cab (n° 3163). Je l'ai suivie jusqu'au n° 30 de Portman square. Elle est entrée à 5 heures 30 minutes. Deux dames en voiture y ont laissé leurs cartes. Sont venus ensuite deux messieurs en coupé, une dame en calèche. Ils sont entrés dans la maison, et sont restés jusqu'à 10 heures. Leurs voitures sont revenues les chercher. Je pense que la jeune personne a dû partir dans une de ces voitures, car je suis resté jusqu'à ce que les volets soient fermés et les lumières éteintes, sans la revoir.

— Vous voyez si celui-ci est exact aussi, dit-il en s'interrompant.

— Je crois bien, il m'a perdue deux fois en un seul jour, répondit-elle en riant d'un rire narquois.

— Peu importe; vous voyez que j'ai l'emploi à peu près complet de votre temps : de onze heures à une heure chez votre sœur; à cinq heures chez mademoiselle Thompson. Il est vrai qu'on vous a perdue, et qu'il serait intéressant de savoir où vous étiez de 3 heures à 4 heures 30 minutes, dans le quartier de Lowndes square, où vous ne connaissiez personne. Mais ce n'est pas de cela qu'il s'agit en ce moment. Où étiez-vous hier à deux heures.

— Hier à deux heures ?

— Oui, hier à deux heures.

Son sourire narquois avait fait place à la pâleur : à deux heures elle était avec Hooker dans la maison de Clare-street.

Elle le regarda pour chercher une réponse dans ses yeux ou sur le rapport de l'agent; mais il avait relevé sa liasse de papiers et il la tenait serrée sur son gilet comme le joueur qui poitrine de peur qu'on voie ses cartes.

Il fallait répondre sans retard, sans hésitation.

Elle s'assit sur le lit, en laissant pendre ses jambes à demi recouvertes.

— Je suis sortie pour aller à l'Exposition de l'Académie Royale; mais en chemin l'idée m'est venue d'aller visiter mes pauvres. Ce n'était pas mon jour, il est vrai, mais j'étais tourmentée par l'obsession de ce petit enfant brûlé dont je vous ai parlé; il souffrait tant le cher petit de cette horrible brûlure. Alors je suis allée à Whitechapel, et j'ai visité mes pauvres.

Il l'interrompit, et lisant sur le rapport :

» Entrée dans Chapel-court, s'arrête au n° 5, parle avec une femme (madame Yates), lui donne quelque chose; entre au n° 9 (madame Sugden), y reste dix minutes, traverse la cour, entre au n° 6 (madame Adams), y reste près de vingt minutes, etc. etc., Passons. Après que faites-vous ?

Bien qu'elle fût à moitié nue, la sueur lui coulait dans le dos, et s'il avait pensé à lui prendre les mains il les aurait trouvées froides et mouillées.

— J'ai pris un cab, dit-elle.
— Le n° 30115.

Le moment décisif approchait ; ce contrôle était paralysant; pour la première fois de sa vie sa parole s'embarrassait.

— Je suis descendue devant Adelphi.
— Vous n'aviez rien à faire à Adelphi.
— Non, mais j'avais des ciseaux à acheter dans un magasin du Strand.
— Et après avoir acheté ces ciseaux?

Elle n'en avait pas acheté; elle était sauvée; instantanément le calme lui revint : il ne savait rien depuis ce moment puisqu'il croyait qu'elle était entrée chez un coutelier.

— J'ai pris une voiture, et suis rentrée ici après avoir flâné dans Hyde-Parck.

Elle voulut triompher :

— Vous ne me dites pas le numéro de cette voiture.

— Vous mentez. Vous mentez en ce moment comme vous mentez toujours. En sortant du Strand vous êtes allée dans Clare-street qui est une rue mal famée, et vous êtes entrée là, dans une maison honteuse.

Si étouffante que fut l'angoisse qui la serrait à la gorge, elle ne s'abandonna pas; tout n'était pas perdu : puisqu'il ne lui disait pas le numéro de cette maison, comme il lui avait dit à l'avance les numéros des autres où elle était entrée, et des voitures qu'elle avait prises, c'est qu'il ne le savait pas.

Comme il se taisait, elle garda elle-même le si-

lence, car maintenant il importait de le voir venir.
Enfin après quelques minutes elle se décida :
— J'attends, dit-elle.
— Quoi ?
— Le numéro de la maison honteuse dans laquelle je suis entrée.
— Vous y êtes restée deux heures : de deux heures dix minutes à quatre heures un quart.
— Le numéro ?
— On vous a vu sortir.
— Le numéro ?

Voyant qu'il ne répondait pas, elle respira : évidemment le fil s'était brisé entre Adelphi et la maison de Clare-street : elle était sauvée.

— Qui a-t-on vu entrer ? demanda-t-elle. Qui a-t-on vu sortir ? Une femme qui me ressemblait ? C'est possible. Je n'en sais rien. Elle était de ma taille ? C'est possible encore. Mais était-elle grasse, — comme moi; ou maigre, — comme une autre. Voilà ce que le rapport de votre agent ne dit pas, et ce qu'il faudra savoir cependant avant de m'accuser. La vérité est que votre agent m'a perdue — une fois de plus, — dans le Strand, et pour ne pas l'avouer il a inventé cette histoire de... Comment appelez-vous cette rue ? Enfin peu importe. Il a donc inventé cette histoire pour vous tirer de l'argent. Mais comme il ne pouvait pas préciser le numéro, il n'en a pas indiqué, lui qui les note cependant si scrupuleusement, parce que sa fourberie eût été trop facile à découvrir. Et c'est sur de pareilles niaiseries, que vous voulez appuyer des accusations qui tendent à je ne sais quel but. Car enfin que voulez-vous prouver ? Que cherchez-vous ? Que je vous trompe ? Je vous l'ai avoué.

Elle parlait maintenant avec un sang-froid, une assurance et un dédain qui démontèrent Macdonnel: il semblait qu'il eût à se défendre et qu'elle fût elle-même l'accusateur, se tenant devant lui la tête haute, le front insolent, les lèvres railleuses, couverte seulement de sa chemise de nuit entre-bâillée, les jambes nues ballantes.

— Il n'en est pas moins certain, dit-il, qu'aucun de ces rapports ne constate votre présence à Boyne-street et ne parle de Mostyn.

Elle partit d'un éclat de rire : maintenant elle n'avait plus à se gêner, et comme avec la confiance, la sensation des choses extérieures lui revenait, elle s'arrangea dans le lit pour ne pas gagner froid : prenant les deux oreillers pour elle seule, elle les mit l'un par-dessus l'autre, les tapota, et s'allongeant, elle ramena la couverture sur ses épaules.

— Et vous êtes surpris, dit-elle insolemment, que votre agent ne m'ait jamais vu entrer chez Mostyn ?

— Assurément.

— Et vous ne pourriez pas tout seul vous expliquer comment cela se fait?

— Non.

— Eh bien, je vais vous l'expliquer, moi... puisque cela peut vous faire plaisir. Si vous ne connaissez pas votre agent, et s'il ne vous connaît pas, comme cela résulte de la façon dont il parle de vous, moi je le connaissais, et depuis longtemps je savais qu'il me filait : un homme tout de noir habillé, au visage blanc comme celui de Pierrot, un pauvre diable qu'on n'oublie pas quand on l'a vu une fois. Comme je l'ai vu dix, comme je l'ai vu vingt, je n'avais pas de peine à le reconnaître. Quand je n'avais rien à faire, je me donnais le plaisir de le promener dans des courses insensées, qui ont dû bien vous étonner, mais dont vous devez comprendre le but maintenant : le décourager. Au contraire, quand je devais voir Mostyn, soit chez lui, soit ailleurs, je m'arrangeais pour dépister votre homme, ce à quoi je n'avais pas grand mérite, je l'avoue ; alors j'allais où j'avais à aller, bien tranquille, sachant qu'il était revenu ici et qu'il m'attendait devant ma porte, comme un chien qui a perdu son maître.

Elle le regardait du coin de l'œil, il avait repris son air absorbé, cherchant à côté et au delà de ce qu'elle lui disait ; alors elle continua pour le ramener sur le point qu'elle voulait :

— Il est certain que sans cette maudite lettre que vous m'avez arrachée de force, vous n'auriez jamais rien découvert ni vous ni votre homme qui, je vous en avertis n'est qu'un imbécile et un menteur. Maintenant que j'ai fait la sottise d'écrire cette lettre, et que j'ai été assez maladroite pour me la laisser prendre, rien ne sert de nier et de me défendre, vous l'avez aux mains et vous voyez que Robert Mostyn est mon amant ; vous pouvez faire de moi et de lui ce que vous voudrez, nous sommes entre vos mains.

— Je le cravacherai... certainement, dit Macdonnel.

Elle eut peine à ne pas rire : ce bonhomme épais et lourd, cravachant le superbe Mostyn, ce serait un tableau réjouissant ; mais, si drôle qu'il pût être, ce n'était pas pour en arriver là qu'elle s'était donné tant de peine.

— Vous ferez ce que vous voudrez, dit-elle, car je ne peux pas plus défendre Mostyn, que je ne peux me défendre moi-même. Nous sommes coupables tous les deux. Lui plus que moi peut-être. Car enfin c'est lui qui m'a détachée de vous. Je ne dis pas que j'aie été élevée pour être une honnête femme ; mais cependant il me semble que, près de vous, avec vos leçons j'aurais pu en devenir une... peut-être : je vous aurais aimé, je vous aurais rendu heureux. Mais, au lieu de ces leçons, ce sont celles de Mostyn que j'ai reçues ; et c'est un terrible maître auquel on ne résiste pas : il entrerait en ce moment même dans cette chambre, il me ferait un signe, je lui ouvrirais mes bras.

— Misérable !

— Que voulez-vous, il est si beau. C'est ce qui vous explique comment je suis devenue un jouet entre ses mains. Si je vous ai exaspéré à Glasgow, c'était pour revenir près de lui. Si le matin je vous ai obligé plus d'une fois à sortir quand vous auriez voulu rester, parce que vous étiez malade, c'est pour courir près de lui. Il était maître de ma volonté, comme de mon corps, et ce que vous avez souffert depuis notre mariage c'est lui qui vous l'a fait souffrir. Si vous vous vengez de lui, si vous le perdez par un procès scandaleux, si vous l'abattez et le traînez dans la fange de façon à ce que sa vie politique soit à jamais finie, si vous rompez son mariage avec Jane Talbot... il ne pourra pas plus se plaindre que je ne me plaindrai moi-même : vous vous serez vengé en honnête homme, en homme de cœur, et vous aurez tout le monde pour vous.

Elle avait souligné chaque phrase, et il n'y avait pas un mot sur lequel elle n'eût appuyé pour l'humilier et l'exaspérer.

Cependant il restait sur sa chaise, devant elle, dans la même attitude.

Enfin il se leva, et mettant en ordre ses papiers, il les plaça dans la poche de son habit.

Prenant le bougeoir, il fit quelques pas du côté du cabinet.

Elle n'y put pas tenir :

— Qu'allez-vous faire ? Vous divorcerez, n'est-ce pas ! s'écria-t-elle.

— Je suppose. Demain je vous ferai connaître ma volonté.

Je suppose ! Cette réponse, extraordinaire dans la bouche d'un autre, était caractéristique chez un homme tel que Macdonnel. Enfin cette machine si lourde à remuer se mettait en mouvement : l'impulsion était donnée ; maintenant elle allait se précipiter, et rien ne l'arrêterait qu'elle ne fût arrivée au bout.

Elle avait triomphé : libre ! vengée ! Mostyn abattu ! Hooker à elle !

Cependant elle n'éprouva pas le délire de joie qu'elle avait espéré.

Au contraire son cœur se serra, et une inquiétude la prit, l'angoissa à l'étouffer.

N'avait-elle pas été trop loin?

Quand Hooker lirait dans les débats d'un procès public, toutes les infamies qu'elle venait d'entasser, n'aurait-il pas du dégoût pour elle. Il ne voulait pas être entortillé dans un procès en divorce, et il ne le serait pas. Mais ne trouverait-il pas qu'une femme couverte de honte comme elle allait l'être le compromettrait autant que ce procès?

Alors après avoir été si forte et si résistante dans la lutte, une défaillance la prit et, s'enfonçant la tête dans son oreiller, elle éclata en sanglots.

XI

VAILLANCE DE FEMME.

I

Tout le monde parlait déjà de la demande en divorce de Macdonnel, que Mostyn n'en savait encore rien. A la vérité il avait reçu à plusieurs reprises des lettres anonymes qui semblaient l'avertir d'un danger imminent, mais sans dire d'où ce danger pouvait venir, ni sous quelle forme il se présenterait, ni à quelle époque il se produirait.

Aussi quand on lui signifia la « formal notice » qui pour lui était le premier acte de ce procès, n'y comprit-il rien.

Que lui voulait-on ? Pourquoi le mêlait-on à cette affaire où il n'avait rien à voir? A quel titre le faisait-on intervenir entre ce mari et cette femme ? Quel rôle voulait-on lui faire jouer dans leur querelle ? Le mari demandait le divorce et sans doute il avait de bonnes raisons pour cela ; mais en quoi cela le regardait-il ?

Mais peu à peu la lumière se fit dans son esprit, et il resta atterré, car il connaissait trop les affolements de l'opinion publique, pour envisager avec indifférence ou dédain un pareil procès, si absurde qu'il fût.

Les circonstances d'ailleurs étaient graves pour lui et avaient un caractère d'intensité qu'elles n'auraient pas eu en tout autre temps : — la situation du gouvernement dont le crédit était usé dans le pays par des compromis qu'on ne comprenait pas en dehors du monde parlementaire, avait exigé que depuis le commencement de la session il soutînt une lutte de toutes les nuits, et maintenant on venait de se décider brusquement à de nouvelles élections qui lui imposaient un surcroît de travail écrasant; — d'autre part la santé de Jane Talbot lui causait de fiévreuses angoisses, elle venait d'être gravement malade à Thérapia, et les incertitudes de la convalescence permettaient toutes les craintes. S'il s'arrachait un moment aux soucis des affaires, c'était pour tomber dans des tourments de cœur qui lui enlevaient tout repos.

Et voilà que par ce procès sa réputation, sa carrière, son honneur, son amour étaient menacés du même coup.

Quel effet ne produiraient pas ces accusations dans le pays à un moment de lutte, où toutes les armes sont bonnes contre un adversaire !

Qu'allait en penser Jane lorsqu'elle les lirait dans les journaux où elles commençaient à se glisser à mots couverts et où elles n'allaient pas tarder à s'étaler, scandaleusement.

Sa première idée et celle de ses amis avait été qu'on devait à n'importe quel prix étouffer cette affaire, mais il n'avait pas fallu longtemps pour reconnaître que ni lui, ni ses amis, quoi qu'ils offrissent, n'obtiendraient le silence : on voulait surtout le scandale, et rien ne les arrêterait. Dès son premier pas, l'affaire avait échappé à la volonté et à la direction de ceux qui l'avaient lancée ; ni eux ni personne ne pouvait désormais éteindre l'incendie qu'ils avaient allumé et qui ne finirait que quand il aurait tout dévoré.

Et maintenant il fallait qu'il écrivît lui-même à Jane et qu'il lui annonçât, qu'il lui expliquât ce procès et les accusations sur lesquelles on le basait : une rechute pouvait la tuer, il fallait qu'il dît quand même la vérité. Aux lettres d'elle, parlant de confiance, de joie, d'amour, toutes pleines de la première à la dernière ligne de l'attente du bonheur qu'elle se promettait de lui donner, il devait répondre en la préparant aux douleurs et aux hontes de ce procès. Que sa santé affaiblie résistât à ce coup ; comment son amour et sa foi le supporteraient-ils ?

Assis devant la table de la salle à manger pour n'être dérangé ni par les secrétaires ni par les visiteurs, qui forceraient sa porte, et monteraient à son cabinet de travail, il se préparait à lui écrire, en attendant la visite de son avoué.

Une table, deux dressoirs, des chaises, le tout très simple et lui venant de son grand-père, formaient l'ameublement de cette pièce que complétaient un tapis d'Orient, des rideaux d'épaisse soie, de belles gravures, d'après Raphaël, et une cheminée en marbre jaune décorée d'ornements en bronze repoussé. Égayé par un soleil de juin, le petit jardin plein de géraniums dont les fleurs rouges se détachaient sur la pâle verdure des nouvelles frondes des fougères leur servant de fond, ajoutait une note jeune à l'effet clair et frais de cette pièce, et par là faisait d'autant plus fortement ressortir l'accablement sombre de Mostyn. Dix jours de souffrance et d'anxiété avaient anéanti sa robuste vaillance qui jusqu'à ce moment s'était jouée de l'âge : amaigri, pâli, le front ridé, les yeux cernés par l'insomnie, il avait dans ces quelques jours sauté de quarante ans à cinquante et même au delà.

La dernière lettre de Jane, devant lui, il écrivait :

« Chère bien-aimée,

« L'affreux coup dont les lettres anonymes m'a-
» vaient averti depuis quelque temps déjà, vient
» de s'abattre sur moi. Ceux qui les ont écrites ont
» choisi pour instrument Adam Macdonnel. Sa
» femme lui a fait un aveu monstrueux ; il la croit ;
» et ils emploient en ce moment des agents pour
» chercher des témoins qui l'appuyent. Vous disiez
» que le mariage de mon frère apporterait le mal-
» heur dans notre maison, mais vous ne pouviez
» pas prévoir un malheur aussi hideux. Vraie, une
» pareille accusation ne serait pas plus foudroyante.
» J'ai cru devoir essayer d'étouffer ce procès.

» N'ayant pas réussi, je vais quitter la politique.
» Malade comme vous l'êtes cette affaire vous tuera,
» et me tuera si elle vous tue, ou si vous perdez
» votre foi en moi. Si malgré tout vous m'acceptez
» encore pour mari, vous aurez à choisir entre la
» honte et l'infamie : — la honte si je ne combats
» pas cette accusation; l'infamie si je me défends,
» car il est sûr qu'on va suborner des témoins qui
» diront tout ce qu'on voudra leur faire dire et
» insisteront sur les détails immondes qu'on leur
» soufflera. A l'avance, je sais si bien ce que sera
» pour moi l'issue de ce procès, que je quitterais
» l'Angleterre, quoique innocent, si le devoir ne me
» commandait pas de rester. Vous m'aiderez à l'ac-
» complir, n'est-ce pas, et comme vous accepteriez
» la honte, vous viendrez partager l'infamie avec
» moi, forte de votre foi en mon amour, et assurée
» que la bataille finie, vous trouverez encore du
» bonheur dans mon adoration. Qu'il ne dût pas en
» être ainsi, et pour moi, mieux vaudrait tout de
» suite mourir. Si j'ai jamais été digne de votre
» amour et de votre foi, je le suis toujours. Mais
» bien que ma vie soit sans tache, il y a des mo-
» ments où je m'imagine — pardonnez cette injure
» — qu'il est impossible que vous puissiez me croire
» et de toutes mes souffrances celle-là est encore la
» plus affreuse ; celle qui paralyse mon esprit et
» mon cœur. Que vous veniez mettre votre main
» dans la mienne, pour que nous combattions
» ensemble, comment pourrez-vous entrer dans
» cette maison salie et déshonorée. Quand je pense

24.

» à ma chambre, mon cœur se soulève ; — et la
» chambre de ma mère, celle où je suis né et que je
» vous destinais, ils l'ont profanée. »

Il s'arrêta pour respirer car il étouffait ; mais en passant sa main sur son visage il fut surpris de la retirer mouillée.

Quelques mois auparavant, feuilletant pour des recherches utiles à une discussion, le livre de Pelet de la Lozère sur les séances du Conseil d'État de France au temps de Napoléon 1er, il avait lu que Napoléon, parlant de la capitulation de Baylen, s'était livré à l'épanchement de sa douleur patriotique jusqu'à laisser voir des larmes dans ses yeux ; et il s'était étonné de cette faiblesse chez un homme si fort et si maître de soi ; mais voilà que lui-même était aussi faible devant sa douleur personnelle : il pleurait, et sentait maintenant ses larmes couler le long de ses joues.

Après un temps assez long donné à son émotion, il les refoula et continua sa lettre :

« Je pense que nul être humain n'a été aussi mal-
» heureux que moi, car la mort me ferme la porte
» qu'elle ouvre à ceux qui souffrent : puis-je me tuer
» quand vous m'aimez. Ma vie, cela va sans dire,
» dépend de vous et de vous seule. Mais ne man-
» quez pas à la sincérité pour me sauver : si vous
» n'êtes pas sûre dans votre conscience que vous
» pouvez avoir foi en mes paroles, ne venez pas uni-
» quement pour me faire vivre. Je sens que c'est

» outrager votre amour d'admettre la pensée qu'il
» peut éprouver un doute, mais en vous mettant à
» ma place vous me pardonnerez, comprenant que
» c'est ma détresse qui la fait naître, et qu'au fond
» du cœur malgré tout j'espère en vous, je n'espère
» qu'en vous pour combattre jusqu'à la fin et, après
» la bataille, quelle qu'en soit l'issue, regagner la paix
» de l'âme. Autour de moi on me dit que vous ne
» m'abandonnerez pas et que vous me garderez,
» votre foi quoi qu'il puisse arriver, et me serez fidèle.
» C'est mon soutien de le croire et de me dire que
» vous ne reculerez pas d'une ligne. Mais telle est
» l'horreur de ma situation, que cette pensée même
» ne fait qu'aggraver mon angoisse, puisqu'elle me
» fait voir que c'est par moi que vous allez être
» plongée dans toutes ces tortures. »

Il se leva et se mit à marcher à grands pas dans la salle, tournant sur lui-même, revenant à chaque instant à sa chaise pour reprendre sa lettre, et cependant ne s'asseyant pas, reculant toujours devant ce qui lui restait à dire.

Il avait parlé de lui, de ses souffrances et de ses angoisses, de son amour et de la confiance qu'il avait dans l'amour de Jane; il avait parlé aussi des dangers qui les menaçaient, du coup qui les frappait, de l'aveu monstrueux sur lequel Macdonnel basait son accusation, mais cette accusation elle-même il ne l'avait pas précisée.

Comment la dire?

Comment la répéter telle qu'elle était formulée dans la lettre de Joséphine.

C'était à une femme qu'il écrivait, à la femme qu'il aimait.

Et cependant il fallait qu'elle connût cet aveu.

Vingt fois il avait passé devant sa chaise sans reprendre sa place, quand un coup de sonnette retentit; presqu'aussitôt le domestique ouvrit la porte et annonça :

— M. Drayton.

II

C'était l'avoué : un homme de quarante ans environ, robuste, de grande taille, que ses hautes épaules semblaient grandir encore : sa figure avait un caractère de bonté et de force qui inspirait la sympathie, et dans son regard droit, on ne lisait aucune de ces finasseries habituelles chez beaucoup de gens d'affaires.

— Eh bien ? dit Mostyn en serrant sa lettre commencée entre les feuilles de son buvard, pour quand ?

— Il semble d'après ce qu'on peut conjecturer que ce sera pour la fin d'octobre.

En faisant cette réponse il regarda Mostyn et fut surpris de voir sa figure convulsée.

— Certainement, dit-il, l'affaire est mauvaise, mais non telle cependant qu'on doive la regarder comme désespérée. Ce qui fait particulièrement la gravité de cette accusation c'est qu'on est porté, si folle qu'elle soit, à l'admettre, par cette seule raison qu'on ne voit pas l'intérêt qu'une femme peut avoir à faire un pareil aveu. Ne la comble-t-il pas d'infamie ? Ne la met-il pas à jamais hors du monde honnête ? Pour qu'elle s'y décide, il faut donc qu'il soit vrai et qu'elle soit poussée par le remords. Comme on n'a des remords que quand on a péché, c'est la logique qui le dit, il s'en suit que nos magistrats et nos jurés acceptent volontiers l'aveu d'une femme, aussi insensé, aussi monstrueux qu'il soit, pourvu qu'une parcelle d'évidence témoigne en sa faveur.

— Où est-elle cette parcelle d'évidence ?

— Dans un propos de madame Taylor. Cette dame qui est liée intimement avec Macdonnel, et qui est la sœur de mon confrère Taylor qu'elle a donné pour avoué à son ami, aurait raconté que madame Macdonnel lui aurait maintes fois parlé de vous comme si vous étiez son amant.

— Que prouvent ces bavardages d'une femme vaniteuse qui tient à faire croire qu'elle est au mieux avec les hommes les plus en vue. Madame Taylor m'a dit à moi-même que madame Macdonnel avait l'habitude de raconter des histoires de ce genre sur tout le monde, sur Abourne, sur Morgan, sur bien d'autres. Est-il possible qu'on la croie ? Un honnête homme peut-il être victime des inventions d'une détraquée ? Quant à ce qui me touche, elle n'a pas osé soutenir devant moi une seule de ces inventions.

— Comment devant vous, s'écria Drayton, vous l'avez donc vue ?

— Oui.

— Quand ?

— Il y a quatre jours.

— Qui vous a conseillé cela, monsieur ?

— Un ami.

Drayton secoua la tête.

— Celui de mes amis qui est le plus sûr, qui m'est le plus dévoué. Quand il a été question de ce procès invraisemblable, cet ami a cru qu'on pourrait l'empêcher et que le meilleur moyen à employer pour en arriver là était une entrevue avec... cette malheureuse, qui n'oserait pas me soutenir ses mensonges en face.

— Vous aviez au moins quelqu'un avec vous ?

— Ma belle-sœur, madame Rose Mostyn.

Drayton eut un geste de mécontentement :

— Alors, c'est madame Macdonnel qui a un témoin et vous qui n'en avez pas. C'est de pire en pire. Rien de plus dangereux qu'un ami ignorant.

— Ma belle-sœur est une honnête femme.

Drayton salua :

— J'ai dû me renseigner sur les membres de la famille de madame Macdonnel : tout ce que je veux dire de madame Rose Mostyn c'est qu'elle est bien la sœur de madame Macdonnel. Maintenant racontez-moi tout ce qui s'est passé.

— Je lui ai demandé ce qu'elle voulait, et ce qu'elle croyait obtenir en formulant une accusation, dont elle savait toute la fausseté. Elle ne m'a rien répondu de distinct. Je lui ai dit qu'il fallait rétracter ses mensonges ; et que si elle n'avait inventé ces abominations que pour se séparer de son mari, elle pouvait arriver à ce résultat sans un scandale qui la perdrait elle-même. Je n'ai obtenu qu'une réponse toujours la même : « Je ferais mieux de me jeter à la rivière. »

— Qu'elle s'y jette ; je ne lui tendrai pas la perche.

Il parlait sur un ton léger, non qu'il fût rassuré, mais pour ne pas ajouter aux anxiétés de Mostyn en laissant voir ce qu'il craignait.

— Maintenant, dit-il, il faut nous occuper des dates qu'elle donne et auxquelles elle fixe vos entrevues. Je me suis inquiété de cela ; j'ai cherché à savoir qu'elles sont ces dates, et j'ai obtenu certains renseignements qui peuvent nous servir. Il paraît qu'il y a entente cordiale et peut-être collusoire entre le mari et la femme pour vous mettre dedans. Leurs deux avoués agissent ensemble ; nous avons donc forte partie devant nous. Vous savez le rôle qu'elle a fait jouer à madame Cohen. Elle a changé tout cela. Il n'est plus question de la cousine. Mais elle persiste à dire que vous lui avez fait visite lors de son retour de voyage de noces, il y a trois ans, dans la matinée du 1er Mars, à Savile-place, et que vous lui avez dit de venir vous rejoindre, l'après-midi, dans une maison de King-street Euston-quare, ce qu'elle a fait. Ecoutez bien ceci, car il faut être fixé sur les lieux et les dates. En somme, elle n'en donne pas d'autres pour vos visites à Savile-place, ni pour les matinées qu'elle dit avoir passées ici...

Mostyn frissonna : sa maison, son intérieur, sa vie intime allaient être traînés devant le public et offerts aux plaisanteries sales de la vermine qui pullule dans le monde des grandes villes.

Quoiqu'il fût endurci par l'exercice de sa profession et par l'expérience, Drayton ne put s'empêcher d'être touché par cette douleur muette : l'homme de loi s'humanisa :

— Il faut avoir le courage d'aller au fond de tout cela, dit-il, c'est le seul moyen d'en sortir.

Puis s'arrêtant et regardant Mostyn en face :

— Vous savez, monsieur, que je vous crois entièrement innocent, autrement je n'aurais pas touché à cette affaire, qui n'est pas de celles dont s'occupe habituellement mon étude.

Cette parole où s'affirmait la sympathie et la confiance remonta à l'âme troublée de Mostyn ; il prit les papiers que Drayton lui tendait, mais à peine les eut-il regardés qu'il les jeta sur la table d'un mouvement emporté :

— Non, non, s'écria-t-il, je renonce à me défendre. Si elle avait placé ses inventions dans le courant de l'année dernière, je pourrais peut-être la démentir, mais comment voulez-vous que, dans une vie occupée comme la mienne, je retrouve le souvenir précis de ce que j'ai fait, un jour donné, il y a trois ans. Et cependant ce rendez-vous l'après-midi, un 1ᵉʳ mars, est si bête, que je peux vous répondre sûrement que j'étais à la Chambre... s'il y avait séance ce jour-là.

— Il y avait séance, dit Drayton, j'ai fait la vérification ; mais gardez-vous de demander des témoignages pour attester votre présence, elle changerait l'heure à coup sûr. Maintenant, pour les dates des deux nuits passées ici cette année, c'est en février, le 10 et le 11. Etiez-vous alors à Londres ?

Mostyn tira un agenda de sa poche et le feuilleta rapidement ; il poussa un cri de triomphe :

— Le 10 j'étais chez Thompson... mais le 11, malheureusement j'ai couché ici.

— Si vous étiez à Liverpool le 10, c'est beaucoup. Maintenant quelle est cette Mary, qu'elle dit avoir vue ici. Avez-vous eu une servante de ce nom ?

— Il m'est impossible de vous le dire. Depuis onze ans, la femme qui dirige ma maison est une ancienne bonne qui a soigné ma tante et ma grand'-mère dans leurs dernières maladies. C'est elle qui engage les servantes qui lui conviennent. Je ne me suis jamais occupé de cela. Elle vous dira si nous avons eu une Mary, mais comme elle est sourde et timide à s'effarer pour un rien, vous feriez mieux de vous adresser à Sinclair, mon secrétaire, qui tient le livret des gages des domestiques.

— Bon, je le verrai avant de partir ; nous devons rechercher ceux qui ont servi ici depuis trois ans, car les procédés auxquels recourent ceux qui mènent ces procès en divorce peuvent faire d'eux des adversaires redoutables pour nous ; surtout s'ils ont été renvoyés pour une cause quelconque et s'ils ont eu des querelles avec votre femme de charge.

— Et vous me conseillez de ne pas me laisser abattre ! Comment voulez-vous que je marche la tête haute quand je sais que mon nom, mon honneur, l'honneur de ceux qui me sont chers est à la merci

25

d'un domestique chassé qui se laissera tenter par une bank-note.

— C'est pourquoi il faut que je les voie au plus tôt et que je les interroge. Quand ce qu'ils peuvent avoir à dire sera couché par écrit ils auront peur de se laisser prendre dans des contradictions. Je monte auprès de M. Sinclair.

III

Comme l'avoué ouvrait la porte pour sortir, John Thompson se présentait pour entrer; il vint vivement, la main tendue à Mostyn, qui tristement lui donna la sienne.

— Positivement, mon cher, dit Thompson, il faut vous remonter ou votre abattement finira par gagner vos amis, et vos ennemis en seront encouragés. Déjà cet animal de Cayley a ouvert le feu de ses batteries en vous traitant de valeur escomptée. Voyons, mon ami, ayez foi en vous-même.

Le constraste était frappant entre les deux amis : Mostyn pâle, défait, convulsé; Thompson vif, alerte, heureux de vivre, confiant dans sa force, coquettement habillé de neuf, tiré à quatre épingles, une rose à la boutonnière.

— Pendant que vous voulez me relever, répondit Mostyn avec un sourire désespéré, je pense que le mieux pour moi serait peut-être de quitter l'Angleterre. Si toutes les saletés qu'on va ramasser n'importe où, doivent m'être jetées à la face, je ne me sens pas la force de les affronter. Evidemment il y a un complot monté. Le procès commencé, le mari et la femme ont vu venir à eux franchement ou hypocritement tout ceux qui ont un intérêt à me perdre ; on leur a promis de les soutenir et un accord s'est fait. Mieux que moi vous pouvez savoir quels sont ceux qui ont pu entrer dans ce complot, ceux que je gêne, ou que j'ai blessés; on voit mal soi-même dans ce qui est personnel, tandis que les autres voient nettement. Quels sont-ils ces ennemis? Je ne vous demande pas leurs noms. Mais dénombrez-les, nommez-vous les et dites et je ne dois pas être épouvanté pour moi, et encore plus pour celle que j'aime.

— Si elle était ici, ce ne serait pas la désertion qu'elle vous conseillerait : les femmes ont plus de bon sens et de courage que les hommes, au moins certaines femmes et elle est de celles-là.

— Ah! si elle était ici; mais par malheur elle n'est pas ici, et je crains tout pour elle : on va fabriquer de faux télégrammes qui devanceront mes lettres et la tromperont. Que sais-je? Que n'est-on pas capable d'inventer pour notre perte. Vous croyez que je n'ai pas ma raison; je vais vous montrer que je vois clair dans ma situation. Tout à l'heure vous parliez de Gayley; en voilà un qui est mon ennemi de longue date, simplement parce que je me suis défendu contre ses curiosités de journaliste quand il s'agissait de secrets d'État; vous pouvez être certain qu'il va me faire une guerre à mort, et qu'il saura tirer parti pour sa vengeance de la tempête soulevée par les révélations de son journal sur les honteux trafics qui se font à Londres. Cette tempête n'est pas finie, l'ébullition provoquée dans la conscience indignée du pays n'est pas calmée, et elle ne se calmera que quand on aura offert aux foules quelque chose ou quelqu'un à déchirer : comme on ne leur a pas livré les vrais coupables, il leur faut un bouc expiatoire : gare au premier qui se laissera attraper, elles passeront leur honte et leur rage sur lui ; je me trompe bien si je ne suis pas ce bouc expiatoire.

— Mais personne n'estime Cayley ; je ne suis pas le seul à dire que c'est un vilain, un ladre, un intrigant le plus faux et le plus vaniteux des hommes.

— Ce qui n'empêche pas qu'il soit bon journaliste. Qu'on crie après lui, il ne s'en inquiète pas et continue son métier. Il sait que le public aime le scandale, il sert le public et donne ce qu'on lui demande, dût-il inventer ce qu'il raconte. L'invention de madame Macdonnel lui est une économie, et elle lui arrive à souhait. Il n'aurait pas trouvé mieux. Il va l'exploiter, l'user jusqu'à la corde. Quelle meilleure matière à mettre en article ! Le genre est admirable puisqu'il va lui permettre de se livrer à toutes les ordures en parlant le langage de la vertu et de la haute moralité. Quelle fortune pour lui d'être le porte-parole de l'honnêteté nationale. Et il la raterait ? Je ne me fais aucune illusion sur ma situation. Depuis trop longtemps j'étudie les courants de l'opinion publique, pour ne pas savoir de quel côté ils se portent. Cette affaire ne pouvait pas être soulevée dans un plus mauvais moment pour moi.

— Jamais vous n'avez été plus nécessaire à votre parti.

— Si notre parti était uni peut-être me défendrait-il. Mais il ne l'est pas, et je n'aurai pas son appui : Watson lui-même ne sera pas fâché de me faire payer l'opposition qu'il a trouvée en moi quelquefois et la violence que le pays a faite à ses antipathies en m'imposant à son choix.

— Au moins les chefs de l'opposition vous sont-ils attachés.

— Ce qui ne les empêchera pas de voir ma chute avec une secrète satisfaction : c'est humain cela, mon cher : ce n'est pas d'aujourd'hui qu'il est doux de contempler de la rive un naufrage; plus le navire semble solide, plus est vive l'émotion. Du reste ils trouveront dans leur queue des complaisants qui les débarrasseront de toute sale besogne en se servant des moyens méprisables qu'ils n'emploieraient pas eux-mêmes. J'aurai donc contre moi Cayley et sa troupe d'hystériques; ceux qui penseront faire preuve de leur propre moralité en me jetant la pierre : ceux que je gêne; ceux que j'ai blessés ; ceux qui, pour une raison quelconque ou même sans raison aucune, ne m'aiment pas; enfin nos adversaires, qui tous, comme Benley par exemple, ne me combattront pas loyalement et iront prendre pour agents dans les bas-fonds de leur parti, la plus misérable canaille. Qui aurais-je pour moi ?

— Les honnêtes gens, vos amis, vos parents, celle que vous aimez, vos électeurs qui savent la fausseté de cette accusation.

— Mettons que vous dites vrai pour tous ceux dont vous parlez, vous conviendrez cependant que votre affirmation est aventurée pour mes électeurs. Saint-More devient de jour en jour plus conservateur; les démolitions et les riches constructions ont peu à peu éloigné les artisans qui trouvent dans les faubourgs écartés, la maisonnette et le jardin qu'ils ne paient pas plus cher que deux pièces ici; eux partis c'est la bourgeoisie, c'est la bureaucratie qui les remplace, et ceux-là sont foncièrement conservateurs. Ç'a toujours été une élection difficile...

— Et que vous seul pouviez emporter.

— Et que j'emporterais encore, si aux divisions de notre parti ne venait pas s'ajouter le déplorable effet de ce procès. Battu sur la question de l'extension du suffrage, ce n'est rien; mais flanqué à la porte à cause des accusations de madame Macdonnel, voilà qui est révoltant.

Comme ils se taisaient l'un et l'autre, un mouvement extraordinaire se produisit dans la maison calme et morne: une voiture s'était arrêtée à la porte de la rue. Presque aussitôt le premier valet entra brusquement dans la salle; la figure éclairée, portant sur un plateau deux cartes qu'il présenta à Mostyn.

— C'est elle! s'écria Mostyn.

A l'accent de joie triomphante de ce cri il n'y avait pas à se tromper, et Thompson ne se trompa point.

— Madame Talbot!

— Avec son beau-frère.

— Je lui avais écrit, et j'étais bien sûr qu'elle accourrait. Adieu.

IV

L'un des vantaux de la grande porte qui sépare les deux salles venait de s'ouvrir devant Jane Talbot qui s'avançait suivie de son beau-frère; Mostyn éperdu, sans parole, lui tendit les deux mains.

— Je vous amène ma belle-sœur, dit Francis Talbot.

Et sans un mot de plus, refermant la porte, il les laissa en tête à tête.

Pendant quelques instants, ni l'un ni l'autre ne trouva un mot à dire : ils se regardaient : lui pour chercher les changements que la maladie avait faits en elle; elle de son côté pour voir jusqu'où le malheur avait pu l'abattre.

Ce fut elle qui la première prit la parole :

— Vous n'avez pas pu douter de moi, Robert; vous n'avez pas pu penser que je douterais de vous; jamais vous n'avez été aussi passionnément aimé par moi; aussi religieusement respecté. Ne croyez pas que j'aie peur de cette fange. Dites-vous que je suis fière de la braver à côté de vous.

— Au fond du cœur je l'ai toujours cru, mais j'ai si affreusement souffert qu'il ne faut pas me reprocher d'être atterré.

Il parlait lentement, difficilement.

— C'est à vous que je pense ; il me semble que vous ne pourrez plus jamais être heureuse, et que jamais plus je ne reverrai votre doux sourire, car bien que je sois innocent, il me paraît certain qu'on me trouvera et qu'on me jugera coupable. Ce guet-apens est monté de telle sorte qu'en nous défendant nous aurons l'air de vouloir noircir des malheureux pour nous sauver nous-mêmes, et que la partie vraie de l'histoire que nous serons bien forcés de reconnaître, confirmera la fausse. Vous voyez que l'affaire est plus complexe qu'elle n'en a l'air au premier abord, et qu'avec un ou deux témoins subornés, qu'il ne doit pas être bien difficile de trouver, on prouvera l'accusation de madame Macdonnel.

— Dans la lettre qu'il m'a écrite, Thompson disait qu'elle niait.

— Elle a nié à un moment, puis le lendemain elle a de nouveau soutenu son invention. D'ailleurs quand même elle aurait persisté dans sa retractation, cela n'aurait pas eu grande importance, puisque le mari croit ce qu'elle lui a avoué, et a déjà des témoins qu'il accepte sans savoir, qui leur soufflent ce qu'ils répètent. Aussi j'ai peur. J'ai très peur que si vous entrez avec moi dans cet enfer votre imagination ne soit hantée par ces infamies comme la mienne l'est, et que vous ne puissiez plus vous débarrasser de ces atroces pensées. Si je ne me présente pas au procès, il tourne contre moi; si je me présente, au moyen de certaines questions qu'on me posera sur moi, sur mes domestiques, sur leurs soupçons, sur leurs bavardages interprétés, on me traînera dans l'ordure : C'est pourquoi je me demande si le mieux ne serait pas de fuir ce pays. Pourquoi ne nous en irions-nous pas ? Je ne sais où ? Quelque part à l'étranger. Nous vivrions l'un pour l'autre, l'un par l'autre. L'intimité, chère Jane, la paix, le repos, dans un village, où personne ne nous connaîtrait avec de longues promenades en tête à tête, et en rentrant des fleurs et des bêtes à nous. Songez que jusqu'à ce jour, je n'ai jamais vécu pour moi. Le travail, le monde, les affaires, l'ambition ont dévoré mes jours. Et où m'a-t-elle conduit cette ambition ? A l'agonie.

Il parlait lentement et très bas, les yeux attachés sur ceux de Jane ; baissant la tête, il l'appuya sur les mains qu'elle lui tendit, épuisé par son angoisse.

Cet abandon rendit la force à Jane ; elle sentit qu'elle devait être le soutien de celui qu'elle aimait, et son amour se transforma : elle avait ardemment souhaité le bonheur ; dans un élan de dévouement exalté elle fit le sacrifice de ses rêves, et ne pensa plus qu'à se donner pour consoler et relever ce cœur blessé.

— Il est de notre devoir de combattre, dit-elle, et si tout ce que vous craignez se réalise, de combattre jusqu'à la fin. Que ce que le monde peut nous envier sombre dans le désastre, et au milieu des souffrances que nous traverserons, nous aurons ce bonheur suprême d'être sûrs l'un de l'autre, vous de moi, moi de vous ; à la longue votre vie parlera pour vous : la vérité se fera jour.

Son accent calme et grave apporta l'apaisement dans le trouble désordonné de Mostyn : presqu'instantanément son cœur cessa de battre des mouvements tumultueux qui l'oppressaient : il releva la tête d'un geste plus fier :

— Maintenant que vous voilà, dit-il, je me sens plus fort, la confiance me revient sinon l'espoir. Pardonnez-moi d'avoir été si faible. Pardonnez mes doutes et ma folie. Je n'ai tant souffert qu'à cause de vous.

— Vous ne souffrirez plus de la sorte puisque je serai là. Il n'y a de honte que quand on la mérite. Je serai fière de mettre ma main dans la vôtre devant tout le monde.

— Et l'on dira que je suis un misérable de vous entraîner avec moi dans le gouffre. Si je ne vous aimais pas comme je vous aime, s'il m'était possible d'admettre maintenant que nous pouvons vivre loin l'un de l'autre, je n'accepterais pas votre sacrifice, et rien ne me déciderait à imposer à ma femme une telle humiliation. Que disent les Talbot de votre résolution ?

— Puisque Francis est ici, vous le savez. Déjà il a annoncé notre mariage. Je vais rester chez eux afin d'être près de vous pendant les élections et le procès. Comment se présentent-elles pour vous ces élections ?

Sur ces derniers mots elle avait pris un ton dégagé autant pour ne pas laisser voir ses craintes à Mostyn que pour l'arracher aux pensées auxquelles il revenait toujours.

— J'ai offert ma démission au comité de l'association libérale, il ne l'a pas acceptée, et a décidé de me soutenir comme candidat. Mais les élections coïncidant avec le procès, je vais être dans la plus mauvaise situation pour m'occuper en même temps et de celles-ci et de celui-là. Une telle affaire me menaçant va m'enlever le poids et l'autorité que je trouve nécessaires pour mener comme je l'entends la vie politique.

Elle vit qu'il allait retomber dans ses craintes et ses scrupules, alors elle l'interrompit :

— Puisque le comité vous a choisi pour candidat, il n'y a pas à discuter. Vous devez aller de l'avant bravement. Nous ferons tous de notre mieux. Pour moi je vais me mettre en campagne avec ma belle-sœur. Nous verrons tout le monde. Nous emporterons toutes les résistances. Ayez foi en vous, tout est là, ayez foi dans la force de la vérité.

Elle parla longuement sur ce ton. Mais au fond du cœur elle était loin de partager la confiance qu'elle voulait inspirer.

La lettre de Thompson lui avait dit la joie avec laquelle on avait accueilli dans le monde l'accusation de madame Macdonnel, et ce que la malignité publique s'amusait à y ajouter.

D'autre part, en venant de Hyde-place à Boyne-street, Francis Talbot lui avait expliqué que ce procès jugé par un jury composé de Londoniens le serait dans les plus mauvaises conditions d'impartialité : on n'aimait pas Mostyn dans la Cité, on lui en voulait d'avoir présenté et appuyé un projet de réforme sur les anciennes corporations, et si on pouvait l'abattre avant que ce projet fût adopté, bien des intérêts seraient sauvés.

Cela était déjà assez grave, mais ce que Francis Talbot avait ajouté l'était plus encore : prenant les devants, madame Macdonnel avait eu l'adresse, — bien conseillée en cela, — de remettre sa cause à l'avoué le plus habile pour conduire un procès en divorce, celui qui avait la réputation, établie sur une suite de procès, de les gagner tous, si mauvais qu'ils fussent, de sorte qu'entre l'honnête Drayton et Moss la partie n'était vraiment pas égale.

CHAPITRE XII

L'ÉLECTION DE SAINT-MORE

I

Candidat, Mostyn devait se jeter dans la lutte électorale le front serein et la parole haute, sans laisser rien voir des anxiétés qui lui serraient le cœur et des doutes qui troublaient son esprit. Et ce n'était pas seulement de sa circonscription qu'il devait s'occuper, c'était aussi de toutes celles où ses amis l'appelaient pour qu'il leur apportât l'appui de sa parole. A la vérité, plus d'un de ceux qui invoquaient son aide, travaillaient secrètement à sa perte unis à ses ennemis, mais cela ne les empêchait point de se servir de ce qui lui restait de popularité : tant qu'il serait bon à quelque chose, il se devait au parti. Il eût été bien venu vraiment à répondre que ses propres affaires l'absorbaient assez, pour qu'il lui fût difficile de se donner à celles des autres. Que de fois Drayton avait-il vu leurs conférences écourtées ou ajournées, parce qu'il fallait que Mostyn donnât tout son temps et toute sa force à la candidature de celui-ci ou de celui-là : tout le monde reconnaît que l'intérêt public doit passer avant l'intérêt personnel ; et l'intérêt public voulait que Jack fût élu dans le Nord et que John ne fût pas battu dans le Sud ; le reste importait peu.

Le retour et la fière attitude de Jane avaient tout d'abord désorienté les ennemis de Mostyn qui sentaient que par son dévouement et son abnégation, elle lui apportait une force avec laquelle il faudrait compter. — Comment les honnêtes gens accepteraient-ils les accusations de madame Macdonnel, si celle-là même qu'elles touchaient le plus directement, les dédaignait ? — Comment la foule croirait-elle Mostyn coupable, si la femme qu'il avait voulu épouser ne l'abandonnait point

Il était essentiel que cet abandon se produisît aussitôt que possible et que leur mariage ne se fît point. Pour cela, le meilleur moyen à employer et le même des deux côtés, était de faire connaître Mostyn à Jane et de faire connaître Jane à Mostyn : les lettres anonymes avaient donc plu ; et il y en avait eu de toutes les écritures connues, de toutes les orthographes, de tous les papiers, depuis le plus vulgaire jusqu'au plus élégant, parfumé, blasonné même : la signature était soigneusement supprimée, mais les armes des ancêtres oubliées trahissaient une illustre origine.

Les journaux, celui de Cayley en tête, avaient honnêtement travaillé à cette œuvre méritoire : Mostyn candidat à Saint-More, quelle abomination ! La vieille Angleterre le supporterait-elle ? On avait vu bien des scandales dans ce siècle perverti, mais celui-là n'était-il pas vraiment un signe des temps ! Il n'y a pas de peuple au monde qui aime autant la prédication que le peuple anglais, à ce point que dans ce pays des affaires, où le prix des secondes est calculé, les gens les plus occupés s'arrêtent au coin d'une rue pour écouter complaisamment le premier venu qui débite des niaiseries d'un air inspiré. Quel meilleur sujet que celui de Mostyn ! La bonne matière à mettre en tartines onctueuses ou indignées ! Ça ne finissait pas. Car il n'y avait pas que dans l'affaire Macdonnel en ce moment pendante devant la Cour des divorces qu'il eut donné la mesure, une faible mesure, de ses vices, il y en avait bien d'autres. Et celles-là, on les révélait par des récits plus ou moins habilement arrangés. On était revenu au beau temps des scandales de Londres : Mostyn faisait monter la vente : avec son nom en belle vedette sur une affiche collée à la devanture des marchands de journaux, ou posée à plat sur le trottoir et retenue par un petit caillou aux quatre coins le numéro s'enlevait.

Les honnêtes gens répondaient à cet appel, et ceux qui avaient au cœur des sentiments respectables, s'organisaient en croisade pour marcher contre le propagateur des vices français et le punir en cette vie de ses abominations, en attendant qu'il le fût dans l'autre éternellement.

Les femmes s'étaient enrôlées avec bonheur dans cette armée, et des grandes dames avaient trouvé tout naturel, pour combattre cet ennemi public, de se servir de moyens dont des hommes auraient eu honte. N'était-ce pas pour le trône et l'autel qu'elles engageaient la lutte; au nom de leur Reine et de leur Eglise qu'elles parlaient : qui veut la fin, veut les moyens.

On se donnait rendez-vous à Saint-More, et l'on partait par petites troupes pour faire la conquête du quartier. Quelles portes ne se seraient pas ouvertes, quelles échines ne se seraient courbées tout bas devant une lady? Et l'on écoutait bouches béantes généralement les histoires qu'elles racontaient sur Mostyn. Il n'y avait pas d'escaliers que l'on ne montât, si tortueux ou si boueux qu'il fût. Il n'y avait pas de chambre, si puante que pût être son odeur renfermée, où l'on ne s'assit.

— Il est bien certain qu'une honnête femme comme vous ne peut pas vouloir que son mari donne son vote à un homme abominable comme Mostyn.

Et l'on disait à l'honnête femme qui écoutait, interdite, comment Mostyn était abominable; on s'étalait sur ses vices ; on les expliquait, les gens simples ne comprenant pas le plus souvent les récits qu'on leur faisait.

— Vous êtes surprise, n'est-ce pas? scandalisée je le vois? Si je pouvais tout vous dire.

Et malgré qu'on voulût se taire, forcée et contrainte, on disait tout. Certainement ce n'était pas pour le secret plaisir de parler de ces choses; mais ne le fallait-il pas ? c'était un devoir qu'on accomplissait à son corps défendant.

— Quel monstre que celui qui oblige les honnêtes femmes à remuer ces tas de boue !

Il n'y avait pas seulement ses vices contre lui, il y avait aussi ses opinions : tout le monde savait qu'il était athée et républicain ; si on le renvoyait à la Chambre il ferait fermer les églises, les écoles, les cimetières.

— Les cimetières !

— Vous ne le connaissez pas si vous pouvez en être surprise : il fera voter une loi qui interdira aux prêtres d'enterrer les morts, et ceux-ci seront brûlés dans un enfer scientifique fonctionnant partout jour et nuit. Voulez-vous cela pour vos parents, pour vos enfants si vous avez le chagrin de les perdre ?

— Non.

— Eh bien, alors faites voter votre père et votre mari pour M. Jones ; celui-là est un honnête homme.

Les dames de charité qui vont de maison en maison sous la direction des recteurs et des vicaires des paroisses, avaient tout naturellement suivi l'exemple des ladies ; et ce n'était pas un concours de peu d'importance que le leur. Ne tiennent-elles pas les cordons du sac ? C'est par elles qu'on a des soupes et du charbon dans les rudes mois d'hiver, et on ne pouvait pas ne pas les écouter quand elles parlaient de l'enfer scientifique que préparait cet infernal Mostyn.

Cet « enfer scientifique » était une trouvaille admirable qui dispensait de tout autre argument ; quand on l'avait lâché Mostyn était abattu, sans espérance de se relever jamais.

Les hommes auraient résisté en haussant les épaules, mais ce n'était pas à des hommes qu'on tenait ce langage, il ne leur arrivait que par des bouches qu'ils devaient écouter, celle de la femme, celle de la vieille mère, quand le mari ou le fils rentrait le soir sa journée faite.

— Vous ne voterez pas pour Mostyn, n'est-ce pas, John ?

— Bien sûr que je voterai pour lui : Bob est notre homme à nous.

— Il ne veut plus qu'on enterre les morts qui brûleront dans un enfer scientifique.

— En voilà une blague.

Mais on ne pouvait longtemps rire ; les larmes coulaient ; et le fils cédait, quand il voyait sa mère désespérée à la pensée que par Mostyn elle serait privée de l'enterrement respectable, en vue duquel les pauvres de l'Angleterre s'imposent tant de privations.

— Après tout, Bob n'a pas besoin de ma voix ; il en aura tant d'autres.

Avec les boutiquiers, les marchands, les artisans, on usait plus de la menace que de la persuasion. Ce n'était pas la peine de se gêner avec des gens qu'on faisait vivre : ceux qui voteraient pour Mostyn étaient avertis à l'avance qu'ils perdraient la pratique du monde conservateur.

Au bureau de l'association libérale on avait commencé par s'amuser de cette campagne féminine, et par rire de quelques algarades que des ladies avaient eues à subir, mises poliment à la porte, et raillées pour les ignominies qu'elles racontaient si complaisamment ; mais les rires n'avaient pas tardé à se changer en inquiétudes sérieuses. Pour une femme d'ouvrier qui relevait la tête, dix la courbaient. Pour un mari ou un fils qui tenait bon, dix faiblissaient.

Chez ceux-là le raisonnement était à peu près partout le même :

— Bien sûr que Bob est toujours notre Bob ; mais le malheur est qu'on dise tant de choses contre lui ; comment fermer la bouche à nos femmes ; il faut avoir la paix, n'est-il pas vrai ?

II

Jane avait voulu assister à la première réunion publique de Mostyn et elle avait demandé à son beau-frère et à sa belle-sœur de l'accompagner.

La salle immense qui servait ordinairement aux exercices des volontaires, contenait plus de trois mille personnes, car, plus largement ouvertes que les nôtres, les réunions publiques pour les élections anglaises, ne sont pas composées des seuls électeurs. Y assiste qui veut : hommes, femmes, enfants. Si tous ceux qui viennent là ne doivent pas voter le jour où le scrutin s'ouvrira, tous au moins peuvent-ils acclamer ou huer le candidat.

Quand Jane fit son entrée au bras du président une bordée de hourrahs la salua, se prolongeant, reprenant pendant plusieurs minutes, sans qu'aucun cri distinct sortît de cette immense acclamation, mais il n'y avait pas à s'y méprendre, c'était bien une acclamation enthousiaste : on était heureux de voir celle qui n'avait pas abandonné l'homme attaqué de tant de côtés.

Étourdie par le bruit, aveuglée par la violente clarté des becs de gaz qui flambaient partout grands ouverts, elle prit place au milieu de l'estrade à la gauche du président, tandis que Mostyn s'asseyait à droite : alors un même cri répété par deux ou trois mille bouches éclata formidable :

— Bob pour Saint-More ! Bob à jamais ! Mostyn et Watson pour l'Angleterre !

Au milieu de la tempête on vit un homme taillé en géant longer la table des reporters pour s'approcher de l'estrade : il tirait par la main une petite fille à cheveux blonds bouclés, habillée de blanc, qui portait dans son bras serré contre sa poitrine un gros bouquet de fleurs rouges nouées par des rubans flottants de même couleur, — celle des libéraux de Saint-More.

— On va vous offrir un bouquet, dit le président à Jane, vous ferez bien d'embrasser la petite fille.

En effet le colosse était enfin arrivé devant le président, alors soulevant l'enfant à bout de bras il la déposa elle et son bouquet aux pieds de Jane sur l'estrade.

— Je suis une libérale, dit l'enfant sur le ton d'une leçon répétée, nous votons toujours pour Mostyn.

Alors elle cria de sa voix claire :
— Mostyn pour Saint-More !

Puis reprenant sa voix naturelle en tendant de ses deux mains le bouquet à Jane :

— C'est pour vous, madame.

Jane prit en même temps le bouquet et l'enfant, puis ayant assis celle-ci sur ses genoux, elle l'embrassa aux applaudissements de toute la salle.

Le colosse tendit les bras pour reprendre sa fille, Jane vit qu'il avait les larmes dans les yeux.

— Merci, madame, dit-il, merci pour l'enfant, merci pour nous tous. Que Dieu vous protège et Mostyn aussi. C'est notre homme à nous.

Au milieu du bruit des applaudissements elle fut seule avec le président à entendre ces paroles.

— Voilà un baiser, dit le président qui nous vaudra une centaine de voix; assistez à toutes nos réunions, et vous nous en gagnerez ainsi bien d'autres.

Mais il n'était pas homme à se perdre dans des compliments et des galanteries ; tout en parlant à Jane il suivait ce qui se passait dans la salle : depuis quelques secondes les cris et les hourrahs semblaient rouler moins fort, alors il fit un signe à un homme assis aux premiers rangs, et celui-ci se levant entonna d'une voix éclatante comme un cuivre, une chanson que ceux qui l'entouraient répétèrent aussitôt : en deux minutes elle gagna les derniers rangs de la salle, et arrivant au refrain tous les assistants le répétèrent en chœur avec lui :

>   Bon Dieu que je l'aime
>   Notre ami Robert ;
>   Toujours, toujours le même,
>   Votons tous pour Robert.

Jane se pencha un peu en avant pour voir Robert dont elle était séparée par le président.

Il se tenait droit sur son siège, en apparence parfaitement calme, mais pour elle qui le connaissait il était évident que dans le sourire qu'il lui adressa, il y avait une arrière-pensée mélancolique, un chagrin et une préoccupation.

Et en effet il ne pouvait pas se laisser griser et abuser par les hourrahs et ces chants. S'il était heureux de l'effet que Jane avait produit et de l'accueil qu'on lui avait fait; s'il était heureux aussi de voir que, malgré la campagne menée contre lui, son Saint-More l'aimait toujours; s'il se rendait compte de l'influence que ces acclamations pouvaient avoir sur le vote, et aussi sur la façon dont l'opinion publique jugerait le procès Macdonnel, il ne pouvait pas oublier que ce procès était pendant, comme il ne pouvait pas ne pas conserver toutes ses angoisses sur son issue. Que fallait-il pour que ce public qui chantait sa gloire aujourd'hui et ne demandait qu'à le porter en triomphe, l'accablât dans quelques mois de ses injures et de son mépris? Que fallait-il pour qu'il fût en butte à ces outrages imbéciles dont les foules poursuivent ceux qui ont cessé d'être l'objet de leurs imbéciles adulations? Un faux témoignage suffisait! Alors le souvenir des paroles de Jane lui revenait et il se les répétait : « Notre vie pourra être changée, mais rien de ce qui est essentiel ne sera atteint. Rien de ce qui doit nous être cher ne peut périr dans un pareil naufrage. » Et, son cœur se raffermissait :

La voix du président le tira de sa méditation douloureuse.

En quelques phrases brèves il présenta le candidat libéral de l'arrondissement à ceux qui devaient renouveler son mandat; puis il lui donna la parole pour exposer son programme.

Mostyn se leva : il était pâle, mais calme et presque fort ; cependant parmi tous ces gens de Saint-More qui le connaissaient si bien et depuis longtemps, il n'y en eut pas un, qui reconnut en lui l'homme d'autrefois à la physionomie ouverte et placide.

Il commença à parler lentement, simplement, sans aucune rhétorique, sans gestes : c'était une conférence, une leçon sur la politique étrangère qu'il adressait à ses électeurs plutôt qu'un discours politique. On l'écoutait curieusement, mais sans grande marque d'intérêt.

A quoi tenait cette froideur d'une assemblée si chaude quelques instants auparavant? Jane voulut chercher à le comprendre en examinant la salle, ce qu'elle n'avait pas encore pu faire avec attention. D'abord elle ne vit devant elle qu'une confusion de têtes, des visages qui semblaient tout pâles se détachant sur le fond sombre des vêtements. Mais peu à peu elle distingua les traits de ces visages, au moins ceux des gens qui se trouvaient aux premiers plans, car dans les coins il y avait des profondeurs sombres malgré l'aveuglante clarté du gaz, où ses regards se perdaient comme dans un brouillard. Ce qui la frappa ce fut le grand nombre de femmes et d'enfants. Il y en avait sur tous les bancs. La majorité de ces femmes était composée de petites marchandes, mais il y avait aussi de pauvres créatures décemment habillées de guenilles, qui, évidemment, n'avaient jamais eu la moindre boutique; les enfants se tassaient contre les mères quand celles-ci ne les tenaient pas dans leurs bras ou sur leurs genoux. Tout ce monde écoutait, muet, respectueux, la pensée aussi attentive que l'oreille; personne ne se permettait une interruption; personne n'avait l'idée de communiquer une observation à son voisin ; on voulait tout entendre, ce qui était facile avec la voix forte de Mostyn et son débit lent ; on voulait tout comprendre, ce qui souvent était plus difficile. De là évidemment, le sérieux de cette réunion : on s'appliquait, et comme la parole de Mostyn, devançait la pensée de ses auditeurs on s'attardait à quelque obscurité, qu'on cherchait à pénétrer.

Au milieu de ce recueillement quelques grognements se firent entendre faibles et timides tout d'abord, puis peu à peu plus forts et plus hardis : Mostyn s'arrêta.

Aussitôt une clameur emplit la vaste salle : « A la porte !

Des hommes levèrent leurs poings fermés ; d'autres retroussèrent rapidement leurs manches; on entendit quelques coups gras donnés en pleine chair ; mais le président était trop attentif et trop adroit pour laisser naître un désordre nuisible à son candidat.

D'une voix formidable qui domina le tumulte, il cria :

— Pas de violences. Tournez-vous tous comme d'habitude, que nous voyions ceux qui veulent nous troubler.

Instantanément l'assemblée fut debout, hommes, femmes, enfants et comme un régiment bien exercé prompt à la manœuvre, elle fit volte-face, tournant le dos au président. Ceux qui ne connaissaient pas le mot d'ordre restèrent seuls faisant vis-à-vis à l'estrade, et d'un coup d'œil on put les compter.

De nouveau la voix du président emplit la salle :

— Vous qui essayez de nous troubler, sortez, ou si vous aimez mieux rester, soyez silencieux. J'invite le monsieur à cravate bleue à monter sur l'estrade avec nous.

Mais le monsieur à cravate bleue, qui était le chef des tapageurs, — ce que l'œil exercé du président avait tout de suite reconnu, voulut refuser cet honneur, et fit des gestes énergiques de dénégation.

— Sur l'estrade, cria la foule.

On fit le vide autour de lui et on ouvrit une haie pour qu'il pût arriver au bureau. Il essaya de gagner la porte, mais une barrière d'épaules et de poings se dressa devant ses yeux.

— Sur l'estrade !

On se le passa de mains en mains, en lui faisant traverser la salle dans toute sa longueur, et quand il arriva devant l'estrade, on l'y jucha de force au moyen de la table des reporters qu'il dut enjamber.

Alors le président lui présenta une chaise auprès de Jane, avec des démonstrations exagérées de politesse.

— Pour les autres nous regrettons de n'avoir pas de chaises à leur offrir; mais qu'ils restent quand même; comme ils sont des tories, nous aurons peut-être la chance de les convertir.

Un gros rire mêlé de hourrahs roula sur tous les bancs de la salle.

Mostyn reprit la parole. Il connaissait trop bien son public pour continuer comme il avait commencé; s'il avait abordé ce sujet de politique étrangère c'était plus pour les reporters penchés sur leur table au-dessous de lui, que pour ses électeurs: il fallait penser aux journaux qui répandraient son discours dans toute l'Angleterre; le candidat devait pour un moment céder le pas au chef de parti. Maintenant c'était à ses amis de Saint-More qu'il allait s'adresser en leur parlant de leur pays, de leurs propres affaires, et surtout de l'extension du suffrage qui était la grosse question.

Aux premiers mots il s'échauffa et sa voix prit un accent vibrant qu'elle n'avait pas encore eu ; en même temps un frémissement courut dans l'assemblée, et, toutes les physionomies s'éclairèrent d'un rayon d'intelligence : il n'y avait plus à chercher, à travailler, on comprenait : on était avec lui ; on irait aussi vite qu'il voudrait aller.

A peine avait-il prononcé le mot « suffrage » que des cris s'élevèrent de toute part :

— Nous l'aurons. A bas la Chambre des Pairs ! A bas Prideaux ! Watson et Mostyn *for ever*.

Quelques sifflets essayèrent de lutter contre cette explosion, mais les hourrahs les couvrirent : les femmes secouaient leurs mouchoirs ; les hommes agitaient leurs chapeaux au bout de leurs cannes ; on trépignait, et du plancher s'élevait un nuage de poussière qui faisait une auréole aux becs de gaz.

— A bas les tories !

Quand le tumulte commença à s'apaiser, Mostyn reprit :

— Comment expliquer ce fait : chaque fois que les tories reprennent le pouvoir, ils s'empressent d'introduire les projets mêmes auxquels ils ont le plus obstinément résisté, quand ces projets étaient présentés par les chefs du gouvernement libéral. Si nous ne trouvons pas cette explication, demandons-la à un tory, il nous répondra que si les chefs de son parti ont été forcés d'accepter ces projets désastreux pour le pays, c'est la faute de Watson ; ils détestent ce qu'ils votent, mais ils le votent quand même. Eh bien, la vérité est qu'il y a une autre explication plus sincère à cette attitude des tories : et cette explication c'est que l'initiative des libéraux et la résignation des tories sont le résultat de la force des choses, seulement les libéraux écoutent docilement les exigences de la situation sociale ou politique du pays, tandis que les tories résistent à ces exigences aussi longtemps qu'ils peuvent. La tâche d'un homme d'État libéral est de pressentir les possibilités de son temps, et de leur obéir. C'est ainsi que les libéraux par leur impulsion obligent les conservateurs à plier devant leur prévoyance, et à mettre en œuvre des mesures dont ils ont eu le flair de deviner la nécessité quand ceux-ci se refusaient à ouvrir les yeux. Mais s'ils se décident enfin à adopter nos projets, c'est pour les dénaturer. Que Watson ou Benley reviennent au pouvoir, vous aurez avec celui-ci comme avec celui-là l'extension du suffrage, mais si vous ne renvoyez pas les libéraux...

Une immense clameur lui coupa la parole :

— Nous les renverrons.

— Si vous ne renvoyez pas les libéraux, continua Mostyn, vous n'aurez notre projet que tronqué et méconnaissable. Voyez si vous le voulez dans cet état des mains des tories, ou si vous le voulez complet des nôtres. Vous savez quelle part j'ai eue dans la préparation de ce projet que nous avons fait voter par la Chambre après de longs combats, et que les Pairs ont jeté bas dans une seule après-midi, et vous voyez si je vous ai été fidèle.

— Nous le savons.

— Bob pour Saint-More !

— A bas les Pairs !

— Je suis prêt à vous servir, encore, poursuivit Mostyn ; mais si vous voulez que je reste votre député, il ne faut pas nous abandonner. L'ennemi est chez vous : il emploie tous les moyens pour réussir...

Une bordée de grognements tonna pendant plusieurs minutes.

— Ils achètent les votes !

— C'est illégal.

— N'accusez pas notre adversaire, reprit Mostyn ; M. Jones est un homme honorable dont personnellement je n'ai jamais eu à me plaindre et s'il était ici je suis sûr qu'il serait le premier à désavouer les manœuvres de ses partisans...

— Ce qui n'empêche pas qu'il en profite, cria une voix.

— Je vous répète, continua Mostyn, que nous devons nous unir, et que nous n'assurerons pas le triomphe de notre cause si nous n'y travaillons pas tous ensemble.

Mostyn s'assit.

Ce fut à grand'peine qu'au milieu des acclamations, des applaudissements, des cris et des vociférations on entendit le président demander qui voulait poser des questions écrites au candidat; mais il était inutile d'écouter, on savait que c'était maintenant le tour des petits papiers, et de l'estrade on pouvait voir des centaines de mains se glisser dans la poche du gilet, pour en tirer le carré de papier sur lequel on avait écrit sa question; celle qu'on avait longuement travaillée, non pour embarrasser le candidat ou lui tendre un piège, mais pour avoir de lui une réponse personnelle : — Quand j'ai interrogé Mostyn, il m'a dit... — On devenait quelqu'un : celui à qui Mostyn avait donné son opinion sur la question d'Égypte.

Une file d'électeurs s'allongeait au pied de l'estrade, chacun tenant son petit papier roulé entre ses doigts; on les passait à Mostyn qui rapidement les lisait et les rangeait par paquets, car s'il y avait beaucoup de petits papiers, il n'y avait en réalité que très peu de questions : par un hasard malheureux des dizaines d'électeurs s'étaient rencontrés sur le même point, de sorte qu'au lieu d'avoir une réponse personnelle, ils allaient en avoir une collective ; ce qui n'était pas du tout la même chose. Ainsi, plus d'une centaine avait eu l'idée, originale semblait-il, de demander à Mostyn, s'il voterait pour le suffrage universel, de sorte qu'il n'avait eu qu'une seule réponse à faire : — Oui. — D'autres s'étaient rencontrés en grand nombre pour vouloir qu'il expliquât comment il n'avait pas voté contre la dotation de la dernière princesse royale, et il n'avait eu que quelques mots à répondre pour expliquer son abstention qui n'avait pas été approuvée. Enfin les « *teatotalers* » tout en se déclarant satisfaits qu'il bût de l'eau, demandaient qu'il se prononçât à l'avenir plus franchement contre l'usage des boissons alcooliques.

Quand le dernier paquet de questions fut épuisé, le président demanda l'assentiment de la réunion à la candidature de Mostyn, et, une forêt de mains s'agita frénétiquement.

— A bas les mains, cria le président, qui vote contre ?

Pas une main ne se leva : la candidature de Mostyn était acceptée à l'unanimité.

Cette déclaration fut saluée par une immense acclamation, mêlée de hourrahs, et la chanson reprit hurlée par trois mille voix :

> Bon Dieu que je l'aime
> Notre ami Robert.

III

Pendant que des homme portaient Mostyn en triomphe autour de la salle et lui faisaient cortège en chantant, les femmes s'approchaient de Jane descendue de l'estrade et voulaient, qu'elle leur parlât. Des centaines de mains se tendaient vers elle pour serrer la sienne; et c'étaient des étreintes à lui briser les doigts.

Au milieu de cette bousculade, une femme déguenillée finit par arriver jusqu'à elle, et alors elle lui cria :

— C'est un brave homme que notre Bob ! vous verrez.

Pour Jane la phrase n'avait pas besoin d'explications ; elle comprenait tout ce qu'il y avait dans le « vous verrez ».

Une vieille, une très-vieille femme qui marchait voûtée en s'appuyant au bras de son fils, lui demanda une fleur de son bouquet, et quand Jane la lui eut donnée en l'accompagnant de quelques bonnes paroles, tout le monde voulut avoir aussi sa fleur ; celles qui ne purent pas en obtenir une se contentèrent d'un morceau de ruban ; et celles qui arrivèrent trop tard pour les fleurs et les rubans se trouvèrent bien heureuses de partager des bouts de fil.

Le président qui ne l'avait pas quittée, fut frappé par cet élan populaire, et en voyant l'influence que

Jane exerçait sur la foule par cela seul qu'elle avait eu le courage de venir prendre place à côté de Mostyn dans la bataille, il comprit qu'il y avait là une force bonne à utiliser. Si les conservateurs se servaient des femmes pour combattre le candidat libéral, n'était-il pas adroit de la part des libéraux d'employer les femmes aussi pour combattre le candidat conservateur? Cet appui serait d'autant plus efficace que ce candidat, M. Jones, était jeune, actif, aimable, qu'il parlait bien, et qu'il avait dû plus d'une conquête à sa rhétorique facile, qui si elle ne respectait pas beaucoup les faits, respectait au moins avec des scrupules religieux tous les préjugés à la mode.

Quand ils sortirent de la salle il lui expliqua son plan de campagne.

— Disposez de moi comme vous l'entendrez ; je ferai tout ce que vous me direz de faire; je ne demande qu'à être utile.

Ce fut elle à son tour qui, accompagnée de sa belle-sœur ou de quelques amies, monta les escaliers, frappa aux portes, alla de maisons en maisons selon les indications qu'on lui donnait et avec sa conviction émue, avec son affable simplicité, plaida pour Mostyn comme les femmes du parti conservateur avaient plaidé contre lui.

Partout on ne lui faisait pas le même accueil, et plus d'une fois elle sentait des résistances qui n'osaient pas s'expliquer franchement; alors elle avait un argument qui manquait rarement son effet :

— Mais si les infamies dont on l'accuse étaient vraies, est-ce que je le défendrais?

Ses journées étaient ainsi prises du matin au soir, et après un dîner à la hâte, elle n'avait que bien juste le temps de changer de toilette pour courir avec l'un des siens rejoindre Mostyn et s'asseoir à côté de lui pendant qu'il parlait.

Très vaste, l'arrondissement de Saint-More était divisé en huit sections, et il fallait à tour de rôle parler dans chacune de ces sections; puis il y avait des petites réunions particulières où il fallait parler encore et des clubs qu'il importait d'apprivoiser en leur donnant des séances spéciales. Ce qu'on faisait pour les privilégiés, on ne pouvait pas le refuser aux déshérités. Dans les quartiers où les salles de réunion et les clubs manquaient, on parlait en plein air n'importe où. Devant certaines fabriques on stationnait en attendant l'ouverture des portes et quand les ouvriers sortaient pour dîner on les haranguait. Mais ces discours qui s'adressaient à une collectivité ne suffisaient pas, si nombreux qu'ils fussent; il y avait des électeurs qui exigeaient que le candidat se dérangeât pour eux seuls; ils allaient au siège du comité exposer leurs scrupules, ils avaient des doutes sur la possibilité de l'extension du suffrage et n'avaient pas bien compris tout ce que Mostyn avait dit dans les réunions publiques; sans doute c'était leur faute, mais dans une question aussi grave, ils n'osaient pas s'engager sans être convaincus; et il fallait que Mostyn allât porter la conviction à domicile. Puis le lendemain il fallait qu'il vînt dans la maison voisine; car celui qui avait reçu la visite du candidat s'en vantait à ses amis, et aussitôt ceux-ci étaient pris des mêmes scrupules qui ne pouvaient être levés que par un entretien en tête à tête. Puisque Mostyn s'est bien dérangé pour aller chez le voisin, pourqui ne se dérangerait-il pas pour venir chez moi? Chacun avait les meilleures raisons du monde pour faire ce raisonnement : l'ami douteux que le candidat eût refusé se serait changé en un ennemi déclaré.

Ce que Mostyn faisait auprès des hommes, Jane le faisait auprès des femmes. Pour tirer tout ce qu'on pouvait de l'influence incontestable qu'elle s'était acquise, les femmes du parti libéral organisaient chez elles de petites réunions de femmes comme on l'aurait fait pour une soirée, et Jane parlait là, en petit comité, sur le ton familier et amical, glissant sur le côté politique, mais insistant au contraire beaucoup sur ce qui était personnel à Mostyn, sur ses qualités, ses mérites, enfin sur l'odieuse persécution dont on le poursuivait, sur l'accusation ridicule de madame Macdonnel dont on n'avait pas honte de se faire une arme déloyale.

Quand le terrain fut bien préparé, on loua une salle de bal pouvant contenir cinq ou six cents personnes, et une réunion générale fut organisée pour les femmes de Saint-More : seules les femmes pouvaient y assister, et quand les reporters se présentèrent, on leur refusa l'entrée. Bien que Jane dût porter tout le poids de cette réunion, ce n'était pas une conférence qu'elle devait faire; toutes celles qui voudraient prendre la parole la prendraient; on discuterait les questions que l'assistance imposerait ; elle répondrait à ce qu'on lui demanderait : ce n'était pas sans une profonde émotion qu'elle avait accepté une pareille tâche, mais elle n'en était plus à compter avec ses émotions, ses craintes et ses angoisses ; ce n'était plus à elle qu'elle pensait ; on lui avait dit que cette réunion pouvait être utile à Robert, elle obéissait.

De la salle, pleine jusque dans les couloirs où s'entassaient les dernières arrivées, s'élevait un murmure de voix aiguës qui ne ressemblait, en rien, à celui que produit une réunion d'hommes ; mais quand une femme apparut sur l'estrade pour parler, le silence s'établit instantanément. Celle-là traita une question de politique pure, et bien qu'elle le fît d'une manière abstraite, avec des phrases qui n'étaient pas toujours bien compréhensibles et qui péchaient souvent contre la logique, elle fut attentivement écoutée sans aucune marque d'impatience ou d'ennui. Mais celles qui lui succédèrent ramenèrent la discussion à des hauteurs plus modestes et plus pratiques ; on souffrait des conditions du travail, on souffrait de la misère, de l'ivrognerie, de la législation sur les habitations des pauvres, on trouvait une occasion de parler de ces maladies sociales, de les montrer telles qu'elles étaient dans toute leur cruauté et leur injustice, on le faisait, en demandant si ceux qui gouvernaient le pays ne s'occuperaient pas enfin de les soigner. Ce fut à celles-là que Jane répondit, non par des théories plus ou moins décevantes mais en mettant sans cesse en avant celui pour qui elle parlait : — Qui avait toujours défendu la cause des faibles et des pauvres? Mostyn. De qui pourraient-ils attendre un secours dans l'avenir ! De Mostyn. En qui pouvaient-ils se fier? En Mostyn. Mostyn et toujours Mostyn. Cent fois, deux cents fois ce nom était revenu sur ses lèvres, prononcé avec toutes les caresses d'une tendresse passionnée.

Puis après avoir dit tout ce qui était général, elle avait terminé par quelques mots personnels :

« D'autres vous parleront du grand rôle qu'il a rempli dans les affaires du pays quand il les dirigeait avec un éclat partout reconnu. Moi je ne veux vous parler que de l'homme que je connais, — parce que mieux que personne, je sais ce qu'il vaut, — de la bonté de son cœur, de la noblesse de son caractère, de la droiture, de la probité, de l'honnêteté de sa vie. Et pour cela vous sentez que vous pouvez me croire. Aidez-moi donc, chères femmes de Saint-More, à travailler pour lui ; aidez-moi à le défendre contre ses ennemis, aidez-nous à remporter une victoire qui sera la vôtre en même temps que la sienne. »

L'effet de cette réunion fut considérable : beaucoup de femmes restées jusqu'à ce jour, sinon indifférentes, au moins neutres dans la lutte, voulurent s'enrôler sous le drapeau du parti libéral, et on les vit aller et venir dans Saint-More portant sur leur pauvre ou leur élégante robe la rosette rouge des partisans de Mostyn. Les femmes les plus misérables qui n'avaient rien à espérer de la vie, vinrent, elles aussi, se faire enrégimenter. On voulait servir sous le commandement de celle qu'on appelait : « l'Ange gardien de

Bob ». On l'abordait quand elle passait dans les rues, et on était fier de lui serrer la main. Un jour qu'une pauvre vieille en haillons se jetait ainsi sur elle au moment où elle descendait de voiture, un policeman avait voulu intervenir pour protéger la lady du contact de cette misérable; mais la misérable avait haussé les épaules : « Lâchez-moi donc, je ne lui demande rien; je veux lui dire que je prie Dieu tous les jours pour elle et pour lui. »

Les journaux, eux-mêmes, reconnurent cette influence de Jane, — non les grands journaux de Londres qui pour la plupart gardaient un silence désobligeant sur tout ce qui se rapportait à Mostyn, — mais ceux de Saint-More qui ne purent pas ne pas en parler, même le journal conservateur dans lequel on put lire cette note le lendemain même de la réunion :

« Nous ne voulons pas nous prononcer sur le procès dans lequel M. Robert Mostyn est impliqué, avant que la cour ne l'ait jugé, mais nous ne pouvons pas nous empêcher de tenir compte de l'attitude de madame Jane Talbot. On nous dira, nous le savons, qu'il est tout naturel qu'une femme se fie à la parole de l'homme qu'elle aime, mais enfin il n'en est pas moins vrai que madame Talbot n'est pas une femme du commun, et l'on doit tenir en sérieuse attention, son intervention et son opinion. »

IV

Tandis que le candidat conservateur pouvait se donner entièrement à sa candidature, et lui consacrer tout son temps, Mostyn devait s'occuper des affaires de son ministère en même temps que de celles de son élection. Parce que l'Angleterre était plongée jusqu'au cou dans la lutte électorale, il ne s'en suivait pas que la marche du monde se fût arrêtée pour donner aux adversaires le temps de se dévorer à leur aise. Elle continuait; et comme en un temps ordinaire il survenait des événements qui obligeaient les ministres à se rappeler qu'ils avaient d'autres difficultés à résoudre que celles qui leur étant personnelles, leur tenaient si fort à cœur.

Ce fut ainsi que de graves nouvelles de l'Orient et du Soudan forcèrent le Premier à convoquer un conseil de cabinet en pleine crise électorale, et la réunion de ce conseil eut pour effet, à l'égard de Mostyn, de lui montrer quels sentiments ses collègues avaient maintenant pour lui.

Quand on a édifié dans Downing-street le Ministère des affaires étrangères, l'architecte n'a eu garde d'oublier la salle du conseil, et il l'a construite aussi vaste, aussi noble qu'il a pu, digne, selon les règles de l'esthétique architecturale, des importantes questions qui devaient s'y décider. Mais plus sensibles aux besoins du confort qu'aux lois de l'étiquette, les ministres l'ont abandonnée pour se réunir dans le cabinet même du ministre, où l'on peut au moins allumer du feu, et d'où l'on a une agréable vue sur le parc Saint-James avec ses pelouses vertes et son étang peuplé de canards, d'oies américaines et de toutes sortes d'oiseaux aquatiques.

Mostyn savait que le temps était passé où en entrant dans cette salle, il était sûr de ne trouver que des visages amis dont quelques-uns même exagéraient l'affection, où les sourires venaient au-devant de lui et où Watson lui donnait la main avec un geste de confiance et d'entente qui voulait dire : « Salut à mon successeur »; cependant lorsqu'il arriva avec Thompson il ne put pas ne pas être frappé de l'abord glacial de Watson.

Tenant à la main une feuille de papier sur laquelle étaient notés les sujets qui devaient venir en discussion, le Premier causait avec le vieux lord Morris; tandis que celui-ci, tendait la main à Mostyn d'un air poli sinon très sympathique, Watson gardait l'attitude la plus froide et plus hautaine qu'il eût jamais prise.

Presque sur les pas de Mostyn, Vere fit son entrée dans la salle; son premier coup d'œil ut pour Watson, et la physionomie gelée de celui-ci fit instantanément prendre la sienne. Il avait été cependant autrefois très lié avec Mostyn, et celui-ci, même en faisant la part aussi large que possible à la jalousie, était en droit d'attendre de lui un appui déclaré. Mais avec beaucoup d'effusion dans les manières, Vere avait un fond de prudence qui dans ses relations touchait à la pusillanimité; ses sourires étaient réfléchis, et ses serrements de main calculés. Marié à la fille d'un négociant enrichi dans le commerce des foulards, il avait eu grand'peine à faire accepter sa femme dans le monde et encore ne l'était-elle pas partout. Dans la circonstance présente il devait donc être doublement circonspect, pour son chef d'abord et pour sa femme ensuite : quelle qu'eût été autrefois son amitié avec Mostyn, il n'allait pas fâcher Watson et du même coup mettre sa femme plus mal en cour qu'elle n'y était déjà, en soutenant une cause compromise autant que compromettante. Certainement il plaignait Mostyn, mais d'autre part il se félicitait que rien de pareil ne lui fût arrivé, et cela rendait sa situation particulièrement délicate : il fallait donc qu'il veillât sur lui, et prît une contenance qui lui permît de triompher avec Mostyn si celui-ci se tirait de ce mauvais pas, ou de lui tourner le dos proprement si, comme on le disait, il devait y rester embourbé.

Sans attendre les retardataires on s'assit autour de la table, sur laquelle il n'y avait que quelques livres, du papier, des plumes et de l'encre. Un coup sec, frappé à la porte annonça l'arrivée des dépêches, et Vere qui s'amusait à dessiner des bonshommes sur son buvard se leva pour aller les recevoir, personne ne devant entrer dans la salle pas même les secrétaires, pas même les huissiers quand le conseil est assemblé. Il prit la boîte qu'on apportait et l'ayant ouverte, il en distribua le contenu à chacun des ministres.

Bien que plusieurs de ces dépêches fussent graves, surtout celles du Soudan, la discussion s'engagea mollement. Évidemment les esprits étaient ailleurs; l'intérêt particulier faisait tort à l'intérêt public. On était préoccupé; et plus d'un de ces ministres se demandait s'il n'était pas déjà condamné par le pays et quel serait celui qui le remplacerait devant cette table.

On était près d'en finir quand Morgan très en retard comme toujours arriva enfin, et prit sa place nonchalamment.

De tous les ministres, Thompson excepté, celui-là fut le seul qui se montra pour Mostyn exactement ce qu'il avait toujours été depuis qu'ils siégeaient l'un à côté de l'autre. Que Mostyn fût sous le coup d'une accusation infamante, cela était tout à fait insignifiant pour lui; il n'y pensait même pas; pas plus qu'il ne s'inquiétait de savoir si l'accusation était vraie ou fausse; et qu'il tombât sous elle, ou en sortît triomphant, ne lui paraissait pas d'une importance égale à la victoire de son yacht dans les régates de Cowes. En réalité ces affaires de procès lui étaient aussi indifférentes que celles de la politique; et si on lui avait dit que Mostyn pouvait en souffrir, il aurait été vraiment bien étonné. — Comment Mostyn malheureux pour cela! Alors il n'était donc pas aussi fort qu'il l'avait cru.

Aussitôt que la séance fut levée, Vère, pour ne pas avoir l'air de sortir avec Mostyn, se hâta de se joindre à Watson et à Morgan qui causaient devant la cheminée. Comme Mostyn ramassait ses papiers pour partir et ne pas rester une minute de plus qu'il n'était strictement nécessaire, Morgan se tournant vers lui, l'interpella :

— Et vous, Mostyn, quelles sont vos chances? Est-ce vrai que les femmes travaillent pour vous si bien qu'elles vont tripler votre majorité ?

— C'est mon agent qui dit cela, répondit Mostyn, mais entre nous, je n'y crois pas du tout.

Vère entraîné par l'exemple de Morgan allait dire son mot, mais en voyant l'air rechigné de Watson il avala les paroles qu'il avait sur les lèvres : à quoi bon parler, il n'y a pas de paroles qui valent un silence adroit.

Cette réserve et ces attitudes de figure de cire exaspérèrent Thompson :

— Si on lui fait perdre Saint-More, il sera facile de lui trouver un autre siège. Nous serons heureux de l'avoir dans le Nord. Ici on ne sait pas quelle est sa valeur.

Sur ce mot imprudent dans sa sincérité, il s'établit un silence gênant que Mostyn ne prolongea point.

Il fit un salut cérémonieux qui embrassait tout le monde, et se hâta vers la sortie.

— Bonne chance, cria le vieux Morris.

Thompson marchait sur les pas de Mostyn ; à peine la porte fut-elle refermée que sans s'inquiéter d'être entendu par ceux qui la gardaient ou qui attendaient la sortie des ministres, il exhala sa colère.

— Tous pareils, poltrons et hypocrites.

— S'ils me croient coupable, répondit Mostyn, ils

ont raison de me mettre en quarantaine. J'ai toujours soutenu moi-même que la réputation d'un homme d'État devait être intacte.

— S'ils le croient ! répéta Thompson avec une ironie amère, s'ils le croient ! Est-ce qu'ils se donnent seulement la peine de s'informer !

V

A Saint More comme dans plusieurs villes de l'Angleterre, les libéraux avaient fini par se diviser sur la question de l'extension du suffrage. Si cette question était à point pour les uns ; pour les autres, elle devançait l'opinion du public.

Ce fut ainsi que dans le parti libéral une candidature fut opposée à celle de Mostyn, invoquant l'appui de ceux qui respectaient les droits de la propriété : en donnant le vote à des gens qui n'avaient que leurs bras pour tout avoir, Mostyn faisait œuvre de révolutionnaire et d'incendiaire, il ébranlait le trône et jetait le pays dans les aventures de l'inconnu.

Quatre jours avant le scrutin, un bureau s'installa à grands frais vis-à-vis celui de l'association libérale, et d'immenses affiches furent placardées sur tous les murs de l'arrondissement pour combattre « le révolutionnaire et l'incendiaire » ; à côté des couleurs rouges des libéraux et bleues des tories s'étalèrent les couleurs jaunes des dissidents.

Personnellement, on était dévoué à Mostyn, mais pour cette fois, on se trouvait dans l'impossibilité de voter en sa faveur. C'était un cas de conscience. Mais que lui importait, puisqu'il était sûr d'être réélu : on diminuerait un peu sa majorité, voilà tout.

Discuter était inutile ; il n'y avait qu'à redoubler d'efforts pour retenir ceux qui pouvaient se laisser entraîner ; ce fut à quoi s'employèrent Jane et Mostyn qui cachèrent leurs craintes pour ne pas décourager leurs partisans, et continuèrent à parler de succès avec une confiance qui les avait abandonnés : il ne pouvait plus être question entre eux d'une triple majorité ; en aurait-on une simple seulement ?

Le jour du scrutin, à huit heures du matin, Mostyn, Jane, M. et madame Francis Talbot, montèrent dans un landau tout enguirlandé de fleurs rouges comme pour une promenade de carnaval, et commencèrent à visiter les sections de vote ; puis, quand ils se furent montrés partout, ils se séparèrent et se mirent à la recherche des électeurs qu'il fallait aller chercher à domicile et amener au scrutin. A l'avance, ils se les étaient partagés selon l'importance de chacun. Mostyn avait pris les fortes têtes politiques ; à Jane, on avait attribué les gens de sentiment et ceux qui notoirement subissaient l'influence de leur femme ; enfin, M. et madame Talbot avaient une liste composée de seigneurs de moindre importance qui devaient se trouver honorés de voir les parents du candidat se mettre à leur disposition.

La loi sur les élections en Angleterre défend de

louer des voitures pour conduire les électeurs au scrutin ; c'est une précaution prise contre la corruption ; on a pensé que dans un pays où l'on aime les chevaux passionnément, des citoyens étaient capables de vendre leur vote pour le plaisir de se faire promener en voiture. Mais c'est la location seule qui est interdite, ce n'est pas le prêt gratuit — distinguons : si l'électeur est amené dans une guimbarde louée deux ou trois shillings, — corruption ; au contraire, s'il l'est dans une calèche empruntée à un ami, — pas de corruption. On emprunte donc quand on est candidat toutes les voitures qu'on peut se procurer : calèches attelées de chevaux coûtant mille livres la paire, breaks, coupés, voitures de fruitiers, charrettes à âne, tout est bon ; le pauvre diable qui va à pied toute sa vie se donne la satisfaction de se faire trimballer gratis une fois tous les deux ou trois ans.

Toute la journée ce fut aux abords des sections, un entassement de voitures fleuries, où se trouvèrent mêlés les échantillons des véhicules que la carrosserie et la charronnerie ont inventés depuis cinquante ans, tous enguirlandés, le mail-coach aussi bien que la misérable charrette traînée par un pauvre vieil âne aux longs poils feutrés. Les drapeaux multicolores au-dessus des têtes; les immenses affiches, rouges, jaunes et bleues placardées le long des rues ; la foule des hommes, des femmes et des enfants décorés des rosettes de leur parti; les voitures panachées de fleurs et de rubans, tout cela formait une confusion de couleurs brutales vraiment extraordinaire dans ces rues où règnent tous les jours le gris et l'éteint. Et la foule qui circulait ou stationnait n'était pas morne et sombre comme à l'ordinaire ; à certains moments des courants électriques la traversaient qui se manifestaient par une clameur, et il était facile de voir que la passion grondait dans toutes ces têtes.

Dans les salles des tavernes l'entassement ne permettait pas aux nouveaux venus d'arriver au comptoir, et ils restaient aux portes et sur les trottoirs où chacun discutait son candidat.

Mais, chose curieuse, qui d'ailleurs s'était déjà produite dans toutes les réunions, on ne parlait jamais franchement du procès et des accusations de madame Macdonnel. On disait bien que Mostyn était dans une mauvaise situation, mais on ne précisait pas. De même que personne, dans les réunions, n'avait osé lui adresser une question sur ce procès, de même, dans la foule, personne n'osait dire qu'il ne fallait pas voter pour Mostyn parce qu'il était coupable des ordures que madame Macdonnel lui attribuait ; — on savait qu'on eût été aussitôt assommé, et que, l'enfant de Saint-More eût instantanément trouvé des vengeurs aux poings terribles. Ces accusations planaient et pesaient sur cette élection, mais cependant elles n'intervenaient point brutalement et ne dégénéraient point en discussions batailleuses.

Vers midi la pluie qui depuis le matin traînait au-dessus de Londres ses nuages lourds, se mit à tomber, et les femmes qui jusqu'à ce moment n'avaient pas pu faire autre chose que de discourir au milieu de ce brouhaha, entrèrent en fonctions : armées de parapluies enrubannés aux couleurs de leur parti, elles attendaient devant la porte des sections, et quand une voiture arrivait, elles se précipitaient, pour abriter l'électeur pendant qu'il traversait le trottoir : puisqu'elles n'avaient pas le droit de voter, c'était leur manière de manifester leur opinion et leur zèle.

Le scrutin fermait à huit heures, alors les boîtes furent réunies à la section principale où le dépouillement devait se faire en présence des candidats. Jane s'installa vis-à-vis avec ses amis au premier étage d'une maison, en même temps que les femmes des chefs tories occupaient le balcon contigu au sien. Quand, de temps en temps, elle paraissait au balcon, les libéraux entassés dans la rue la saluaient de leurs hourrahs, auxquels répondaient ceux des tories aussitôt que se montrait une lady de leur parti : c'était une lutte de vociférations qui ne permettait pas de deviner où était la majorité. A droite, à gauche, aussi loin que la vue pouvait s'étendre on voyait le grouillement d'une foule houleuse qui s'écrasait sous ces fenêtres : car ce n'était pas seulement Saint-More qui se pressait là, la foule se grossissait d'instants en instants de gens qui venaient de tous les quartiers de Londres pour connaître plus tôt le résultat de cette élection qui passionnait la curiosité : les policemen à cheval ne pouvant ni avancer ni reculer, devaient aller où le flot les poussait.

A minuit seulement le résultat fut déclaré et un

appareil électrique que les tories avaient disposé sur leur balcon, le donna instantanément à la foule, en chiffres fulgurants :

Jones. . . . . . 4,200.
Mostyn. . . . . 4,059.

Une formidable clameur sortit de ces poitrines, — cri de victoire chez les tories; hurlement de colère et de douleur chez les libéraux.

Au balcon illuminé des tories, de blanches mains agitaient frénétiquement des mouchoirs, et sur les visages éclairés par les bougies se lisait une joie triomphante : « Enfin il était à bas le misérable! Fini : Mort! On en était à jamais débarrassé. »

Cependant quand ce mort parut sur le balcon voisin à côté de Jane, l'acclamation qui s'éleva prouva qu'en perdant la bataille il n'avait pas perdu la confiance des siens, qui étaient encore assez forts pour qu'on dût compter un jour avec eux : battu, il l'était; mort, il ne l'était point.

Quand les hourrahs se calmèrent il fit signe qu'il voulait parler et, un certain silence s'étant établi, il donna rendez-vous à ses partisans au bureau de l'association libérale.

Il descendit dans la rue avec Jane, et la foule s'étant écartée pour les recevoir, se referma aussitôt et les accompagna, répondant par des cris de dévouement aux clameurs des conservateurs.

Devant le bureau de son association il ne se trouva que des libéraux, mais quand il parut au balcon, on ne le laissa pas commencer tout de suite : on lui criait des paroles d'affection, des promesses de dévouement, des protestations de confiance ; tandis que ceux qui étaient trop éloignés pour s'adresser à lui directement chantaient en chœur :

> Bon Dieu que je l'aime
> Notre ami Robert.

Vainqueur il n'eût pas été plus acclamé ; on n'eût pas été plus fier de lui : on ne lui eût pas témoigné plus d'amour.

Enfin il put prendre la parole et il commença par dire que s'ils étaient battus sur cette question de l'extension du suffrage, leur défaite ne serait pas définitive, et que dans un avenir prochain le parti libéral prendrait une revanche éclatante. Mais il était trop ému pour s'en tenir aux généralités et aux abstractions de la politique, bien vite il en vint à ce qui lui était personnel :

« J'ai eu en ces derniers temps de grands chagrins à supporter ; mais perdre maintenant le faubourg où, entre les électeurs et moi il y avait tant de liens d'affection, qu'on ne trouverait peut-être nulle part ailleurs, c'est trop dur.

— Courage ! Bob.
— Nous vous reprendrons.
— La représentation de Saint-More a pour moi une autre importance qu'un siège à la Chambre. Souvent on m'a offert d'autres collèges plus sûrs, je les ai toujours refusés, parce que, enfant de Saint-More comme vous, je voulais être le député de Saint-More que j'aime, et aussi parce que j'étais fier de l'affec-

tion et de la confiance qui ont toujours marqué nos relations. Malgré ce qui vient de se passer, soyez sûrs que ces liens d'affection ne se sont pas brisés, et que député ou non je vous serai toujours fidèle comme jusqu'à cette heure je vous l'ai toujours été.

Quand il descendit dans la rue toutes les mains voulurent serrer les siennes, et il fallut longtemps avant qu'il put monter avec Jane dans son landau. Mais alors on détela les chevaux. La foule exaltée s'imaginait qu'elle devait lui prouver son amour autrement que par des mots. Il voulut parler, se défendre, protester; Jane le voulut aussi, on ne les écouta pas. Ébranlée, tirée, poussée par des centaines de bras, la voiture se mit en marche, précédée et suivie par ceux qui n'ayant pas pu s'y atteler voulaient lui faire cortège. Ce fut un ouragan qui passa au milieu des conservateurs dont les rangs s'ouvrirent. On ne chantait plus la chanson, on la hurlait avec des vociférations de fureur et de vengeance.

On arriva ainsi devant la maison de Boyne-street; mais quand, échappant enfin aux serrements de mains, Mostyn et Jane furent entrés dans le vestibule, la foule ne se dissipa point.

— Parlez-nous, parlez-nous.

Si à bout de forces qu'ils fussent, il fallait essayer encore de les calmer.

— Il va éclater quelque bagarre terrible, dit Mostyn.

— A bas les tories! Culbutons leurs boutiques ! A bas, à bas !

Mostyn ayant ouvert une fenêtre du premier étage, apparut avec Jane à côté de lui.

— Que madame nous parle.

Le silence s'établit, ou tout au moins les cris cessèrent, Mostyn se hâta de saisir l'occasion :

— Épuisée de fatigue, elle me prie de vous dire que si vous voulez faire quelque chose pour elle, vous vous retiriez tranquillement ; faire du tort à nos adversaires, c'est en faire à notre cause. Elle vous remercie pour votre sympathie et votre affection.

Il était deux heures du matin, le vent soufflait humide et froid ; après quelques moments d'hésitation, quelques cris et quelques chants, la foule se décida à la retraite ; peu à peu la rue se vîda, le bruit des pas s'éteignit ; Jane pouvait maintenant rentrer chez elle.

Elle ne voulut pas partir sans dire quelques paroles réconfortantes à Robert accablé.

— Nous avons perdu cette partie, nous gagnerons l'autre.

Elle parlait avec un sourire et ce fut par un sourire qu'il lui répondit, mais ni l'un ni l'autre, n'était sincère : quelle influence cette défaite n'allait-elle pas exercer sur l'opinion publique et sur le procès? c'était ses électeurs, c'était le suffrage de ceux qui le connaissaient le mieux qui venaient de le repousser, qu'allait-être la réponse du jury maintenant?

CHAPITRE XIII

LA COUR DES DIVORCES.

I

Le lendemain même de l'élection les lettres de sympathie commencèrent à arriver chez Mostyn en masses compactes; il en venait de toutes les parties de l'Angleterre, de l'Ecosse, de l'Irlande, des villages comme des villes, mais toutes provenaient « des masses », aucune « des classes »; c'étaient des marchands, des petits propriétaires, des paysans, des ouvriers qui, spontanément, écrivaient pour exprimer à l'ami inconnu leurs sentiments de douleur dans le présent, en même temps que leurs espérances dans l'avenir, — ce n'étaient point des gens du monde.

Il y eut quelques exceptions, mais leur rareté les rendit justement tout à fait caractéristiques. Ainsi, tandis que le vieux lord Morris, obéissant à de longues traditions de politesse, beaucoup plus peut-être qu'à la sympathie personnelle, envoyait un petit mot aimable à son collègue; Watson, le fils de marchands enrichis qui n'avait point trouvé ces traditions dans son héritage, n'envoyait rien du tout, et gardait un silence aussi froid que son attitude; Vère imitait l'exemple de son chef; et beaucoup d'autres faisaient comme Watson et comme Vère.

— Certainement, c'est ennuyeux pour ce pauvre Mostyn ; mais un homme aussi compromis ne peut pas trouver mauvais qu'on se tienne sur la réserve avec lui.

Et cette réserve avait été d'autant plus serrée que les circonstances étaient délicates : la cour ne dissimulait pas son espérance de voir les conservateurs revenir au pouvoir, et il importait de se ranger assez tôt du côté des vainqueurs pour ne pas être accusé de regretter les vaincus : on avait été pour eux parce qu'ils étaient forts, maintenant qu'ils faiblissaient, on était contre eux, c'est bien naturel.

Comment Jane ne suivait-elle pas ces exemples ?

C'était ce que tous ceux qui la connaissaient se demandaient.

Ne venaient-ils pas d'assez haut pour qu'on s'inclinât religieusement devant leur autorité?

Cet homme n'était-il pas dans une situation qui imposait à tous les honnêtes gens le devoir de s'écarter de lui; qu'elle l'eût soutenu dans les élections, c'était ridicule, qu'elle se compromît maintenant en continuant à le défendre, ce serait scandaleux.

Et l'on faisait mieux que de se le demander entre soi lorsqu'on parlait d'elle, on le lui demandait à elle-même, parlant à sa personne.

De tous les côtés, il lui arrivait des avis charitables,

des exhortations amicales qui, en l'éclairant sur les dangers qu'elle courait, devaient la détacher de Mostyn.

— Ne me dites pas que vous êtes engagée, chère amie, ce ne serait pas sérieux. Quand vous vous êtes engagée, Mostyn était une des forces du parti libéral. Parvenu jeune encore à être un des ministres les plus influents du cabinet, il voyait s'ouvrir le plus brillant avenir, on pouvait tout espérer pour lui, tout attendre. Aujourd'hui il n'est plus rien, et demain il sera déshonoré. Ce n'est donc plus le même homme, et par conséquent il n'y a plus d'engagement. N'est-ce pas là ce que la loi appelle une erreur dans la personne? On s'engage avec un gentleman; on se dégage, s'il en est temps encore, quand ce faux gentleman devient un forçat. Et c'est le cas de Mostyn qui, le lendemain du procès, sera au-dessous d'un forçat. Car il est impossible, vous le sentez bien, que ce procès ne tourne pas à sa confusion et ne le perde à jamais. Je défie qu'on trouve un juge, je défie qu'on trouve un juré qui n'admette pas comme vrai l'aveu de madame Macdonnel. Elle se serait simplement accusée d'avoir été la maîtresse de Mostyn qu'elle aurait rencontré dans des maisons suspectes, je dirais avec vous que cela peut n'être que le calcul d'une femme qui cherche à obtenir son divorce : sans doute il y aurait des probabilités pour que ce calcul reposât sur quelque chose de réel; cependant à la rigueur on pourrait croire à l'innocence de Mostyn. Mais qu'une femme de vingt ans invente de toutes pièces une pareille histoire qui, prouvée ou non, lui ferme toutes les portes et la place au-dessous de la dernière des filles, voilà ce que personne ne croira. Ce n'est pas anglais ces abominations-là, c'est français, et tout le monde sait que Mostyn connaît très bien la France. Aussi, ma chère, en amie sincère et dévouée que je suis, dans votre intérêt, par estime et par affection pour vous, je vous engage, si malgré tout vous persistez à vous sacrifier, ce dont vous êtes capable, étant donnée votre nature, — je vous engage à ne pas parler au moins de l'innocence de Mostyn. Je vous assure que c'est ridicule; et vous ne sauriez croire comme cela irrite tout le monde. Epousez-le par héroïsme si vous en avez le courage, mais n'allez pas jusqu'à le défendre. Positivement c'est un homme à la mer; et le mieux c'est de le laisser se noyer tout seul dans le mépris public. Un mot encore, le dernier : si vous persistez à épouser un homme dont le nom seul est un scandale, ne m'invitez pas à votre mariage, n'est-ce pas ? malgré toute mon amitié pour vous, il me serait impossible d'y assister.

Si Jane souffrait dans son amour-propre et dans sa dignité, au moins n'était-elle ébranlée ni dans sa foi, ni dans son amour : elle connaissait Mostyn mieux que personne; et d'autre part elle n'avait pas attendu jusqu'à ce jour pour savoir de quoi était capable cette « femme de vingt ans ».

Elle n'aurait voulu voir personne; mais eût-elle fermé sa porte qu'elle n'eût pas échappé aux charitables avertissements qu'on lui adressait jusque dans la rue où on l'arrêtait pour lui parler de Mostyn ; tous les jours et souvent plusieurs fois par jour on lui jouait pour de vrai la fameuse scène d'Arsinoé :

> Je viens par un avis qui touche votre honneur
> Témoigner l'amitié que pour vous a mon cœur.

Et on lui témoignait si bien cette amitié que souvent son beau-frère et sa belle-sœur la surprenaient les larmes aux yeux.

Ils n'avaient pas besoin de l'interroger pour deviner la cause de ces larmes, recevant eux-mêmes pour leur propre compte ces témoignages d'amitié.

— Ne pèserez-vous pas sur cette malheureuse Jane pour la détourner de son suicide? C'est votre devoir.

Mais ni le mari ni la femme n'acceptaient ce rôle, et ne comprenaient leur devoir de cette façon : au lieu de chercher à lasser le courage de Jane, ils la soutenaient :

— Croyez bien, disait Francis Talbot, que tous ces propos méchants, que toutes ces insinuations malignes n'ont d'autre but que de vous affaiblir, en vous faisant souffrir. On veut vous troubler, vous ébranler, jeter le doute dans votre esprit et dans votre cœur afin de vous amener à abandonner Mostyn. Quel triomphe pour ces hypocrites si vous rompiez votre mariage! Ne serait-ce pas sa condamnation, et la plus dure, la plus terrible qui puisse le frapper? Aussi je vous engage à écarter ces amies si empressées à vous offrir leurs conseils. Le procès approche, il vous faut tout votre calme. Vous n'en avez jamais eu autant besoin pour défendre Mostyn contre ses ennemis, que pour le soutenir contre lui-même.

II

Comment serait jugé les procès ?

Devant un magistrat sans jury, ou devant un jury avec un magistrat ? On ne savait : les parties ayant le droit de réclamer ce jury qui ne siège à côté du juge que s'il est requis par elles. Le réclameraient elles ? Ne le réclameraient-elles point ?

Madame Macdonnel comparaîtrait-elle en personne, et répéterait-elle devant la cour, les aveux qu'elle avait fait à son mari ?

Le procès était engagé depuis plusieurs mois déjà que ces questions n'étaient pas encore résolues, et que Mostyn ignorait où et comment l'affaire se poursuivrait à son égard. Tout ce qu'il savait c'est que les agents mis en campagne par Moss et Taylor, avoués de la femme et du mari, n'avaient pas encore trouvé des témoins pour confirmer les histoires de madame Macdonnel et que, dans ces conditions, Moss était d'avis que madame Macdonnel n'aurait pas besoin de se présenter devant la cour, son aveu, répété par son mari devant pleinement suffire pour obtenir le divorce aux dépens de Mostyn. Sur ce point Moss paraissait n'avoir pas le moindre doute et disait à qui voulait l'entendre qu'il était sûr de réussir : Mostyn ne pourrait se défendre que par des dénégations; et les dénégations ne se prouvent pas. Entre une jeune femme, victime innocente, et un homme expérimenté, l'hésitation ne serait pas possible ; ce serait l'homme qui serait le coupable ; n'était-il pas d'ailleurs accusé par l'opinion publique et n'avait-il pas déjà tout le monde contre lui, celui qui compte et dont la voix parle haut ? Qui oserait s'élever contre la clameur dont l'Angleterre indignée le poursuivait ? ne fallait-il pas que la conscience publique eût satisfaction, c'était l'honneur du pays qui se trouvait en jeu. Quel magistrat serait assez déloyal pour ne pas se ranger de son côté? le jugement qu'il rendrait fermerait la bouche aux journaux étrangers qui depuis quelque temps se permettaient de railler d'une façon inconvenante la vertu de la vieille Angleterre.

Ce fut quelques jours seulement avant le procès qu'on sut le nom du magistrat désigné pour connaître de l'affaire : Mills, qui siégerait seul, les parties n'ayant pas réclamé le jury. Moss et Taylor auraient fait eux-mêmes cette désignation qu'ils n'auraient pas eu la main plus heureuse : avec un bon jury formé de marchands et de bourgeois détestant Mostyn pour son projet de réformation des corporations de la Cité, ils auraient eu bien des chances pour eux ; avec ce magistrat esclave de la lettre de la loi et des précédents, ils les avaient toutes : le mari poursuivant sa femme qui s'avouait coupable, le complice ne pouvait pas ne pas être condamné, ce serait ce que Mills ne manquerait pas d'indiquer dans son discours avant de rendre son jugement, et l'on pouvait être sûr que ses considérants seraient empreints de la plus haute moralité.

Tout cela n'était pas pour rassurer Mostyn qui voyait ses conseils hésitants sur la question de savoir s'il devait ou ne devait pas comparaître dans ce procès. A Drayton il avait adjoint deux avocats de grand renom, Burdett et Seymour et ce trio de gens de loi n'avait pas pu se mettre d'accord.

S'il y avait des raisons pour se défendre, combien n'y en avait-il pas et de plus fortes pour ne se défendre pas.

— Si vous vous défendez, vous serez obligé de discuter toutes les accusations de madame Macdonnel et de faire la preuve que chacune d'elles est fausse. Comment y arriverez-vous? Elle affirme avoir passé deux nuits à Boyne-street. Personne ne l'a vue, c'est vrai; mais ce seront vos domestiques qui parleront, qui les croira? Elle confesse qu'il s'est passé entre vous certaines choses lorsque vous êtes revenus ensemble d'Esher; comment prouverez-vous que cela n'est pas vrai puisqu'il n'y avait personne en tiers avec vous dans le landau, et qu'en wagon vous étiez seul dans votre compartiment, comme elle-même était seule dans le sien. Elle donne pour complice à ses débauches cette Mary Anson que vous n'avez jamais vue, mais comme nous n'avons pas cette fille pour la démentir, que voulez-vous qu'on pense? C'est encore là une négation comme toutes celles que vous opposez, mais ce n'est qu'une négation.

L'affaire avait été soumise à Thompson, et celui-ci avait été d'avis que Mostyn devait se défendre malgré tout et malgré tous ; mais très occupé par les élections il avouait n'avoir pas pu suivre de près les complications suscitées par la variété des faits qu'alléguait madame Macdonnel et reconnaissait que c'était plutôt une impression qu'il donnait qu'un avis motivé.

A cela les avocats et l'avoué répliquaient que leur avis à eux était motivé, et qu'il paraissait vraisemblable que Mills rendrait le même jugement si Mostyn se défendait que s'il ne se défendait pas; c'est-à-dire qu'il accorderait le divorce à la demande de Macdonnel, parce qu'il y avait l'aveu de la femme; et, qu'il renverrait Mostyn, parce qu'il n'y avait pas de preuves contre lui. Mais l'effet produit dans l'opinion publique ne serait pas du tout le même pour Mostyn s'il se défendait que s'il ne se défendait. Il ne se défendait pas, le jugement était rendu en le laissant de côté. Il se défendait, le jugement était rendu malgré lui et contre lui. Au moins telle serait l'impression de ceux qui voudraient qu'il en fût ainsi, et qui auraient intérêt à faire accepter cette interprétation par la foule.

Mostyn ne sachant à qui entendre revenait toujours à Jane :

— Et vous que pensez-vous ? Que voulez-vous ? Vous qui êtes ma conscience.

Elle sentait tout le poids de sa responsabilité, — d'autant plus lourd qu'autour d'elle comme autour de Mostyn ceux qui avaient la réputation d'être des gens sages, et qu'elle avait les meilleures raisons pour croire des amis sincères, ne cessaient de leur répéter, à elle, comme à lui, que dans des circonstances aussi graves, on ne s'en fie pas à son propre sentiment, mais qu'on se laisse diriger par ceux qui ont votre cause en main.

Cependant elle persistait dans son opinion première, qui était — la défense.

— On se défend même quand on est innocent, disait-elle, l'honnêteté a des accents qui ne trompent pas ; ne pas comparaître, c'est déserter, c'est avoir peur. Certainement l'avis de vos conseils est chose grave, mais ne trouvez-vous pas qu'à plaider le pour et le contre, on finit par perdre le sens du juste et de l'injuste, du vrai et du faux. Ma conviction est que vous devez vous défendre, mais ce n'est que celle d'une femme inexpérimentée, et je me demande si j'ai le droit de la mettre en balance avec celle de vos conseils. Je n'oserais vraiment pas le faire si elle n'était pas conforme à celle de Thompson.

— Alors vous voulez que je me défende ?

— Je voudrais que si sur vos quatre conseils, il en est un seul qui soit pour la défense, vous comparaissiez et preniez place dans le *Witness box*.

— Et si tous sont d'avis qu'il faut que je me retire ?

— Alors je suppose qu'il faudra céder et leur obéir. Je ne peux pas prétendre avoir seule raison contre tous.

En parlant ainsi elle pensait qu'elle ne serait pas seule et que Thompson persisterait dans son opinion jusqu'au bout.

III

Le procès *Macdonnel versùs Macdonnel et Mostyn* était fixé au premier jeudi de novembre, à onze heures du matin.

Ce jour-là le brouillard enveloppait le monument fantasque nouvellement élevé à l'extrémité du Strand, que les Anglais appellent les « *Law Courts* », et qui réunit maintenant les différentes cours de justice dispersées autrefois à Westminster et à Lincoln's-Inn. C'était un vrai brouillard de Londres, lourd, opaque, chargé de fumée jaune, et de suie noire qui noyait si bien dans son ouate cette énorme construction gothique qu'on ne voyait que sa grille extérieure. Dans la vaste salle des pas-perdus le gaz était allumé, mais le brouillard enveloppait d'une atmosphère fumeuse la flamme des becs qui ressemblait à des lueurs vacillantes de veilleuses : à quelques pas de l'énorme portail ceux qui arrivaient disparaissaient comme des ombres, et le bruit de leurs voix s'étouffait aussitôt dans l'espace.

Au reste la physionomie de ce promenoir était celle de tous les jours, et il ne semblait pas qu'il y eut plus de mouvement qu'à l'ordinaire : c'était le train train habituel du lieu, avec le va-et-vient des gens de loi : les avocats en robe noire et en perruque courte allaient et venaient empressés, traînant leurs sacs à procès, montant, descendant la salle, sortant d'un couloir sombre, montant un escalier d'où ils jetaient un mot à des gens qu'on ne voyait pas; les avoués, habillés comme tout le monde, guidaient leurs clients ahuris; puis au milieu de ces hommes graves, des bandes de clercs plus alertes et plus bruyants passaient sans qu'on sût d'où ils sortaient et où ils s'engouffraient.

Un peu avant onze heures un mouvement de curiosité se produisit à la porte d'entrée; on venait de reconnaître Mostyn qui arrivait, et son nom aussitôt avait couru de groupes en groupes.

— Robert Mostyn.

On s'était rangé sur la ligne droite qui conduisait à la cour des divorces, et avec lui on avait reconnu John Thompson, puis, à côté de Francis Talbot, un homme du monde, très répandu, qui n'avait pas craint de se séparer de son parti, pour donner à Mostyn un témoignage public d'estime et d'amitié en l'accompagnant à l'audience.

Prenant à gauche ils s'étaient engagés dans le couloir conduisant à la chambre où siège la Cour des divorces qui, pour n'avoir que quelques années d'existence, est déjà aussi célèbre dans le monde entier que l'a été celle d'Old-Bailey, — et avec raison, les procès qu'on y a jugés en ces derniers temps étant, assurément plus curieux pour l'histoire des mœurs anglaises, que n'ont pu l'être autrefois ceux de Jack Sheppard ou de Jonathan Wild.

Cette salle d'assez grande dimension, mais sans rien d'exagéré cependant, est éclairée par le haut, quand le ciel, au lieu de brouillard et de fumée veut bien donner un peu de jour. Au centre, dans le fond, sur une estrade se trouvent les sièges des magistrats qui ont à leur gauche le jury, — quand il y a jury, — et à une élévation moindre le *Witnesbox*, c'est-à-dire la barre à laquelle les témoins déposent. En face d'eux mais plus bas, rangés des deux côtés d'une table étroite sont placées les parties avec leurs avoués, puis les avocats. Des gradins en amphithéâtre sont réservés aux membres du barreau, Dans une galerie s'entasse le public.

Quand Mostyn avec ses amis fit son entrée la salle était déjà pleine; on s'étouffait dans la galerie; et sur les bancs des jurés on avait placé les personnes qui à un titre quelconque croyaient avoir droit à un privilège.

Mostyn promena sur la foule un regard froid qui ne laissait rien deviner des sentiments dont son cœur était agité : ceux qui le connaissaient remarquèrent qu'il avait beaucoup changé; jamais on ne l'avait vu pâle comme en ce moment; son visage convulsé était coupé de rides au front et autour des yeux.

Dans le coup d'œil qu'il avait jeté sur la salle, Mostyn n'avait vu qu'une femme, — sa belle-sœur madame Rose Mostyn. Seule, en effet, celle-ci avait osé affronter les scandales de cette cause, fière de montrer qu'elle ne subissait pas plus les préjugés vulgaires, qu'elle ne se laissait influencer par les liens d'une reconnaissance banale; et à ceux qui avaient paru surpris de la trouver en ce lieu, elle avait superbement répondu qu'elle remplaçait sa sœur :

— Cette pauvre Joséphine ne pouvait pas venir, n'est-ce pas? alors il fallait bien que ce fût moi.

Et comme elle ne se trouvait pas assez en vue à la place qu'elle occupait, elle avait dépêché Moss à Francis Talbot pour que celui-ci qui était tout près de Mostyn lui cédât la sienne.

A ce moment une porte s'ouvrit sur l'estrade et Mills, ou plutôt M. Justice Mills, pour lui donner tous ses titres, fit lentement son entrée, vêtu de la longue robe noire, et coiffé de la perruque. Tout le monde s'était levé ; il prit sa place en saluant gravement le barreau et l'huissier cria : « Silence ».

Alors on s'assit ; puis tout de suite l'huissier appela la cause :

— Macdonnel *versus* Macdonnel et Mostyn.

Aussitôt, sur un signe de tête du juge, le plus âgé des avocats de Macdonnel se leva et commença sa plaidoirie.

Ceux qui ne connaissaient pas les coulisses de la cour s'attendaient à des détails salés : puisque c'était le conseil du mari qui exposait l'affaire, il devait, semblait-il, ne reculer devant aucun scandale et montrer pour quelles raisons ce mari trompé demandait le divorce : depuis quatre mois les journaux, au lieu de lasser la curiosité par leurs histoires n'avaient fait au contraire que l'exciter : on allait en entendre de drôles, — l'avocat, n'étant pas tenu à la même réserve que le journaliste, pourrait appeler les choses par leur nom et tout dire.

Au contraire ceux qui avaient l'expérience de ces

procès, savaient à l'avance qu'il n'y avait rien de croustillant et d'amusant à attendre de Herring, qui était le type de l'avocat honnête et discret, plaidant toujours l'intérêt de ses clients et jamais le sien.

En effet, aux premiom tiles
prendre qu'il ne chercherait pas à briller en exploitant le côté scandaleux de l'affaire, et qu'il resterait dans tout son plaidoyer l'homme réservé, poli et de bonne tenue qu'indiquait sa physionomie ouverte. Il se bornait à exposer les faits et racontait les aveux de madame Macdonnel, mais sans appuyer. N'était-ce pas inutile puisqu'il avait été convenu avec Moss que celui-ci ne ferait pas défendre sa cliente et manœuvrerait de façon à ce que le mari obtînt gain de cause. A la fin seulement il laissa entendre qu'on interrogerait Mostyn si celui-ci se défendait; mais tout de suite il ajouta « qu'il n'avait aucune preuve directe contre Mostyn .»

Et ce fut tout. Quelle déception pour la plus grande partie du public : ce n'était pas à cela qu'on s'attendait; ce n'était pas pour cela qu'on s'était dérangé. Les journaux en avaient dit bien davantage. On ne se consola qu'en pensant à l'interrogatoire qui, bien conduit, pourrait révéler les drôleries qu'on voulait.

Déjà Macdonnel venait de prendre place dans le *Wittness box* et l'huissier lui présentait à baiser un exemplaire de l'Évangile pour qu'il jurât dessus « de dire la vérité, toute la vérité »; puis aussitôt commençait son interrogatoire dirigé par son second avocat de façon à faire répéter par le mari lui-même tous les faits de la cause : les soupçons que la conduite de sa femme lui avait inspirés ; la surprise de la lettre à Mostyn ; les aveux.

Mais Burdett, le premier avocat de Mostyn ne laissait point aller cet interrogatoire sans l'interrompre, et à plusieurs reprises il obligeait « M. Justice Mills » à déclarer que si l'aveu de madame Macdonnel l'incriminait elle-même, il ne suffisait pas à fournir des preuves contre Mostyn.

A Macdonnel succédait Esther qui déclarait que « madame n'avait pas couché chez elle les dix et onze février ; et un domestique de madame Taylor, interrogé tout de suite sur ces deux dates, affirmait que ces deux nuits-là madame Macdonnel n'avait pas couché chez sa maîtresse : on avait cité la maîtresse elle-même, mais furieuse d'avoir à comparaître dans une aussi vilaine affaire, elle avait quitté l'Angleterre à temps pour n'être pas touchée par la citation.

Tout cela n'était guère intéressant, et la déception du public devenait de plus en plus vive : jamais procès annoncé avec pareil tapage, n'avait tourné plus misérablement, et l'on se demandait avec indignation s'il n'y avait pas entente entre les parties pour l'étouffer ; c'était scandaleux ! on ne trompait pas ainsi les honnêtes gens.

Cependant on savait que les anciens domestiques de Mostyn et ceux qui étaient présentement à son service avaient été cités : sans doute ceux-là allaient parler et révéler les infamies de la maison ; c'était pour elles qu'on était venu ; on ne pouvait pas être volé à ce point.

Cependant on le fut : voyant la tournure que prenait le débat, l'avoué de Macdonnel jugea inutile de faire entendre ces témoins qui pouvaient être dangereux puisqu'ils apporteraient plutôt un démenti qu'un appui au récit de madame Macdonnel.

Quand on vit qu'ils ne comparaissaient pas et que Mills suspendait l'audience, il y eut une explosion d'indignation parmi ceux qui croyaient deviner le fin des choses.

— C'est de la connivence !
— Evidemment l'accord s'est fait !
— Quel gredin que ce Mostyn !
— Combien cela a-t-il pu lui coûter !

Pendant que le public cherchait ainsi à deviner ce qu'il ne comprenait pas, exaspéré par cette déception, les conseils de Mostyn discutaient sur le parti à prendre : devait-il ou ne devait-il pas intervenir personnellement dans le procès en entrant dans le *Witness box* ?

La menace d'interroger Mostyn avait touché Burdett :

— Si nous n'intervenons pas, dit-il, nous aurons l'air d'avoir peur, l'impression sera mauvaise dans le public.

— Et si nous intervenons, répliqua vivement Seymour le second avocat, nous serons obligés de démentir toutes les allégations de madame Macdonnel les unes après les autres ; s'il en reste une seule je ne dis pas debout, mais enfin que nous ne réduisions pas en miettes, elle témoignera contre nous. Comment nous exposer à toutes les questions que la méchanceté et la haine peuvent inventer. Sans parler des inventions, comment prouver qu'il ne s'est rien passé entre madame Macdonnel et Mostyn dans la course en landau que nous devons avouer, et pendant la visite à Boyne-street qu'il faut bien avouer aussi. Montée comme elle l'est l'opinion publique le croira coupable, et de plus l'accusera de parjure.

— Il est certain, dit Thompson ébranlé autant par ce discours que par tout ce qu'il avait entendu dans le monde, que si Mostyn se retire sans se défendre se contentant de la déclaration de Mills qu'il n'y a pas de preuves contre lui, il y aura des gens qui le croiront coupable, mais enfin personne ne pourra l'accuser de parjure; tandis que s'il se défend, comme il ne pourra pas prouver la fausseté de toutes les accusations de madame Macdonnel, on le tiendra pour coupable et pour parjure. Cela est à peser.

Ce changement chez celui qui avait toujours soutenu que Mostyn devait se défendre, ébranla Burdett; il avait dit ce qu'il croyait juste, on ne se rangeait pas à son avis; il accepta celui des autres; et il fut convenu que Mostyn n'interviendrait pas.

Quand cette décision fut communiquée à Mostyn il commença par se révolter :

— Puisqu'on me menace de m'interroger, je dois m'offrir aux questions, dit-il.

Mais que pouvait-il contre ses conseils : il avait été convenu, qu'il leur obéirait s'ils étaient d'accord, — et l'accord existait entre eux : sans doute ils se rendaient mieux compte de la situation qu'il ne pouvait le faire lui-même, et sans doute aussi il était impossible d'être juge dans sa propre cause.

A la reprise de l'audience Burdett annonça que son client n'avait pas à se défendre puisqu'aucun témoignage n'avait été apporté contre lui; et aussitôt le jugement fut rendu : le divorce était accordé à Macdonnel, et Mostyn était renvoyé « l'accusation à son égard n'ayant pu être soutenue par aucune preuve. »

Quel désappointement pour le public !

Et aussi quelle colère!

IV

Le lendemain elle éclata en tempête dans les journaux hostiles à Mostyn.

Le thème fut partout le même : — S'il n'avait pas osé se défendre et prêter serment c'est qu'il était coupable; et maintenant il l'était doublement : 1° coupable de débauches honteuses pour avoir souillé de vices empruntés aux civilisations pourries de l'étranger une famille alliée à la sienne et ses propres domestiques ; — 2° coupable de lâcheté pour s'être dérobé à l'interrogatoire de la justice.

Quelle belle matière à mettre en articles indignés ! Sodome, Gomorrhe, la Bible, l'étranger, le foyer anglais, — toutes les cordes de la lyre d'airain; il aurait fallu être le dernier des impuissants pour ne pas les faire vibrer, et elles vibrèrent si furieusement que le tocsin sonné à toutes les églises de

Londres n'eût pas produit plus de tapage. Il semblait qu'on fût revenu au temps des convulsionnaires.

Jane n'était pas femme à dire le mot ordinaire de ceux qui ont donné un avis qu'on n'a pas suivi, mais Mostyn le prononça lui-même :

— Que n'ai-je écouté votre conseil ?

Mais il ne servait à rien de récriminer : ceux qui s'étaient trompés l'avaient fait de bonne foi et en s'appuyant sur des raisons dont maintenant encore on ne pouvait méconnaître la force.

— C'est à demain qu'il faut penser, dit-elle.

L'avoué, les avocats, les conseils, les amis de Mostyn cherchèrent un moyen pour revenir sur ce qui était passé, mais avant qu'ils se fussent mis d'accord le procureur de la Reine, qui en Angleterre représente jusqu'à un certain point notre ministère public, intervint. Poussé par l'opinion il se présenta devant la cour et, « au nom de la justice, pour empêcher la fraude » il demanda que l'affaire fût reprise ; ce qui fut accordé.

C'était une porte qui s'ouvrait pour Mostyn, mais tout de suite elle lui fut fermée : il paraîtrait comme témoin, mais ayant été renvoyé du premier procès, il ne pouvait figurer comme partie dans le second.

Pour lui c'était un désastre : au lieu de plaider avec l'aide de Burdett et Seymour, c'est-à-dire dans des conditions d'égalité, il allait comparaître seul ayant contre lui les avocats du mari et de la femme, sans personne pour le soutenir, sans personne pour interroger ceux qui le chargeraient librement, parties comme témoins ; pieds et mains liés il devrait tout entendre sans rien répondre. Et l'avocat contre qui il aurait à se défendre ne serait plus l'honnête Herring qu'on avait trouvé trop mou, mais Martin, adversaire dangereux, d'un talent redouté, pour qui tous les moyens étaient propres et toutes les armes étaient bonnes.

— Vous serez écrasé, dit Burdett.

— C'est la ruine, dit Seymour.

— Puisqu'on refuse de vous admettre comme partie, refusez de paraître comme témoin, dit Drayton.

Mais Jane repoussa ces conseils de toutes ses forces :

— Si nous devons périr dans ce naufrage, dit-elle, que ce soit au moins la tête haute. Vous voyez comme on s'est trompé, et comme on vous a trompé une première fois, ne recommençons pas la même faute.

Les angoisses du côté de Mostyn faisaient l'assurance de madame Macdonnel et de ses conseils. Pour eux l'issue de l'affaire n'inspirait pas le plus léger doute et tout se réunissait pour leur assurer le succès. C'était ce que Moss expliquait à sa cliente afin de la rassurer et de la mettre en situation de faire bonne figure devant la cour.

— Persuadez-vous bien que nous avons tous les atouts dans la main. D'abord le président le vieux Balson, furieux, qu'on revienne sur un procès jugé par sa cour et qui a cent raisons meilleures les unes que les autres pour être hostile à Mostyn. Puis le jury composé de tories qui ne voient dans Mostyn le libéral, que le chef abattu d'un parti que le pays vient de chasser, et contre lequel on peut s'acharner avec l'espérance de plaire aux vainqueurs. Puis Martin, l'avocat de votre mari, heureux de briller aux dépens de Mostyn. Puis l'avocat du procureur de la Reine, ce brave Mackay qui est un excellent homme, circonspect, scrupuleux, timide, et aussi incapable de lutter contre Martin, que je le suis moi, de renverser d'une chiquenaude les pyramides d'Egypte. Enfin vous chère dame, qui serez j'en suis certain le témoin le plus remarquable qu'on ait jamais vu à la cour des divorces où pourtant nous en avons déjà eu de bien distingués sur ma foi. C'est cette confiance en vous qui m'a fait me charger de votre affaire ; au premier coup d'œil j'ai vu que vous déposeriez avec un aplomb qui étonnerait tout le monde. Votre cause sera une cause célèbre, je vous le promets, et vous passerez comme héroïne à la postérité tandis que Mostyn, que vous détestez si cordialement, — ce que je comprends d'ailleurs, — y passera comme le plus infâme des hommes. L'affaire est dans le sac, croyez-moi.

Cependant deux jours avant la reprise de ce procès jugé d'avance, disait Moss, une chance parut se prononcer en faveur de Mostyn.

En Angleterre les fonctions de procureur de la Reine ne sont pas analogues à celles de procureur de la République ou de procureur général chez nous ; s'il a qualité pour appeler au nom de la Justice d'un procès mal jugé, au lieu de soutenir lui-même son appel, il se fait représenter par un avoué et un avocat, et ne prend pas part au débat d'audience comme notre ministère public. Quand l'avoué de madame Macdonnel signifia le *proof* de sa cliente, c'est-à-dire le résumé des faits qu'elle était prête à affirmer devant la Cour, il y avait de telles différences, entre ses premiers dires et ce résumé, que le procureur de la Reine qui avait d'abord cru à la culpabilité de Mostyn, changea d'avis, et comme il avait travaillé jusque-là contre le coupable, il travailla de ce jour-là pour l'innocent. Par son ordre son avoué alla trouver Drayton et lui communiqua le *proof* de madame Macdonnel.

— Vous voyez, dit-il, quand Drayton eut lu, qu'elle change la date du jour où Mostyn lui aurait fait sa première visite et aurait arrangé un rendez-vous avec elle dans cette maison de King-street. De même elle change les dates des nuits qu'elle disait avoir passées chez Mostyn, et supprime tout à fait celle du 10 février; sans doute parce qu'elle aura appris que Mostyn peut justifier de l'emploi de son temps cette nuit-là. N'est-ce pas là une preuve qu'elle ment : il est évident qu'on veut entortiller Mostyn, et rendre nuls ses moyens de défense.

— Et vous pouvez être assuré, mon cher, qu'il en sera ainsi. Il paraît que le président veut que Mostyn dépose avant qu'on entende madame Macdonnel. Elle connaîtra donc la défense avant de formuler ses accusations. Avec sa souplesse d'esprit, avec son imagination, avec les conseils de Moss, il est certain qu'elle évitera ainsi des contradictions, — au moins aux yeux du jury; et comme nous n'aurons pas d'avocat pour les faire ressortir, nous sommes flambés.

— Balson ne fera pas cela.

— Et moi je crois qu'il le fera ; vous le connaissez mal si vous ne l'en croyez pas capable. Vous savez combien il est furieux du blâme qu'à encouru Mills pour son jugement, il se fait solidaire de son adjoint et tiendra à le justifier; tout lui sera bon contre Mostyn.

V

A cette audience l'affluence était encore plus grande qu'elle ne l'avait été à la première, car rarement la curiosité publique avait été chauffée à ce point par les journaux : cette fois on était en droit d'espérer qu'elle ne serait pas déçue : Balson était un autre homme que Mills.

Pour commencer, cette curiosité eut le temps de se satisfaire sur madame Macdonnel qui, en toilette toute neuve, coquette et tapageuse, avait pris place à côté de ses conseils, ayant auprès d'elle sa sœur Rose et sa cousine Louise ; on put donc l'examiner et la discuter; par malheur il n'en fut pas de même pour Louise, qui ne sachant pas jusqu'où Josey irait dans ses récits, avait eu la sage précaution de garder un voile épais baissé devant son visage.

Quand Balson fit son entrée, lentement, à pas comptés, la tête renversée en arrière, on remarqua qu'il avait l'air hargneux d'un vieux goutteux tout prêt à se venger de ses douleurs sur le premier venu.

Aussitôt Mackay, l'avocat du procureur de la Reine se leva, et demanda à réserver le témoignage de Mostyn de façon à ce qu'il ne vînt qu'après qu'on aurait entendu madame Macdonel ; mais comme Drayton l'avait prévu, le président refusa. Mostyn dut monter dans le *Witness box* et prêter serment.

C'était à Mackay de l'interroger : il commença :

— Il y a longtemps que vous connaissez la famille Wilson ?

— Mon frère a épousé la fille aînée.

— Quand avez-vous connu madame Macdonnel ?

— Je ne me le rappelle pas, avant son mariage.

— Vous habitez, 42, Boyne-Street. Quelqu'un demeure-t-il avec vous ?

— Personne, depuis la mort de ma grand'mère, que j'ai perdue il y a trois ans.

— Votre grand'mère recevait-elle la famille Wilson ?

— Les enfants venaient quelquefois déjeuner avec elle, et alors ils jouaient dans la maison.

— Ce sont là des détails oiseux, interrompit le président d'un ton rogue.

Ce mot seul révélait les dispositions de Balson : s'il qualifiait ces détails d'oiseux c'était pour que le jury ne comprît pas que madame Macdonnel, ayant joué dans la maison étant jeune fille, pouvait la connaître aussi bien que si elle l'avait habitée.

Sans insister Mackay continua :

— Quand madame Macdonnel est venue à Londres, après son mariage, avez-vous été la voir; l'avez-vous embrassée ?

— Jamais je ne l'ai embrassée.

— Quelques jours avant le 1ᵉʳ mars lui avez-vous fait visite à Savile-Place ?

— Je ne crois pas, mais c'est si loin de nous maintenant...

— Répondez sans expliquer vos réponses, interrompit Balson.

— Avez-vous donné rendez-vous à madame Macdonnel, reprit Mackay, entre le 28 février et le 1ᵉʳ mars, dans une maison de King-street, près d'Euston-square, chez Henriette Laugel ?

— Non.

— Vous connaissez cette Henriette Laugel, qui est-elle ?

— Une ancienne bonne, sœur de trois autres bonnes qui sont restées longtemps au service de ma famille.

— Vous alliez quelquefois chez elle ?

— Une fois ou deux par an.

— Auriez-vous rencontré madame Macdonnel chez elle ?

— Non.

Rose leva les mains au ciel, d'un air indigné : certainement elle n'avait jamais vu un homme mentir avec cet aplomb.

— Pouvez-vous donner l'emploi de votre temps le 1er mars.

— En me levant je suis descendu au rez-de-chaussée où j'ai fait des armes avec des amis ; puis j'ai déjeuné. A onze heures trente minutes je suis monté dans mon coupé pour aller à mon bureau, où j'ai travaillé jusqu'à une heure vingt-cinq minutes, j'ai eu beaucoup de télégrammes à envoyer et j'ai eu à étudier des questions qui devaient venir en discussion à la Chambre ce jour-là, elles étaient nombreuses et difficiles.

— Nous n'avons pas besoin de savoir cela, dit Balson d'un air de mépris pour ce travail d'un ministre, bien moins important à ses yeux assurément que celui d'un président de la Cour des divorces.

— A 1 heures 25 minutes, continua Mostyn je me suis habillé, et suis parti pour le lever du prince de Galles. Après le lever je suis rentré à mon bureau que je n'ai quitté que pour aller à la Chambre.

— Il ne vous aurait donc pas été possible d'aller à King-street avant votre bureau?

— Absolument impossible : mais je croyais que, selon l'aveu, je serais allé à Savile-place et à King-street ce même jour...

— Ce sont là des observations que je ne puis tolérer, interrompit Balson ; cette affaire ne finira jamais si je vous permets de lui donner tous les développements dans lesquels il vous plaît de vous lancer.

Mostyn ne répondit rien à cette algarade, mais il

regarda le président avec un si profond dédain, que celui-ci, malgré son assurance, baissa la tête et se plongea dans ses papiers.

— Nous arrivons aux faits du 11 février, reprit Mackay ; pouvez-vous nous donner l'emploi de votre temps le soir de cette journée ?

— J'ai prononcé un discours dans une réunion d'électeurs et suis rentré chez moi vers 11 heures.

— Madame Macdonnel est-elle venue vous voir ce soir-là ?

— Ni ce soir-là, ni jamais.

— Mais le matin ?

— Elle est venue le matin une fois.

Balson releva la tête, et regarda le jury d'un air joyeux qui éclairait pour la première fois son visage sombre et revêche : ce coup d'œil était si expressif qu'il n'avait pas besoin de traduction : — Vous voyez, il avoue, il est pris.

Madame Macdonnel triomphait aussi, souriant à sa sœur et à sa cousine : — Vous voyez, c'est vrai.

— A quelle heure quittiez-vous votre maison ? demanda Mackay.

— A onze heures et demie.

— Receviez-vous quelques personnes avant cette heure ?

— Mes amis qui venaient pour l'escrime, et dont quelques uns restaient à déjeuner avec moi ; des journalistes, des électeurs ; la maison était pleine. Il arrivait aussi beaucoup de dépêches, parce qu'à ce moment le clerc qui les déchiffre...

Le président lui coupa la parole :

— Est-ce que vous allez encore entrer dans ces détails qui n'ont aucun intérêt pour nous.

Mackay, sans oser répliquer au président, continua son interrogatoire et par ses questions précises amena la description de la maison de Boyne-street, depuis les salles du rez-de-chaussée jusqu'aux chambres à coucher du troisième auxquelles on n'arrive que par un seul escalier gardé par deux domestiques.

— Depuis combien de temps Elisabeth Anson est-elle à votre service? demanda-t-il.

— Depuis 1871.

— Elle n'a jamais été pour vous qu'une servante?

— Assurément.

— Et sa sœur Mary?

— Je ne sais rien d'elle, si ce n'est qu'on l'a employée chez moi, il y a plusieurs années, mais je ne l'ai jamais vue.

— Elle n'a jamais été votre maîtresse?

— Jamais, jamais.

— Maintenant je dois vous demander si vous avez jamais occupé le même lit avec madame Macdonnel et Mary Anson?

— C'est absolument faux, s'écria Mostyn ; on n'aurait pas inventé une pareille infamie si on avait vu mon lit, qui est un tout petit lit en fer, très étroit...

— Arrêtez-vous, s'écria Balson, vous noyez vos réponses dans des détails qui n'ont que faire ici.

Mackay accepta l'interruption, sans même essayer de défendre le témoin.

— Quelles instructions avez-vous données à votre avoué à propos de cette Mary? dit-il en poursuivant.

— Aucunes. Il l'a cherchée quand elle a été incriminée. Il l'a trouvée. Mais depuis elle a disparu, et je ne sais ce qu'elle est devenue.

De nouveau Balson adressa un regard significatif aux jurés, en soulignant les mots « elle a disparu » ; c'était clair cela ; un témoin de cette importance ne disparaît pas sans raison.

VI

Mackay avait demandé ce qui, selon lui, était utile à la mise en lumière de la vérité, maintenant c'était au tour de Martin de contre-interroger Mostyn pour confondre celui-ci et surtout pour l'obliger à donner toutes les informations qui permettraient à madame Macdonnel d'arranger son récit; ces contre-interrogatoires en effet n'ont pas d'autre but bien souvent que de déshonorer ou de ridiculiser les témoins au profit des coupables, et quelques avocats, parmi les plus fameux, excellent à cette besogne.

Quand Martin se leva, un mouvement de curiosité se produisit dans l'assistance : il allait fouailler Mostyn dans le *Witness box* sans que celui-ci pût regimber; le spectacle serait amusant.

Martin promena sur le jury et sur son auditoire le sourire assuré d'un homme fier de sa force, puis s'adressant à Mostyn :

— Vous étiez je crois ici, l'autre jour, devant M. Justice Mills? dit-il.

Ce début fit courir un petit frisson de joie dans l'auditoire ; cela promettait.

— Oui, répondit Mostyn.

— Pensez-vous que madame Macdonnel avait toute sa raison?

Oui.

— Pensez-vous qu'elle avait quelque motif pour faire son aveu?

— L'espérance d'obtenir son divorce.

— Pourquoi vous a-t-elle nommé ?

— Pour que je lui serve de paravent, et qu'on ne cherche pas des liaisons avec d'autres.

— Arrêtez-vous, s'écria Balson d'une voix indignée, quand on vous interroge on vous demande des réponses, non des appréciations.

— Quand vous avez su que madame Macdonnel avait tout avoué, continua Martin, vous avez essayé, n'est-ce pas d'obtenir d'elle une rétractation? Vous êtes allé chez madame Rose Mostyn, et vous avez cherché à voir madame Macdonnel en tête à tête.

— J'ai été chez ma belle-sœur pour savoir ce que signifiait cette accusation incompréhensible pour moi.

— Et vous avez dit que si madame Macdonnel, après être séparée de son mari, n'avait pas assez pour vivre vous lui feriez une pension.

— C'est faux.

— Vous lui avez demandé de signer une rétractation.

— C'est faux.

— De reconnaître qu'elle avait fait cet aveu inconsciemment, dans un accès d'hystérie.

— Je ne la crois pas hystérique du tout.

— Ayez donc la bonté, dit Balson, de répondre tout simplement par oui ou par non ; vous ajoutez toujours quelque chose qui n'est pas congruent, et qui n'a d'autre but que d'embrouiller vos réponses ; je vous ai averti déjà plusieurs fois.

Jamais on n'avait fait la leçon à un petit garçon d'un ton plus rogue et plus outrecuidant. Balson exultait. Il le tenait donc entre ses mains ce brillant ministre dont depuis si longtemps le nom encombrant l'exaspérait. Du haut de son siège il pouvait montrer ce que sont ces favoris de la foule et quelle est leur valeur. Le bousculait-il assez ; l'aplatissait-il assez sous sa lourde férule. Et ce n'était pas un pauvre petit magistrat poussé par l'envie qui parlait, et cherchait à se venger de sa médiocrité en abaissant un puissant du jour. Il était un des *grands juges* de l'Angleterre ; il avait cent cinquante mille francs de traitement ; il était inamovible ; la Justice même s'exprimait par sa bouche et la Couronne aussi qui l'avait nommé ; il soutenait l'honneur, la dignité, la moralité de son pays : et sans peur, sans reproche il s'acquittait de son devoir d'honnête magistrat qui est d'être le conservateur des Conservateurs.

— Et cette Henriette Laugel que faisait-elle chez vous ? demanda Martin.

Mostyn recommença les explications qu'il avait déjà fournies, mais Martin et Balson se renvoyèrent ses réponses de telle sorte qu'il fut impossible d'y rien comprendre : ils paraissaient exaspérés de l'obstination de Mostyn à ne pas vouloir répondre clairement.

— Je vous demande à quelle époque elle était au service de votre père? dit Martin.

— Quand j'étais enfant.

— Une date, donnez une date ; je n'ai pas l'honneur de savoir quand vous êtes né.

Le barreau ne pouvait être au-dessous de la magistrature, et puisque le président s'appliquait à être insolent avec cette puissance tombée, l'avocat ne le serait pas moins : c'était une joute courtoise entre eux.

— Vers 1856.

— Et quand a-t-elle quitté ce service ?

— Je n'en sais rien.

— My Lord, s'écria Martin, j'en appelle à vous, est-il possible de répondre à cette question ?

— C'est ce que nous allons voir, répondit Balson, peut-être l'aurons-nous peu à peu ; sans doute le témoin veut expliquer qu'on la renvoyait souvent et qu'on la reprenait.

Cela fut dit avec un air de dégoût.

— Elle venait chez nous quand elle était sans place ; voilà ce que je dis.

— Quand a-t-elle pris son appartement de King-street.

— En 1879.

— Vous lui servez une rente ?

— Mon frère et moi nous lui avons servi une

rente de mille francs par an ; depuis la mort de mon frère, elle la touche chez mon avoué qui paie le petites rentes à nos vieux domestiques.

— Est-ce que Mary Anson demeurait chez elle ?

— On me l'a dit depuis que cette affaire est commencée ; je ne le savais pas.

— Comme vous ne saviez pas qu'elle venait chez vous le dimanche.

— Je ne le savais pas.

— Comme vous ne savez pas ce qu'elle est devenue depuis qu'elle a tout à coup disparu.

— Je ne le sais pas.

En réalité, Drayton croyait savoir que cette Mary Anson, effrayée et menacée par des gens à la solde de Moss, s'était sauvée pour ne pas figurer dans ce procès, mais ce n'étaient là que des soupçons dont Mostyn ne pouvait pas parler, et il fallait qu'il restât sous le coup de l'impression que produisait cette disparition inexplicable.

Martin regarda le président avec un air de profond respect comme pour s'excuser de lui faire entendre de pareilles choses; puis, se tournant vers le jury, il leva les deux bras au ciel.

— Alors vous n'avez jamais vu madame Macdonnel dans cette maison de King-street, chez cette vieille bonne ?

— Jamais.

— Vous êtes certain de bien vous rappeler tout ce que vous avez fait dans votre journée du 1er Mars.

— C'est le jour où l'on a jeté une bombe dans l'hôtel de ville de Liverpool et j'ai tous les télégrammes, toutes les dépêches que j'ai écrits ou signés, je les ai là, je puis les montrer, ils prouveront mon travail de cette matinée.

— Montrez tout ce que vous voudrez, mais ce qui serait intéressant ce serait une pièce établissant l'heure de votre arrivée à votre bureau ; vous avez cette pièce?

— Non.

— Vous dites donc que vous n'avez pas vu madame Macdonnel ce jour-là ; mais d'autres jours, ailleurs ; le matin chez vous?

— Une seule fois.

— Et en chemin de fer? N'avez-vous pas arrangé un voyage en tête à tête avec elle?

Joséphine, souriante, le regardait dans les yeux.

— C'est faux, s'écria-t-il.

— Je vous rappelle au calme, dit le président.

— Vous niez donc, poursuivit Martin, être revenu avec elle d'Esher à Londres ?

— Non ; mais en chemin de fer je ne suis pas monté avec elle.

— C'est assez, interrompit Martin.

— Vous entendez, dit le président.

— Et cette jeune femme avec laquelle vous vous rencontrez ainsi à la campagne, que venait-elle faire chez vous le matin ?

— Me demander une place pour son mari.

— Et pourquoi n'avez-vous pas accordé cette place?

— Parce que M. Macdonnel ne paraissait pas désirer rester à Londres.

— N'était-ce pas plutôt pour que madame Macdonnel ne restât pas à Londres auprès du capitaine Hooker dont vous étiez jaloux ?

— C'est absurde, aussi absurde que faux.

Martin s'assit en haussant les épaules.

— Vous n'avez plus de questions à adresser au témoin ? demanda le président.

— Non, My Lord.

L'audience fut levée.

VII

Pour les amis de Mostyn, la journée n'avait pas été mauvaise, et l'hostilité du président devait plutôt servir que nuire.

Mais Mostyn lui-même ne partagea pas cette illusion, ayant très bien senti pendant sa déposition que les explications qu'il donnait pour faire comprendre ses relations avec Henriette Laugel, ne portaient pas au de-là de ses intimes, ou de ceux qui savaient comment la famille traitait ses anciens domestiques.

Pour le public de la Cour des Divorces, et pour le monde, au lieu d'accepter ces explications, on chercherait à côté : — S'il servait une rente à une vieille servante, n'était-ce pas tout simplement pour recevoir chez elle ses maîtresses, sans avoir à craindre des surprises ou des indiscrétions fâcheuses : combien d'autres qui ayant intérêt à ne pas se compromettre, employaient des procédés de ce genre. Qu'il eût mis son frère de moitié dans le paiement de cette rente, était une rouerie de plus. Et puis est-ce que cette vieille servante n'était pas une Française, de plus une catholique ? Tout le monde sait en Angleterre que quand on introduit ces gens-là chez soi, ce n'est pas pour leur demander d'honnêtes services. C'était ce que Martin et Balson s'étaient attachés à faire entendre par leurs questions et leurs insinuations, et ils avaient sûrement été compris.

Cela était grave, mais l'absence de Mary Anson l'était plus encore. Pourquoi ce témoin dont la déposition était si importante ne comparaissait-il pas ? Pourquoi avait-il disparu ? Il n'y avait qu'une réponse à ces questions ; c'était Mostyn lui même qui l'avait fait disparaître, pour qu'elle ne parlât point. Il aurait eu un avocat que celui-ci n'aurait pas manqué de remarquer qu'à moins d'avoir perdu la tête, on ne fait pas disparaître un témoin dont l'absence seule est une accusation, et que si on a le pouvoir d'obtenir cette absence, il n'est pas beaucoup plus difficile d'obtenir une fausse déclaration. Mais justement Mostyn n'avait pas d'avocat pour donner ces explications, et ce n'était pas avec les réponses par oui et par non que le président lui permettait seules, qu'il pouvait éclairer le jury sur ce point capital. Mary Anson avait disparu : et son absence portait contre lui une accusation aussi grave qu'eût pu l'être un aveu ; voilà quelle serait l'impression du public.

Ce fut en effet sous cette impression colportée et accentuée par les journaux que s'ouvrit l'audience du lendemain.

Elle commença par le défilé des domestiques de Mostyn; et avec Elisabeth la femme de charge, qui était sourde, Martin eut beau jeu. Il y a longtemps que les plaisanteries sur les sourds sont usées, mais l'horloge au Palais a toujours un peu retardé; et pour Martin qui n'avait pas la faiblesse de tenir à l'originalité, tout était bon. Il engagea donc avec elle un dialogue plein de coq-à-l'âne qui fit la joie du jury en même temps que de l'assistance et enleva toute importance aux dénégations par lesquelles elle répondit aux affirmations de madame Macdonnel.

Avec la femme de chambre qui avait bonne oreille et bonne langue, il fallait procéder autrement ; et ce fut elle qui servit à montrer tout ce qu'on peut faire rendre à un contre-interrogatoire bien dirigé. Si madame Macdonnel n'avait jamais mis le pied dans la chambre de Mostyn, il était d'une importance décisive qu'elle connût la distribution et l'ameublement de cette chambre de façon à ne pas s'embrouiller lorsqu'elle en parlerait ; sous prétexte de comprendre les allées et venues des servantes dans la maison, Martin s'arrangea donc pour lui fournir les renseignements dont elle pourrait avoir besoin.

— Comment s'ouvre la porte qui donne entrée dans la chambre ? demanda-t-il.

— En face la cheminée.

— Quand on entre, le lit est-il à gauche ou a droite ?

— A droite.

— Quels sont les meubles avec le lit?

— Trois chaises.

— Qu'est-ce qu'il y a en face la fenêtre ?
— Une table à écrire.
— Et à droite de cette table ?
— Une petite toilette.
— Et à gauche ?
— Un lavabo.
— Et sur les murs ?
— Des tableaux.
— Et à côté de la cheminée ?
— Des rayons pour les livres.

Sûrement madame Macdonnel ne resterait pas court : elle avait un fil.

La scène que Martin avait fait jouer à la femme de charge recommença lorsque parut la vieille Henriette Laugel ; après qu'elle eut déclaré qu'elle ne connaissais pas madame Macdonnel et que Mostyn n'était jamais venu chez elle plus de deux fois par an, il la questionna :

— Vous êtes Française, je suppose ?
— Suisse.

Martin regarda le jury ; est-ce que vraiment ce n'était pas la même chose.

— Et catholique ?
— Oui.

C'étaient là deux questions bien simples et bien correctes en apparence, mais il mit dans son accent un tel dégoût qu'elles valaient les plus terribles accusations. Quand elle eut répondu il regarda le jury en levant les bras au ciel et se plongea dans une méditation profonde; Française ! ! Et papiste ! ! Que dire de plus ? N'était-ce pas comme si elle reconnaissait qu'elle était la gardienne du Parc-aux-cerfs de Mostyn. Maintenant les vices français dont madame Macdonnel avait parlé, n'étaient-ils pas suffisamment prouvés! Cependant ne s'en tenant pas à ce résultat considérable, il voulut donner à son jury un intermède comique, une farce après la grande pièce. Henriette comprenait mal l'anglais et le prononçait plus mal encore : pendant un quart d'heure il la promena dans une série de pataquès, et il l'acheva sous le ridicule : rarement on s'était autant amusé ; impayable Martin. Française et Catholique! Allez vous asseoir.

Vinrent ensuite les valets de pied qui déclarèrent que madame Macdonnel n'avait été reçue qu'une fois dans le cabinet bleu, les autres fois elle n'avait pas dépassé le vestibule : les amis de Mostyn, diplomates, députés, habitués des séances d'escrime, les deux secrétaires affirmèrent que le matin il était impossible qu'une femme montât à la chambre de Mostyn.

— Comment allez-vous répondre à cela? demanda Moss à sa cliente.

— Est-ce qu'il était impossible, répondit-elle, qu'il guettât mon arrivée, renvoyât les valets sous un prétexte quelconque, et m'ouvrît lui-même la porte?

— Nous allons voir s'ils avaleront cela, répondit Moss, mais vous avez à un si haut point le don de la persuasion que ce miracle se réalisera peut-être.

— Ce n'est pas ceci qui m'inquiète, j'ai autrement peur des soldats que je vois là-bas.

— Ils appartiennent au régiment du capitaine Hooker.

Un frisson douloureux la secoua de la tête aux pieds; bien que Hooker se fût marié peu de temps après le commencement du procès, heureux de se débarrasser ainsi de cette maîtresse par trop diabolique, elle n'avait pas perdu toute espérance de remettre la main dessus; comment y parviendrait-elle si elle était forcée d'avouer ses relations avec lui, et de l'entortiller dans ce procès en divorce dont il avait toujours eu si grande peur.

Moss qui mettait sa probité professionnelle à ne pas perdre une cause, fut inquiet de la voir aussi troublée.

— Faites la part du feu, dit-il, si vous êtes obligée d'avouer des relations avec le capitaine, on sera indulgent pour vous au cas où il n'aurait pas été le premier; qui ne comprendrait pas qu'en échappant à l'influence de Mostyn vous avez eu besoin de vous retremper dans un amour jeune et... honnête.

— Mais c'est bien ainsi que les choses se sont passées.

— Je n'en doute pas.

Il fallait être attentif; un des soldats que Joséphine reconnut pour celui qui les avait servis à Parkhurst venait de commencer sa déposition, et superbe, de grande taille, carré d'épaules, bien peigné, très tranquille dans sa raideur militaire, il répondait par oui et par non aux questions de Mackay, sans détour comme sans hésitation.

— Au mois de février le capitaine Hooker a-t-il reçu la visite d'une dame?
— Oui.
— Vous l'avez servi à ses repas?
— Oui.
— Quelle était cette dame?
— Celle qui est là.
Celle qui est là, c'était Joséphine.

Un autre soldat avait monté derrière le « dogcart » qui avait ramené Jack et Josey à Cowes, et celui-là reconnaissait aussi « la dame qui est là ».

L'audience finissait mieux pour Mostyn qu'elle n'avait commencé, car il n'y avait pas de contre-interrogatoire, si habile qu'il fût, qui pût affaiblir ces dépositions : ces soldats avaient vu « la dame qui est là » chez leur capitaine à Parkhurst : l'adultère avec Hooker était donc prouvé, et le motif de l'accusation portée contre Mostyn apparaissait dans toute son évidence.

VIII

La question de la toilette de Joséphine avait été longuement agitée entre Moss et madame Rose Mostyn : Rose voulait une robe de couleur discrète avec un chapeau fermé à brides qui lui donnerait un air décent et réservé ; mais le vieil avoué, en homme qui connaît son jury et ne néglige rien pour réussir pas même les accessoires, n'avait point accepté cet arrangement :

— La vieillir ! Vous voulez la vieillir ! Y pensez-vous ! C'est la rajeunir qu'il faut. Pour cela un chapeau rond est meilleur; c'est fillette. Il lui cachera le front. Vous ferez faire aussi un corsage de petite fille. Il ne faut pas qu'elle paraisse plus de dix-huit ans. C'est une enfant égarée, mise à mal dans son innocence, par un vieux roué.

Mais Moss ne s'en tint pas à ces recommandations; il voulut une répétition, et ne se déclara satisfait qu'après avoir vu.

Quand elle parut dans le « Witness box », il fut content d'elle : fraîche, souriante, aussi calme que Mostyn était agité, elle n'éprouvait pas d'autre émotion que celle que donne la joie du succès; enfin elle allait écraser celui qui l'avait dédaignée, et cette pensée, en faisant battre son cœur plus vite, empourprait son visage des rougeurs de la première jeunesse. A l'observer de près on eût remarqué en elle des signes caractéristiques qui n'eussent pas trompé un médecin au courant des mystères de la suggestion; mais ce médecin ne se trouvait pas dans la salle, et la plupart de ceux qui la regardaient, au lieu de chercher s'il n'y avait pas en elle quelques symptômes des névroses héréditaires, ne voyaient que l'innocente enfant dont Moss avait si habilement préparé la tenue.

La face si revêche de Balson se fit presque encourageante quand il la vit devant lui :

— Vous désirez témoigner? demanda-t-il.

— Oui, My Lord.

— Vous connaissez la déposition de votre mari ?

— Oui, My Lord.

— Est-il vrai que vous ayez commis un adultère avec M. Robert Mostyn ?

Elle n'eut pas une minute d'hésitation, et ce fut de sa voix la plus claire qu'elle répondit, les yeux levés, presque souriante :

— Oui, c'est vrai.

— Maintenant M. Martin vous avez liberté de poser toutes les questions que vous jugez utiles.

— C'est ce que je vais faire avec la permission de votre « Lordship ».

Et sous la direction de Martin, Joséphine recommença le récit qu'elle avait fait à son mari, dans la nuit où elle avait obligé celui-ci à la confesser. Ce fut la répétition même de ce qu'elle avait dit, mais une répétition singulièrement allongée et soigneusement circonstanciée : ainsi quand elle arriva à la description de la chambre de Mostyn la fit-elle aussi complète qu'on pouvait le désirer : rien ne fut oublié ni la porte en face la cheminée, ni les trois chaises, ni la table à écrire, ni la toilette, ni le lavabo, ni les tableaux, ni les rayons pour les livres : Moss ravi souriait béatement au jury en tournant ses pouces :

— Allait-elle assez bien !

Quand elle arriva à la partie délicate de son récit, elle ne se troubla pas ; debout, dans sa petite tribune, fière d'être en belle vue, elle jouissait de l'intérêt qu'elle provoquait sans s'inquiéter du prix dont elle le payait, et insistait avec complaisance sur les détails les plus scabreux.

Il y avait un couplet qui avait produit un effet considérable sur son mari, et que par cela même elle se rappelait bien; elle le répéta sans y changer un mot :

— Il était maître de mon esprit comme de mon corps ; j'étais un jouet entre ses mains; il faisait de moi ce qui lui plaisait; j'aimais ce qu'il aimait ; je voulais ce qu'il voulait; pour lui plaire j'aurais passé à travers toutes les hontes avec bonheur ; c'est ainsi qu'il m'a initiée aux vices français dont j'étais honteuse dans le commencement, mais auxquels je me suis habituée.

Avait-on jamais entendu plainte plus touchante d'une plus innocente victime ! C'était tournée vers Mostyn qu'elle l'accablait de sa déposition, et le regardant sans baisser les yeux elle appuyait sur toutes les hontes dont elle l'accusait : plus elles étaient grosses, plus les détails en étaient précis, plus il était misérable et coupable, puisqu'il l'avait corrompue pour l'associer à ses débauches et à celles de ses autres maîtresses. Au moment où elle avait écrit sa lettre à son mari, elle n'avait pas calculé tous les effets que produirait son invention diabolique, mais, depuis le commencement de ce procès, les journaux l'avaient éclairée par la guerre qu'ils faisaient à Mostyn et lui avaient montré où il fallait frapper, et elle frappait à coups redoublés : qu'il fût reconnu son amant n'était rien, ce qu'il fallait à sa vengeance c'était qu'on le crût le débauché qu'elle disait, car, cela admis et prouvé, il disparaissait à jamais, noyé dans l'ignominie.

Indigné, frémissant, il écoutait sans pouvoir interrompre, sans savoir si l'avocat du procureur de la Reine releverait une seule des contradictions dans lesquelles, malgré son adresse, elle tombait à chaque instant : sans pouvoir même dire un mot à celui-ci et lui montrer où il devait la prendre en flagrant délit de mensonge ; pieds et mains liés sur ce banc, le bâillon à la bouche, il fallait qu'il veillât à ne pas donner à tous ces regards ramassés sur lui, le spectacle de sa fureur et de son désespoir. Francis Talbot qui voyait cette angoisse, et jugeait par celle qu'il éprouvait, ce qu'elle pouvait être, voulut le calmer et le réconforter :

— Certainement Mackay ne sera pas aussi faible qu'on le croit, dit-il en se penchant vers Mostyn !

— Si seulement il avait l'expérience de ce genre d'affaires! dit Drayton qui avait entendu.

Enfin ce fut au tour de Mackay d'interroger madame Macdonnel :

— Pourquoi avez-vous fait cet aveu? demanda-t-il.

— Parce que je détestais mon mari.

— Comment pénétriez-vous dans la maison de Boyne-street?

— Le soir, Elisabeth me recevait; le matin Mostyn guettait mon arrivée, renvoyait les domestiques, fermait la porte du cabinet où travaillent les secrétaires, m'ouvrait celle de la rue et je me glissais dans l'escalier.

Si les jurés avalèrent cette réponse malgré les doutes de Moss, les amis de Mostyn et tous ceux qui connaissaient les habitudes de la maison se mirent à rire : que Mostyn, à cette heure où l'on se bousculait dans son vestibule, pût renvoyer tout le monde pour aller ouvrir sa porte lui-même, était une idée aussi drolatique que celle qui faisait voir la grosse Joséphine se glissant dans l'escalier sans que personne entendît son pas, qui n'était certes point celui d'une chatte.

— A quelle heure alliez-vous ainsi le matin chez Mostyn ? continua Mackay.

Dans son « *proof* » elle avait dit que ces rendez-vous avaient lieu à onze heures et demie, mais comme elle venait d'entendre le cocher déclarer que tous les matins il arrivait précisément à cette même heure pour partir aussitôt, elle modifia son dire :

— Vers onze heures quinze minutes.

— Et combien duraient vos entrevues ?

— Un quart d'heure ou dix minutes.

De nouveaux rires coururent sur les lèvres des amis de Mostyn.

Et Mackay jugea inutile de continuer ses questions sur ce point bien qu'il eût été curieux de savoir comment Mary avait pu s'endormir au lit pendant ces entrevues de dix minutes, ainsi que madame Macdonnel l'avait déclaré, et plus curieux encore de l'amener à expliquer comment, dans ce petit lit de trois pieds de large, trois personnes auraient pu prendre place alors qu'elles étaient toutes trois de corpulence peu ordinaire, une grande comme Mostyn, une grosse comme Joséphine, une colossale comme la campagnarde Mary qui avait près de six pieds de haut.

Sans s'arrêter à cela, Mackay passa tout de suite à un autre ordre d'idées :

— N'avez-vous pas été la maîtresse du capitaine Hooker? demanda-t-il.

C'était la question que Joséphine redoutait tant ; le coup la frappa si douloureusement que pour la première fois elle laissa paraître de l'émotion et du trouble : les teintes roses de ses joues s'effacèrent, elle blêmit, et les dix-huit ans que Moss avait si artistiquement arrangés s'évanouirent.

— Oh! My Lord! s'écria-t-elle, j'en appelle à vous : faut-il que je réponde à cette question ?

Le président parut exaspéré et lança un regard indigné à Mackay : de quoi s'avisait donc ce maladroit? Mais, malgré l'envie qu'il en avait, il ne pouvait pas autoriser Joséphine, à ne pas répondre; la partialité se fût montrée trop grosse :

— S'il insiste, il faut répondre, dit-il enfin, d'un ton qui signifiait clairement que Mackay lui serait agréable et se conduirait en gentleman en n'insistant pas.

Mais Mackay ne se laissa pas toucher par cette intervention :

— J'insiste, My Lord.

Pendant ce court débat Joséphine avait interrogé Moss des yeux, et celui-ci lui avait fait un signe énergique pour dire qu'elle devait se sauver en jetant Hooker à la mer.

— Oui, murmura-t-elle, mais ce n'a été que tout dernièrement.

Et répétant la phrase même de Moss :

— Pour échapper à l'influence de Mostyn qui m'a perdue, j'avais besoin de me retremper dans un amour jeune et honnête.

Mais Mackay eut la dureté de ne pas se laisser fermer la bouche par ce cri d'une pécheresse réhabilitée.

— Cependant vous avez toujours nié vos relations avec le capitaine?

— Je ne voulais pas lui nuire ;

Pour la première fois depuis que ces débats étaient commencés Mostyn respira : quoi qu'il advînt maintenant, tous ceux qui voudraient examiner ce procès avec impartialité sauraient où était la vérité : en présence de ces témoignages, qui tous démentaient les accusations de madame Macdonnel, la lumière était faite désormais, aussi bien sur la séduction dont elle avait été la victime innocente, que sur les mobiles de son aveu qui n'avait d'autre but que d'obtenir le divorce, sans nuire à son amant comme elle en convenait elle-même.

Mais il ne resta pas longtemps sous cette impression, sa belle-sœur madame Rose Mostyn venait de paraître dans la tribune des témoins.

En la voyant il se demanda s'il devait en croire ses yeux : comment ! elle allait témoigner dans cette affaire dont elle connaissait les dessous mieux que personne et prendre parti entre Joséphine et lui.

— M'étais-je trompé? dit Drayton en se penchant vers lui.

Mais il n'écoutait pas son avoué, c'était à ce que disait Rose que s'était donnée son attention et son angoisse.

Sur l'interpellation de Martin elle confirmait l'entrevue de sa sœur avec Mostyn depuis que le procès était engagé, et l'offre d'une rente faite par celui-ci.

Mostyn se leva indigné, Drayton et Francis Talbot le firent asseoir.

— Soyez sûr que madame Macdonnel a une arme pour faire parler sa sœur, dit Drayton.

Mais Mostyn ne l'écoutait pas... Il n'était pas arrivé à son âge et il n'avait pas agité les grandes affaires de la politique depuis quinze ans, sans connaître les trahisons de l'ingratitude, mais celle-là le laissait véritablement stupide : cette femme qui se levait contre lui, c'était celle qui la veille encore lui écrivait pour lui demander sa bienveillante amitié et l'appelait « mon cher Robert! »

Dans l'anéantissement où le jetait ce revirement qu'il cherchait vainement à comprendre ce fut à peine s'il entendit les dépositions qui suivirent et qui avaient trait à la moralité d'Henriette : une bonne et honnête femme quoique Française; une bonne mère.

Mais tout à coup il devint attentif : un témoin qui avait habité le rez-de-chaussée de la maison de King-street déclarait que souvent il avait vu Robert Mostyn venir chez Henriette Laugel; à la vérité il n'avait pas vu madame Macdonnel ; mais il était sûr de reconnaître Robert Mostyn.

Pour le public cette déclaration et celle de madame Rose Mostyn furent les faits caractéristiques de cette audience : — le témoignage de Rose prouvait que Mostyn avait voulu acheter le désistement de Joséphine ; — et celui de l'habitant de King-street prouvait non moins fortement que Robert Mostyn se servait de l'appartement d'Henriette Laugel pour recevoir ses maîtresses.

Donc les accusations de madame Macdonnel étaient fondées sur la vraisemblance même.

A la vérité tous les témoins avaient démenti les visites de Joséphine à onze heures et demie le matin dans la maison de Boyne-street, et leur unanimité prouvait qu'elles étaient impossibles.

A la vérité aussi les faits et les témoins démontraient avec non moins d'évidence qu'elle n'avait pas pu, à la date et à l'heure qu'elle disait, se rencontrer chez Henriette Laugel avec Mostyn, puisque ce jour-là et à cette heure-là Mostyn au vu et au su de tout le monde avait été retenu par le lever du prince de Galles et par les affaires urgentes de son ministère.

Mais tous ces témoignages si décisifs qu'ils fussent ne balançaient pas pour le public ceux de madame Rose Mostyn et de l'habitant de King-street.

Ce fut sur ces affirmations si nettement contradictoires que s'engagèrent les plaidoiries.

Pour Martin qui commença avec un élan d'indignation vertueuse qu'il n'avait jamais éprouvée à ce point, dit-il en faisant appel à l'assistance entière, il entendait démontrer que pas un seul des faits avancés par madame Macdonnel n'avait été contredit d'une façon sérieuse, et qu'au lieu de contrarier son aveu, tous les témoignages dignes de foi l'avaient renforcé, car il n'était vraiment pas sérieux de soutenir qu'elle n'avait pas pu se glisser le matin dans la maison de Boyne-street, et pour avoir cette outrecuidance il fallait être de pauvres domestiques ou des amis trop complaisants. De même on ne pouvait pas sérieusement prétendre que le 1er mars Mostyn était tellement occupé, qu'il n'avait pas pu venir, avec des chevaux rapides, de son ministère à la maison d'Henriette Laugel, cette maison qui depuis longtemps servait à ses amours. Comment madame Macdonnel aurait-elle pu inventer un pareil récit s'il n'était pas pris dans la vérité même ; comment aurait-elle accepté l'infamie de donner sur elle-même des détails de cette nature? Tout ne le confirmait-il pas? Et madame Rose Mostyn affirmant une offre d'argent pour obtenir un désistement. Et le locataire de King-street. Et enfin l'absence de Mary Anson. Pourquoi cette fille ne se présentait-elle pas, si ce n'est parce qu'elle avait honte d'avouer son abjection, et parce que son absence était encore moins accusatrice que ne l'aurait été sa présence.

Pour le procureur de la Reine, au contraire il n'y avait pas une seule des allégations de madame Macdonnel qui restât debout après avoir entendu les témoins. Tous prouvaient que les visites le matin chez Mostyn étaient matériellement impossibles, et tous prouvaient aussi que le rendez-vous dans la maison de King street n'avait pas pu avoir lieu le jour qu'elle disait. Si un témoin prétendait qu'autrefois Mostyn avait fréquenté cette maison, il ne fallait pas oublier qu'il était suspect : il se vengeait des emprunts qu'il avait fait à Henriette Laugel et qu'il ne lui avait pas rendus. D'ailleurs, si madame Macdonnel n'avait pas inventé, de toutes pièces cette histoire, aurait-elle variée dans son récit comme elle l'avait fait, changeant les jours, changeant les heures, se dérobant et tombant dans des contradictions qui étaient sa condamnation et démontraient qu'elle n'avait eu d'autre but que d'obtenir, son divorce sans compromettre l'amant qu'elle aimait. Il se pouvait que les détails donnés par madame Macdonnel sur ses dérèglements fussent vrais, mais alors c'était au capitaine Hooker qu'ils se rapportaient, non à Robert Mostyn ; ce n'était pas la maison de King-stret qui les avait vue, c'était une autre.

Dans la manière de plaider il n'y avait pas moins de contrastes que dans les plaidoyers mêmes.

Martin robuste, violent et emporté se laissait aller à toutes les exubérances de sa nature, et dans un langage pittoresque, en mots hardis, avec une mimique furibonde, il accablait Mostyn des élans de sa vertueuse indignation, ou des ironies de son dédain : tout lui servait, le vrai et le faux, le bien et et le mauvais, l'élevé et le bas, l'original et la rengaîne, c'était à des jurés qu'il s'adressait, à de bons bourgeois et il fallait qu'il les enveloppât tous dans sa faconde, ceux qui étaient intelligents aussi bien que ceux qui ne l'étaient pas.

Mackay, au contraire, discret et réservé, calme et digne, était dans sa parole le même homme que dans sa tenue correcte : les grands bras, les éclats de voix, les roulements d'yeux n'allaient pas plus à sa petite tête fine et pâle que les déclamations à son esprit académique : il disait simplement, sans relief et sans couleur ce qu'il croyait juste, se faisant scrupule d'employer des arguments qui ne l'auraient pas convaincu lui-même.

Et pendant qu'ils parlaient, Mostyn à son banc, la tête haute, mais les yeux perdus dans le vague droit devant lui sans rien voir, écoutait, indigné autant de la violence de l'un que de la modération de l'autre.

A un certain moment quand Martin parlait du désistement qu'il aurait demandé à Joséphine, il se leva et s'écria d'une voix de tonnerre :

— C'est faux !

Appelant le président à son aide comme s'il se croyait menacé dans son indépendance et sa dignité, Martin répondit :

— Un avocat peut-il être interrompu quand il s'adresse au jury, et alors surtout qu'il s'évertue à n'être pas méchant.

— Silence, cria le président.

— Je veux faire observer, dit Mostyn...

— Taisez-vous, reprit le président, asseyez-vous.

— C'est faux, c'est faux !

Cependant il s'assit, mais tout à coup une rage sourde le souleva.

Pourquoi restait-il dans cette Cour. Il n'avait qu'à partir et à laisser la justice anglaise accomplir son forfait. Qu'attendre de ce juge et de ces jurés qui mettaient sa parole en balance avec celle de cette femme?

CHAPITRE XIV

A DEUX

I

Depuis que le procès était engagé Jane venait tous les jours au palais des Cours de justice, et pendant la durée de l'audience elle se tenait dans le cabinet du premier huissier où elle recevait ses parents et ses amis qui la renseignaient sur ce qui se passait. Mais comme elle ne pouvait avoir ainsi que des impressions incomplètes, et contradictoires, on se réunissait tous les soirs chez Francis Talbot pour discuter la journée écoulée, et prévoir ce que serait celle du lendemain.

Le moins confiant était toujours Mostyn; avec son expérience des assemblées il se rendait compte mieux que personne des sentiments du jury, et quand on se laissait aller à l'espérance, il expliquait avec calme, comme si cette affaire n'avait point été la sienne, les raisons qui selon lui ne permettaient pas d'espérer.

Ordinairement des discussions s'engageaient, mais après les plaidoiries, quand il dégagea nettement et sincèrement les impressions de cette dernière journée, personne ne prit la parole pour le contredire.

— Il n'y a aucune illusion à se faire, dit-il, le plaidoyer de Martin a produit le plus grand effet et celui de Mackay n'en a produit aucun. Dans une pareille affaire ce n'était pas le langage de la raison et de la justice qu'il fallait parler. Maintenant comme il est certain que Balson sera hostile, la seule chance qu'il y ait en ma faveur, est que le jury ne se mette pas d'accord. Mais se trouvera-t-il un seul juré assez ferme et assez sûr de sa conscience pour résister à la pression de Balson, à celle de l'opinion publique, à celle des journaux, à celle de la canaille qui entoure les cours de Justice et par ses clameurs se fait écouter soyez en sûrs.

Personne n'essaya de contredire cette conclusion, cependant madame Francis Talbot, plus par bonté d'âme que par conviction, voulut que Mostyn ne restât pas sous cette impression désespérée :

— Croyez-vous donc, dit-elle, que l'opinion de Balson ait un si grand poids; malgré sa réputation de sévérité à laquelle il travaille si ostensiblement; malgré ses prétentions à l'austérité, on sait ce qu'il est réellement...

— Un magistrat important, interrompit Mostyn, et cela seul compte; il ne faut pas se figurer que ce qu'il dira n'aura pas de poids, chaque mot portera. Si malgré tout le jury ne se met pas d'accord, ma situation devant la loi sera bonne, mais devant le monde elle sera déplorable : il est certain que dans ces conditions la vie politique est finie pour moi.

— Et que comptez-vous donc faire ? demanda Jane d'une voix brusque dont l'accent trahissait une cruelle angoisse nerveuse.

— Certainement je ne lâcherai pas pied, dit-il, je resterai ici ; je prévois que les premiers temps seront un supplice et c'est pourquoi j'ai parfois des hésitations à y associer Jane...

Il était pleinement de bonne foi en parlant ainsi, et bien souvent pendant les heures d'audience si cruellement longues pour lui, il s'était demandé s'il devait accepter l'abnégation de Jane. Qu'avait-il à lui offrir maintenant si ce n'est la vie misérable d'un paria ? cependant il fut douloureusement surpris quand il vit Francis Talbot prendre la parole.

— Vous parliez tout à l'heure des clameurs de la canaille, dit-il ne pensez-vous pas que demain il serait prudent de ne pas y exposer Jane. On m'a averti qu'après le jugement, et quel qu'il soit, il y aurait une démonstration de la foule autour des « *Law'courts* ». Depuis que le procès a commencé les rassemblements sont de plus en plus nombreux. Calmes le premier jour, ils sont devenus tumultueux. Les journaux en battant le tam-tam matin et soir ont soulevé une émotion... qui pour moi me paraît dangereuse. Qu'en pensez-vous ?

Mostyn le regarda frappé au cœur : à la sortie de l'audience c'était chaque jour un soulagement et un espoir pour lui de voir la main de Jane s'avancer vers la sienne; il n'était pas seul et pouvait se reposer se consoler en elle. Pourquoi voulait-on qu'elle ne vint pas le jour ou sans doute il aurait plus besoin que jamais de trouver sa main? Que se cachait-on sous cette intervention plus qu'étrange? Jusqu'à ce moment Francis Talbot s'était, il est vrai, montré son soutien le plus ferme. Mais n'avait-on pas agi sur lui? Et par son entremise ne voulait-on pas maintenant agir sur elle?

Il n'était pas en état d'échapper aux craintes vagues et aux soupçons.

Plus d'une fois Jane lui avait montré des lettres dans lesquelles on l'adjurait de ne pas se compromettre ainsi en accompagnant au palais des Cours de justice un homme aussi gravement déshonoré; d'autre part il savait qu'on employait tous les moyens pour l'amener à rompre leur mariage.

Fallait-il voir dans ces paroles de François Talbot, une nouvelle tentative en ce sens?

— Il semble probable, continua François Talbot, qu'il y aura des huées : Jane doit-elle les braver?

— Je n'en ai pas peur, dit-elle.

— Certainement, continua François Talbot, mais enfin la place d'une femme n'est pas dans cette bagarre. Il peut y avoir là des affronts et des humiliations qu'il est plus sage d'éviter.

— Sans doute, dit Mostyn.

— Pour moi, continua madame François Talbot, je crois que M. Mostyn serait plus libre et plus fort s'il n'avait pas à craindre pour Jane.

Cette insistance était décidément caractéristique.

— Il est vrai, dit-il, que je serais beaucoup plus libre.
— Le voulez-vous donc aussi ? demanda Jane.
Il n'osa pas lever les yeux sur elle.
— Je crois que c'est le plus sage ! dit-il.

II

— Pourquoi avait-elle cédé ?
Ce fut la question qu'il agita en revenant chez lui et qui toute la nuit hanta son sommeil troublé.
— Pourquoi ?
Après toutes les preuves de dévouement qu'elle lui avait données, après tous les sacrifices qu'elle lui avait faits, il ne voulait pas douter d'elle, et cependant il ne pouvait pas ne pas se dire qu'elle avait cédé bien vite.

Evidemment elle avait été entraînée par la pression qu'on exerçait sur elle de tous les côtés, mais, comment n'avait-elle pas résisté jusqu'au bout à cette pression ? Il n'était pas dans sa nature de s'abandonner.

Comment cet abandon s'était-il produit ?
Jusqu'où la conduirait-il ?
N'annonçait-on pas déjà que leur mariage était rompu ?
Ce serait la fin.
Quoi qu'il fît pour chasser cette idée elle revenait

toujours, c'était une obsession qui l'enflévrait et par moments, l'anéantissait.

Il se disait bien que cela était impossible, mais il s'était dit aussi qu'il était impossible qu'elle ne l'accompagnât pas jusqu'au dernier jour, et cependant elle ne l'accompagnait pas.

Le lendemain matin comme il allait partir pour se rendre à l'audience, et se trouvait dans la salle à manger devant son déjeuner, auquel il n'avait guère touché, l'un des valets entra et lui annonça qu'un monsieur demandait à le voir.

— Quel monsieur?

— Il n'a pas dit son nom.

— Je ne peux pas recevoir.

— C'est ce que j'ai dit, mais il insiste.

— Enfin quel est-il ce monsieur?

— Il a la tournure d'un homme d'église : vêtu de noir, les cheveux plats, le visage rasé, des bas noirs, des souliers lacés.

— Faites entrer.

Et presque aussitôt Mostyn vit entrer ce « monsieur » qui avait bien réellement la tournure d'un homme d'église, des pieds à la tête, dans son allure hésitante, son regard timide, son parler onctueux.

Il salua tout bas avec une sorte de génuflexion.

— Monsieur? demanda Mostyn.

— Oh! mon nom ne dirait rien à Monsieur, c'est celui d'un pauvre homme, qui n'a d'autre but que d'accomplir auprès de vous la mission dont on l'a chargé.

— Quelle mission ? demanda Mostyn intrigué malgré sa préoccupation.

— Monsieur se rappelle qu'il y a trois ans nos bonnes sœurs de Nazareth furent en butte à la persécution pour une épidémie qui avait éclaté dans notre maison mère, parmi les enfants que nous recueillons.

— En effet.

— Mais, Monsieur a sans doute oublié que par sa toute puissante intervention, il empêcha cette persécution d'aller jusqu'où certaines gens voulaient la pousser dans leur intolérance aveugle. Nos bonnes sœurs, elles, ne l'ont point oublié. Et je suis chargé de dire à Monsieur que depuis le commencement de ce procès intenté par l'iniquité, toutes les maisons de Nazareth prient pour Monsieur, et que dans notre maison mère il y a prière perpétuelle devant l'autel de la très Sainte-Vierge pour que le Saint-Esprit éclaire la justice des hommes.

En tout autre temps ce singulier ambassadeur eût amené un sourire sur les lèvres de Mostyn, il amena une larme dans ses yeux.

— J'ai aussi à dire à Monsieur que ce matin Son Eminence Monseigneur le cardinal archevêque a célébré la très sainte messe et qu'il a communié à son intention.

Il n'était donc pas seul, il n'était donc pas abandonné de tous, comme il avait eu la faiblesse de le croire : des amis inconnus, d'honnêtes gens pensaient à lui et le soutenaient.

Déjà trois jours auparavant un pasteur en renom

chez les congréganistes dissidents qui descendent des anciens Puritains et conservent la tradition de l'Église organisée démocratiquement avait fait faire auprès de lui une démarche de ce genre, en l'avertissant que dans sa congrégation on priait pour celui qui était persécuté, et pour le triomphe de la vérité.

Quel contraste avec ceux qui l'accablaient de leurs malédictions, quand ils ne se détournaient pas de lui d'un air de mépris ou de crainte.

III

Pour la première fois depuis le commencement du procès, Mostyn fit son entrée à l'audience sans avoir Talbot auprès de lui.

Ainsi elle était restée chez elle.

Jusqu'au dernier moment il avait cru qu'elle viendrait, et quand il avait traversé les groupes qui encombraient le promenoir et murmuraient sur son passage en le regardant insolemment, il avait cherché Francis Talbot.

Mais lui aussi était absent, absent du promenoir, absent de la salle d'audience.

Il ne put pas s'empêcher d'interroger son avoué, mais celui-ci ne savait rien : il n'avait pas vu M. Francis Talbot qui sans doute allait arriver.

Cependant il n'arriva pas.

— Qui cherchez-vous donc? lui demanda Thompson.

— Personne; j'ai hâte que ce soit fini.

— Il va vous falloir subir l'éloquence de Balson.

La salle était plus remplie encore qu'elle ne l'avait été pendant les jours précédents, et quand Balson fit son entrée les rumeurs de tous ces gens qui s'écrasaient les uns les autres s'apaisèrent presqu'instantanément.

Aussitôt il commença ce que nous appelons un « résumé » et ce que les Anglais appellent une « charge. »

Aux premiers mots il fut évident que Mostyn ne s'était pas trompé, et que cette « charge » lui était hostile : « Pour juger ce procès, dit-il, nous devons l'apprécier d'après notre longue expérience et notre connaissance des affaires du monde. »

Partant de ce point de vue que n'aurait jamais osé adopter un président français au temps où les résumés étaient en usage chez nous, il avait entamé une nouvelle plaidoirie tout aussi violente contre Mostyn qu'avait pu l'être celle de Martin, mais plus calme dans la forme, il est vrai, et par cela même plus redoutable que celle de l'avocat de Macdonnel : c'était sans passion qu'il parlait; simplement avec sa longue expérience et sa connaissance des affaires du monde.

Elle dura près de trois heures et se termina sur cette conclusion :

« Lors du premier procès M. Macdonnel avait à prouver que M. Mostyn avait été l'amant de sa femme. Dans celui qui nous occupe en ce moment le procureur de la Reine avait à prouver que M. Mostyn n'a pas été l'amant de madame Macdonnel. A-t-il fait cette preuve? Ou ne l'a-t-il pas pas faite? S'il ne l'a pas faite vous devez confirmer le jugement du premier juge. Je vous remets l'affaire. »

Le jury ne la garda pas longtemps; après quinze minutes de délibération, il déclara que M. Macdonnel n'avait pas obtenu le divorce contrairement à la justice, et en conséquence de ce verdict un jugement du président débouta le procureur de la Reine de son appel.

Mostyn était le complice de madame Macdonnel.

Bien qu'il eût toujours soutenu contre ses amis que ce verdict lui serait contraire, le coup l'écrasa comme s'il le frappait à l'improviste.

— Quoi? quoi? murmura-t-il.

Évidemment il ne comprenait pas, et Drayton qui seul avait entendu cette exclamation, vit que, malgré tout il avait conservé l'espérance dans la justice de son pays : puisqu'il était innocent on ne pourrait pas le condamner.

Et cependant on venait de le condamner.

Machinalement il leva les yeux, et vit toute la salle tournée vers lui le dévorant des regards : des rumeurs circulaient de bancs en bancs dans lesquelles il ne distinguait rien qu'un bruit confus.

Il baissa la tête, et machinalement sans savoir ce qu'il faisait, il aida Drayton à ranger quelques papiers.

Autour de lui quelques personnes lui parlaient, mais il n'entendait pas ce qu'on lui disait, son esprit et son cœur n'étaient plus dans cette salle :

— Jane.

Où était-elle ? Pourquoi n'était-elle pas là ? Qu'allait-elle éprouver, qu'allait-elle faire quand elle connaîtrait ce jugement?

Il lui sembla que ceux qui étaient venus avec lui avaient hâte de s'en aller.

Cependant comme il se préparait à suivre Drayton l'avoué du procureur de la Reine lui barra le passage, et devant tous ces gens dont les regards le lapidaient, d'un mouvement empreint d'un respect douloureux il lui tendit la main.

En arrivant dans le couloir il se sentit touché à l'épaule.

C'était François Talbot :

— Jane est là, dit-il.

Mostyn accablé, anéanti, vacillant, se retrouva instantanément ferme sur ses jambes, la tête haute.

Les quelques amis fidèles qui l'accompagnaient s'écartèrent, alors il la vit venir; en quelque pas, elle fut près de lui, et avec un pâle sourire, sans parler, elle lui mit la main sous le bras.

Lui-même ne trouva pas une parole, mais doucement il serra cette main contre sa poitrine.

On s'était groupé autour d'eux et on les pressait, tandis que la foule les entourait, les regardant.

Thompson qui était sorti le premier, comme s'il voulait s'échapper revint vers eux :

— Comment elle est là, dit-il en apercevant Jane, quelle folie !

Puis parlant bas à Mostyn :

— Il faut sortir au plus vite par une porte dérobée, dit-il ; la foule ameutée stationne devant la grande entrée ; je suis sorti pour envoyer la voiture attendre devant la petite porte ; hâtons-nous.

Seul, Mostyn eût affronté cette foule, mais il sentait la main de Jane frémir sur son bras. D'ailleurs, on ne lui laissait pas le temps de la réflexion, ses amis les entraînaient et les poussaient.

— Hâtons-nous, disait Thompson.

Par les couloirs sombres, par les petits escaliers ils allaient sans se parler, tournant à droite, tournant à gauche.

Ils arrivèrent ainsi à une petite porte qu'on ouvrit vivement, mais aussi avec précaution : la voiture était là, le cocher les rênes et le fouet en main.

— Montez, dit Thompson à Jane.

Elle jeta un rapide coup d'œil autour d'elle, et vit une masse noire qui arrivait sur la droite en vociférant.

Mostyn monta auprès d'elle, puis Francis Talbot qui brusquement ferma la vitre.

Le cocher toucha les chevaux, mais ils ne purent pas partir grand train ; déjà la voiture était entourée et à chaque portière se montraient des têtes hurlantes.

Ce n'était point la foule déguenillée des émeutes populaires, aux visages amaigris par la misère et la faim, mais celle bien nourrie des réjouissances publiques, formée de flâneurs et de curieux : clercs d'avoués, garçons de courses, boutiquiers, employés mêlés à une nuée de filles en toilette de trottoirs.

— Yah.

— Boo.

C'était un hurlement féroce, tous les poings fermés se tendaient vers la voiture.

Cependant une poussée se produisit, et quelques hourrahs éclatèrent au milieu des cris de haine.

C'étaient des ouvriers de Saint-More qui étaient venus pour attendre Mostyn, à la sortie, et le défendre si on l'attaquait. voyant la voiture qu'ils connaissaient bien quitter le Strand, et filer vivement derrière les Cours de Justice, ils l'avaient suivie, et ils arrivaient à temps pour la dégager.

— Vive Mostyn !

Leurs cris furent couverts par des hurlements furieux, mais cependant leur intervention avait ouvert une trouée, dans laquelle le cocher avait bravement lancé ses chevaux.

Sur un signe de Talbot Mostyn regarda Jane : pâle, décolorée, elle semblait évanouie.

A ce moment la voiture arrivait dans une de ces ruelles étroites qui forment ce quartier, et quelques-uns de ceux qui couraient après elle l'avaient rejointe : un jeune homme au linge sale, vêtu de noir qui avait tout l'air d'un pauvre clerc d'avoué frappa violemment à la glace du côté de Jane.

— Il faut voir la salope qu'il emmène, criait-il, est-ce la Macdonnel ou la Talbot qu'il a aujourd'hui ?

D'un coup brusque elle fit tomber la glace, et le regarda bien en face :

— Sa femme, dit-elle.

Puis se retournant vers Mostyn avec un sourire exalté, elle lui prit la main :

— Nous serons deux maintenant.

La voiture se dégageait de nouveau, et ne tardait pas à arriver dans Holborn, laissant derrière elle la foule qui la poursuivait de ses cris et de ses sifflets.

FIN

TABLE DES CHAPITRES

Préface		I
I.	— Mari et femme	1
II.	— Maison tranquille	29
III.	— Entre cousines	45
IV.	— Robert Mostyn	61
V.	— Jane Talbot	85
VI.	— Les vacances de Josey	117
VII.	— En landau	157
VIII.	— Engagés	189
IX.	— Plan de campagne	209
X.	— Le confesseur malgré lui	241
XI.	— Vaillance de femme	277
XII.	— L'élection de Saint-Marc	301
XIII.	— La cour des divorces	341
XIV.	— A deux	397

F. Aureau. — Imprimerie de Lagny.

www.ingramcontent.com/pod-product-compliance
Lightning Source LLC
Chambersburg PA
CBHW052123230426
43671CB00009B/1095